張文治編

國學治要

第四編

理學治要

中華書局印行

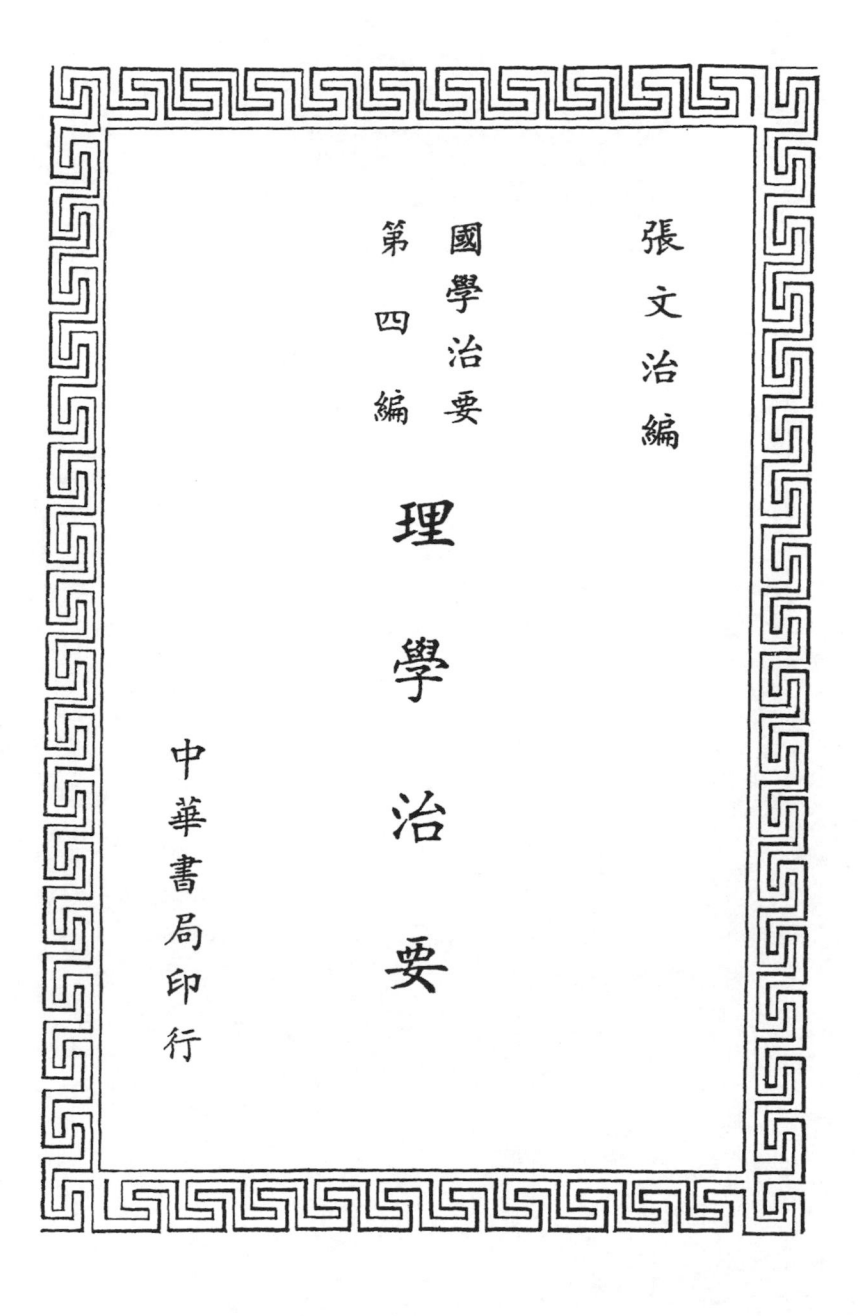

理學治要卷一序

理學七家

理學一名道學。本古諸子儒家者流。其名之成立。始於元人修宋史而作道學傳。以敘周張程朱諸子之行事。其學之實質。大抵以返觀切己修身濟世爲要。而其理氣心性之說。則所以窮極其爲學之容量與深微之故。其所著述。校以古諸子之立說。與漢人之注經。固有區別。而推本於孔孟所傳。則彼諸儒之先後闡明者。亦不爲少。是以本編繼諸子治要之後。而復有此理學七家之選。俾四庫丙部之書。源流略備。而便於互考也。大要此七家者。莫非一代之英。造就深博。確具心得。雖各家於爲學入門之功夫。或不免時持異論。儼若抗衡。然百慮一致。殊途同歸。例之周秦諸子。其宗本不同者。今尚不能偏廢。況均是爲孔孟之學者乎。獨怪其後之末學。口耳剽竊。第知拘守門戶。標榜詬爭。終之隳其師說。見病於世。故嘗略考其本末。以謂理學之盛。莫盛於宋明之時。其衰也。則在有清樸學代興之際。馴至今日功利物質之說。尤深入人心。而其學幾乎息矣。雖然。盛衰無常。人實參天。如於其盛也。惟循向之末學所爲。呼和取鬧。則卽其學之所以衰也。於其衰也。苟能發憤自建。研深究博。又未嘗不可爲其復盛之基焉。噫。好學之士。觀此七家之言。略其門戶之私。而察其盛衰之本。亦將有感於中也夫。

理學治要卷一目錄　國學治要四

理學七家

理學治要卷二序

宋元以來各家論學名著

此類之立。其說與諸子編之爲諸子論學名著類同。惟彼上溯隋唐以往。此則下窮宋元以來。而其選輯之難易。亦有不同者耳。何以言之。蓋宋元以來之著述。辭義明顯。篇章完整。（惟語錄則失之繁碎。故所取特少。）其依託竄亂之事。皆不多見。但作者則百倍古昔。卷帙繁蕪。醇駁雜出。故網羅難周。論定需時。此其難易之辨也。今之所錄。於易者固不敢忽。於難者當更加盡心。用是詳考各集。不主一家。都計選存若干篇。其大要有推衍理學之緒餘者。有立論切實或卓越不專以理學爲名。而亦不外於前七家者。又有自成家派。特與理學諸儒相抗。而其著述確有心得者。有其人雖不以講學名家。而評論諸家之得失。談言微中。深入肯綮者。凡此等類。以篇數並少。不復細分子目。而壹以時代爲次。惟宋元明學案序錄等篇。因其以書爲主。其文於近代儒林之宗派。及學說之異同。略具梗概。故取附卷末。俾學者循源討流。與前所錄各家之說。同觀而互證焉。

國學治要第四編

二

理學治要卷二目錄

宋元以來各家論學名著

理學治要卷一

理學七家

周敦頤　湖南營道人。字茂叔。嘗爲桂陽令。徙知南昌。皆有治績。熙寧時。爲轉運判官。以疾求知南康軍。因家廬山蓮花峯下。所居曰濂溪。世稱濂溪先生。黃庭堅稱其人品甚高。胸懷灑落。如光風霽月。程顥程頤兄弟。皆從受業。敦頤每令尋孔顏樂處。所樂何事。故顥之言曰。自再見周茂叔後。吟風弄月以歸。有吾與點也之意。侯師聖學於程頤。未悟。訪敦頤。敦頤曰。吾老矣。說不可不詳。留對榻夜談。越三日乃還。頤驚異之曰。非從周茂叔來耶。其善開發人類此。著太極圖說通書。推論陰陽五行之理。以見道體本源。其文簡質。爲性理學最早最精之作。朱熹以之比論語。蓋宋之道學。實以敦頤爲開祖焉。卒年五十七。謚元公。傳其學者。謂之濂學。

太極圖說

無極而太極。太極動而生陽。動極而靜。靜而生陰。靜極復動。一動一靜。互爲其根。分陰分陽。兩儀立焉。陽變陰合而生水火木金土。五氣順布。四時行焉。五行一陰陽也。陰陽一太極也。太極本無極也。五行之生也。各一其性。無極之眞。二五之精。妙合而凝。乾道成男。坤道成女。二氣交感。化生萬物。萬物生生。而變化無窮焉。惟人也得其秀而最靈。形既生矣。神發知矣。五性感動。而善惡分。萬事出矣。聖人定之以中正仁義而主靜。立人極焉。故聖人與天地合其德。日月合其明。四時合其序。鬼神合其吉凶。君子修之吉。小人悖之凶。故曰立天之道曰陰與陽。立地之道曰柔與剛。立人之道曰仁與義。又曰原始反終。故知死生之說。大哉易也。斯其至矣。

通書

誠上第一

誠者。聖人之本。大哉乾元。萬物資始。誠之源也。乾道變化。各正性命。誠斯立焉。純粹至善者也。故曰一陰一陽之謂道。繼之者善也。成之者性也。元亨誠之通。利貞誠之復。大哉易也。性命之源乎。

誠下第二

聖。誠而已矣。誠五常之本。百行之源也。靜無而動有。至正而明達也。五常百行非誠。非也。邪暗塞也。故誠則無事矣。至易而行難。果而確。無難焉。故曰一日克己復禮。天下歸仁焉。

誠幾德第三

誠無爲。幾善惡。德愛曰仁。宜曰義。理曰禮。通曰智。守曰信。性焉安焉之謂聖。復焉執焉之謂賢。發微不可見。充周不可窮之謂神。

聖第四

寂然不動者。誠也。感而遂通者。神也。動而未形有無之間者、幾也、誠精故明。神應故妙。幾微故幽。誠神幾曰聖人。

愼動第五

動而正曰道。用而和曰德。匪仁匪義匪禮匪智匪信。悉邪也。邪動辱也。甚焉害也。故君子愼動。

道第六

聖人之道。仁義中正而已矣。守之貴。行之利。廓之配天地。豈不易簡。豈爲難知。不守不行不廓耳。

師第七

或問曰。曷爲天下善。曰師。曰何謂也。曰性者。剛柔善惡中而已矣。不達。曰剛善爲義爲直爲斷爲嚴毅爲幹固。惡爲猛爲隘爲彊梁。柔善爲慈爲順爲巽。惡爲懦弱爲無斷爲邪佞。惟中也者。和也。中節也。天下之達道也。聖人之事也。故聖人立教。俾人自易其惡。自至其中而止矣。故先覺覺後覺。闇者求於明。而師道立矣。師道立。則善人多。善人多。則朝廷正。而天下治矣。

幸第八

人之生不幸不聞過。大不幸無恥。必有恥則可敎。聞過則可賢。

思第九

洪範曰思曰睿睿作聖。無思本也。思通用也。幾動於彼。誠動於此。無思而無不通爲聖人。不思則不能通微不睿則不能無不通是則無不通生於通微。通微生於思。故思者聖功之本。而吉凶之機也。易曰君子見幾而作不俟終日。又曰知幾其神乎。

志學第十

聖希天。賢希聖。士希賢。伊尹顏淵。大賢也。伊尹恥其君不爲堯舜。一夫不得其所若撻於市。顏淵不遷怒不貳過。三月不違仁。志伊尹之所志。學顏子之所學。過則聖。及則賢。不及則亦不失於令名。

順化第十一

天以陽生萬物。以陰成萬物。生仁也。成義也。故聖人在上。以仁育萬物。以義正萬民。天道行而萬物順聖德修而萬民化大順大化。不見其迹莫知其然之謂神故天下之衆本在一人。道豈遠乎哉。術豈多乎哉。

治第十二

十室之邑。人人提耳而敎。且不及。況天下之廣。兆民之衆哉。曰純其心而已矣。仁義禮智四者。動靜言貌視聽無違之謂純。心純則賢才輔。賢才輔則天下治。純心要矣。用賢急焉。

禮樂第十三

禮。理也。樂。和也。陰陽理而後和。君君臣臣。父父子子。兄兄弟弟。夫夫婦婦。萬物各得其理。然後和。故禮先而樂後。

務實第十四

實勝。善也。名勝。恥也。故君子進德修業。孳孳不息。務實勝也。德業有未著。則恐恐然畏人知。遠恥也。小人則僞而已。故君子日休。小人日憂

愛敬第十五

有善不及。曰。不及則學焉。問曰。有不善。曰。不善則告之不善。且勸曰。庶幾有改乎。斯為君子。有善一。不善二。則學其一。而勸其二。有語曰。斯人有是之不善。非大惡也。則曰。孰無過焉。知其不能改。改則為君子矣。不改為惡。惡者天惡之。彼豈無畏耶。烏知其不能改。故君子悉有衆善。無弗愛且敬焉。

動靜第十六

動而無靜。靜而無動。物也。動而無動。靜而無靜。神也。動而無動。靜而無靜。非不動不靜也。物則不通。神妙萬物。水陰根陽。火陽根陰。五行陰陽。陰陽太極。四時運行。萬物終始。混兮闢兮

其無窮兮。

樂上第十七

古者聖王制禮法。修教化。三綱正。九疇敘。百姓太和。萬物咸若。乃作樂以宣八風之氣。以平天下之情。故樂聲淡而不傷。和而不淫。入其耳。感其心。莫不淡且和焉。淡則欲心平。和則躁心釋。優柔平中。德之盛也。天下化中。治之至也。是謂道配天地。古之極也。後世禮法不修。政刑苛紊。縱使敗度。下民困苦。謂古樂不足聽也。代變新聲。妖淫愁怨。導欲增悲。不能自止。故有賊君棄父。輕生敗倫。不可禁者矣。嗚呼。樂者古以平心。今以助欲。古以宣化。今以長怨。不復古禮。不變今樂。而欲至治者遠矣。

樂中第十八

樂者本乎政也。政善民安。則天下之心和。故聖人作樂。以宣暢其和心。達於天地。天地之氣。感而太和焉。天地和則萬物順。故神祇格。鳥獸馴。

樂下第十九

樂聲淡則聽心平。樂辭善則歌者慕。故風移而俗易矣。妖聲豔辭之化也亦然。

聖學第二十

聖可學乎。曰可。曰有要乎。曰有。請聞焉。曰一為要。一者無欲也。無欲則靜虛動直。靜虛則明。

明則通。動直則公。公則溥。明通公溥。庶矣乎。

公明第二十一

公於己者公於人。未有不公於己而能公於人也。明不至則疑生。明無疑也。謂能疑爲明。何啻千里。

理性命第二十二

厥彰厥微。匪靈弗瑩。剛善剛惡。柔亦如之。中焉止矣。二氣五行。化生萬物。五殊二實。二本則一。是萬爲一。一實萬分。萬一各正。小大有定。

顏子第二十三

顏子一簞食。一瓢飲。在陋巷。人不堪其憂。而不改其樂。夫富貴人所愛也。顏子不愛不求。而樂乎貧者。獨何心哉。天地間有至貴至愛可求而異乎彼者。見其大而忘其小焉爾。見其大則心泰。心泰則無不足。無不足則富貴貧賤處之一也。處之一。則能化而齊。故顏子亞聖。

師友上第二十四

天地間。至尊者道。至貴者德而已矣。至難得者人。人而至難得者。道德有於身而已矣。求人至難得者有於身。非師友則不可得也已。

師友下第二十五

道義者。身有之。則貴且尊。人生而蒙。長無師友則愚。是道義由師友有之。而得貴且尊。其義不亦重乎。其聚不亦樂乎。

過第二十六

仲由喜聞過。令名無窮焉。今人有過。不喜人規。如護疾而忌醫。寧滅其身而無悟也。噫。

勢第二十七

天下。勢而已矣。勢。輕重也。極重不可反。識其重而亟反之。可也。反之力也。識不早。力不易也。力而不競。天也。不識不力。人也。天乎。人也。何尤。

文辭第二十八

文所以載道也。輪轅飾而人弗庸。徒飾也。況虛車乎。文辭。藝也。道德。實也。篤其實而藝者書之。美則愛。愛則傳焉。賢者得以學而至之。是爲教。故曰言之無文。行之不遠。然不賢者。雖父兄臨之。師保勉之。不學也。强之。不從也。不知務道德而第以文辭爲能者。藝焉而已。噫。弊也久矣。

聖蘊第二十九

不憤不啟。不悱不發。舉一隅不以三隅反。則不復也。子曰。予欲無言。天何言哉。四時行焉。百物生焉。然則聖人之蘊。微顏子殆不可見。發聖人之蘊。教萬世無窮者。顏子也。聖同天。不亦深乎。常人有一聞知。恐人不速知其有也。急人知而名也。薄亦甚矣。

精蘊第三十

聖人之精。畫卦以示。聖人之蘊。因卦以發。卦不畫。聖人之精不可得而見。微卦。聖人之蘊殆不可悉得而聞。易何止五經之源。其天地鬼神之奧乎。

乾損益動第三十一

君子乾乾不息於誠。然必懲忿窒慾。遷善改過而後至。乾之用其善是。損益之大莫是過。聖人之旨深哉。吉凶悔吝生乎動。噫。吉一而已。動可不愼乎。

家人睽復无妄第三十二

治天下有本。身之謂也。治天下有則。家之謂也。本必端。端本。誠心而已矣。則必善。善則和親而已矣。家難而天下易。家親而天下疏也。家人離必起於婦人。故睽次家人。以二女同居而志不同行也。堯所以釐降二女于嬀汭。舜可禪乎。吾茲試矣。是治天下觀於家。治家觀身而已矣。身端。心誠之謂也。誠心復其不善之動而已矣。不善之動妄也。妄復則无妄矣。无妄則誠矣。故无妄次復。而曰先王以茂對時育萬物。深哉。

富貴第三十三

君子以道充爲貴。身安爲富。故常泰無不足。而銖視軒冕。塵視金玉。其重無加焉耳。

陋第三十四

聖人之道。入乎耳。存乎心。蘊之爲德行。行之爲事業。彼以文辭而已者。陋矣。

擬議第三十五

至誠則動。動則變。變則化。故曰擬之而後言。議之而後動。擬議以成其變化。

刑第三十六

天以春生萬物。止之以秋。物之生也。既成矣。不止則過焉。故得秋以成。聖人之法天。以政養萬民。肅之以刑。民之盛也。欲動情勝。利害相攻。不止則賊滅無倫焉。故得刑以治。情僞微曖。其變千狀。苟非中正明達果斷者。不能治也。訟卦曰。利見大人。以剛得中也。噬嗑曰。利用獄。以動而明也。嗚呼。天下之廣。主刑者民之司命也。任用可不愼乎。

公第三十七

聖人之道。至公而已矣。或曰。何謂也。曰。天地至公而已矣。

孔子上第三十八

春秋正王道。明大法也。孔子爲後世王者而修也。亂臣賊子。誅死者於前。所以懼生者於後也。宜乎萬世無窮。王祀夫子。報德報功之無盡焉。

孔子下第三十九

道德高厚。教化無窮。實與天地參而四時同。其惟孔子乎。

蒙艮第四十

童蒙求我。我正果行。如筮焉。筮叩神也。再三則瀆矣。瀆則不告也。山下出泉。靜而清也。汨則亂。亂不決也。愼哉。其惟時中乎。艮其背。背非見也。靜則止。止非爲也。爲不止矣。其道也深乎。

理學治要卷一

理學七家

張載　陝西郿縣橫渠鎮人。字子厚。少喜談兵。以書謁范仲淹。仲淹勸讀中庸。載猶以爲未通。又訪諸釋老。反而求之六經。嘗坐虎皮講易京師。程顥兄弟與論易。次日撤坐輟講。與二程語道學之要。渙然自失。盡棄異學。熙寧初。爲崇文院校書。尋卽移疾屛居南山下。終日危坐一室。俯讀仰思。有得則志之。或中夜起取燭以書。敝衣蔬食。與諸生講學。每告以知禮成性之道。學必如聖人而後已。著書號正蒙。又作東銘西銘及易說。程頤嘗稱其西銘理一分殊。擴前聖所未發。與孟子性善養氣之論同功。卒年五十八。謚明公。後定謚獻。傳其學者號曰關學。

西銘

乾稱父。坤稱母。予茲藐焉。乃混然中處。故天地之塞。吾其體。天地之帥。吾其性。民吾同胞。物吾與也。大君者。吾父母宗子。其大臣。宗子之家相也。尊高年。所以長其長。慈孤弱。所以幼其幼。聖其合德。賢其秀也。凡天下疲癃殘疾惸獨鰥寡。皆吾兄弟之顚連而無告者也。于時保之。子之翼也。樂且不憂。純乎孝者也。違曰悖德。害仁曰賊。濟惡者不才。其踐形。惟肖者也。知化則善述其事。窮神則善繼其志。不愧屋漏爲無忝。存心養性爲匪懈。惡旨酒。崇伯子之顧養。育英才。穎封人之錫類。不施勞而底豫。舜其功也。無所逃而待烹。申生其恭也。體其受而歸全者。參乎勇於從而順令者。伯奇也。富貴福澤。將厚吾之生也。貧賤憂戚。庸玉女於成也。
存吾順事沒吾寧也。

東銘

戲言出於思也。戲動作於謀也。發乎聲。見乎四支。謂非己心。不明也。欲人無己疑。不能也。過言非心也。過動非誠也。失於聲。繆迷其四體。謂己當然。自誣也。欲他人己從。誣人也。或者以出於心者。歸咎爲己戲。失於思者。自誣爲己誠。不知戒其出汝者。歸咎其不出汝者。長傲且遂非。不知孰甚焉。

正蒙 節錄

太和所謂道。中涵浮沈升降動靜相感之性。是生絪縕相盪勝負屈伸之始。其來也幾微易簡。其究也廣大堅固。起知於易者乾乎。效法於簡者坤乎。散殊而可象爲氣。清通而不可象爲神。不如野馬絪縕。不足謂之太和。語道者知此。謂之知道。學易見此者。謂之見易。不如是。雖周公才美。其智不足稱也已。

太虛無形。氣之本體。其聚其散。變化之客形爾。至靜無感。性之淵源。有識有知。物交之客感爾。客感客形與無感無形。惟盡性者一之。

天地之氣。雖聚散攻取百塗。然其爲理也。順而不妄。氣之爲物。散入無形。適得吾體。聚爲有象。不失無常。太虛不能無氣。氣不能不聚而爲萬物。萬物不能不散而爲太虛。循是出入。是皆不得已而然也。然則聖人盡道其間。兼體而不累者。存神其至矣。彼語寂滅者。往而不反。徇生執有者。物而不化。二者雖有間矣。以言乎失道則均焉。

氣坱然太虛。升降飛揚。未嘗止息。易所謂絪縕。莊生所謂生物以息相吹。野馬者與。此虛實動靜之機。陰陽剛柔之始。浮而上者陽之淸。降而下者陰之濁。其感遇聚散。爲風雨。爲雪霜。萬品之流形。山川之融結。糟粕煨燼。無非敎也。

氣聚則離明得施而有形。氣不聚則離明不得施而無形。方其聚也。安得不謂之客。方其散也。安得遽謂之無。故聖人仰觀俯察。但云知幽明之故。不云知有無之故。盈天地之間者。法象而已。文理之察。非離不相覩也。方其形也。有以知幽之因。方其不形也。有以知明之故。

氣之聚散於太虛。猶冰凝釋於水。知太虛卽氣。則無無。故聖人語性與天道之極。盡於參伍之神。變易而已。諸子淺妄。有有無之分。非窮理之學也。

由太虛。有天之名。由氣化。有道之名。合虛與氣。有性之名。合性與知覺。有心之名。

鬼神者。二氣之良能也。聖者。至誠得天之謂。神者。太虛妙應之目。凡天地法象。皆神化之糟粕爾。

氣本之虛。則湛本無形。感而生。則聚而有象。有象斯有對。對必反其爲。有反斯有仇。仇必和

而解。故愛惡之情同出於太虛。而卒歸於物欲。倏而生。忽而成。不容有毫髮之間。其神矣夫。以上太和篇

一物兩體。氣也。一故神。兩在故不測 兩故化。推行於一 此天之所以參也。

陰陽之精互藏其宅。則各得其所安。故日月之形。萬古不變。若陰陽之氣。則循環迭至。聚散相盪。升降相求。絪縕相揉。蓋相兼相制。欲一之而不能。此其所以屈伸無方。運行不息。莫或使之。不曰性命之理。謂之何哉。以上參兩篇

天道四時行。百物生。無非至教。聖人之動。無非至德。夫何言哉。

天之不測謂神。神而有常謂天。以上天道篇

神天德。化天道。德其體。道其用。一於氣而已。

大可爲也。大而化不可爲也。在熟而已。易謂窮神知化。乃德盛仁熟之致。非智力能強也。

精義入神。事豫吾內。求利吾外也。利用安身。素利吾外。致養吾內也。窮神知化。乃養盛自致。非思勉之能強。故崇德而外。君子未或致知也。

知神而後能饗帝饗親。見易而後能知神。是故不聞性與天道。而能制禮作樂者末矣。

無我然後得正己之盡。存神然後妙應物之感。以上神化篇

誠明所知。乃天德良知。非聞見小知而已。

義命合一存乎理。仁知合一存乎聖。動靜合一存乎神。陰陽合一存乎道。性與天道合一存乎誠。

天所以長久不已之道。乃所謂誠。仁人孝子所以事天誠身。不過不已於仁孝而已。故君子誠之爲貴。

自明誠。由窮理而盡性也。自誠明。由盡性而窮理也。

性者萬物之一源。非有我之得私也。惟大人爲能盡其道。是故立必俱立。知必周知。愛必兼愛。成不獨成。彼自蔽塞而不知順吾理者。則亦末如之何矣。

天所性者通極於道。氣之昏明不足以蔽之。天所命者通極於性。遇之吉凶。不足以戕之。不免乎蔽之戕之者。未之學也。性通乎氣之外。命行乎氣之內。氣無內外。假有形而言爾。故思知人不可不知天。盡其性然後能至於命。

湛一氣之本。攻取氣之欲。口腹於飲食。鼻舌於臭味。皆攻取之性也。知德者屬厭而已。不以嗜欲累其心。不以小害大。末喪本焉爾。

心能盡性。人能弘道也。性不知檢其心。非道弘人也。

盡其性能盡人物之性。至於命者亦能至人物之命。莫不性諸道。命諸天。我體物未嘗遺。物體我知其不遺也。至於命然後能成己成物。不失其道。

形而後有氣質之性。善反之。則天地之性存焉。故氣質之性。君子有弗性者焉。

德不勝氣。性命於氣。德勝其氣。性命於德。窮理盡性。則性天德。命天理。

纖惡必除。善斯成性矣。察惡未盡。雖善必粗矣。莫非天也。陽明勝則德性用。陰濁勝則物欲行。領惡而全好者。其必由學乎。

生直理順。則吉凶莫非正也。不直其生者。非幸福於回。則免難於苟也。（以上誠明篇）

大其心。則能體天下之物。物有未體。則心爲有外。世人之心。止於聞見之狹。聖人盡性。不以見聞梏其心。其視天下。無一物非我。孟子謂盡心則知性知天。以此。天大無外。故有外之心。不足以合天心。

釋氏不知天命。而以心法起滅天地。以小緣大。以末緣本。其不能窮而謂之幻妄。眞所謂疑冰者與。（以上大心篇）

可欲之謂善。志仁則無惡也。誠善於心之謂信。充內形外之謂美。塞乎天地之謂大。大能成性之謂聖。天地同流。陰陽不測之謂神。

知德以大中爲極。可謂知至矣。擇中庸而固執之。乃至之之漸也。惟知學。然後能勉。能勉。然後日進而不息。可期矣。

極其大而後中可求。止其中而後大可有。

不尊德性。則學問從而不道。不致廣大。則精微無所立其誠。不極高明。則擇乎中庸失時措之宜矣。

意有思也。必有待也。固不化也。我有方也。四者有一焉。則與天地爲不相似。

將窮理而不順理。將精義而不徙義。欲資深且習察。吾不知其知也。

溫故知新。多識前言往行以畜德。繹舊業而知新益。思昔未至而今至。緣舊所見聞而察來。皆其義也。

責己者當知天下國家無皆非之理。故學至於不尤人。學之至也。

學者四失。爲人則失多。好高則失寡。不察則易。苦難則止。

學者捨禮義。則飽食終日。無所猷爲。與下民一致。所事不踰衣食之間。燕游之樂爾。

儒者窮理。故率性可以謂之道。浮屠不知窮理而自謂之性。故其說不可推而行。以上中正篇

至當之謂德。百順之謂福。德者福之基。福者德之致。無入而非百順。故君子樂得其道。

正己而不求於人。不願乎外之盛者與。

必物之同者。己則異矣。必物之是者。己則非矣。大人者有容物。無去物。有愛物。無徇物。天之道然。天以直養萬物。代天而理物者。曲成而不害其直。斯盡道矣。

志大則才大事業大。故曰可大。又曰富有。志久則氣久德性久。故曰可久。又曰日新。以上至當篇

困而不知變。民斯爲下矣。不待困而喻。賢者之常也。困之進人也。爲德辨。爲感速。孟子謂人有德慧術知者存乎疢疾。以此。自古困於內無如舜。困於外無如孔子。以孔子之聖而下學於困。則其蒙難正志。聖德日躋。必有人所不及知而天獨知之者矣。故曰莫我知也夫。知我者其天乎。

顏淵從師進德於孔子之門。孟子命世修業於戰國之際。此所以潛見之不同。（以上三十篇）

行修言道。則當爲人取。不務徇物。強施以引取乎人。故往教妄說。皆取人之弊也。

言有教。動有法。晝有爲。宵有得。息有養。瞬有存。困辱非憂。取困辱爲憂。榮利非樂。忘榮利爲樂。（以上有德篇）

大易不言有無。言有無。諸子之陋也。

易爲君子謀。不爲小人謀。故撰德於卦。雖爻有小大。及繫辭其爻。必諭之以君子之義。

一物而兩體。其太極之謂與。陰陽天道。象之成也。剛柔地道。法之效也。仁義人道。性之立也。

三才兩之。莫不有乾坤之道。陰陽剛柔仁義之本立。而後知趨時應變。故乾坤毀則无以見易。

開物於幾先。故曰知來。明患而弭其故。故曰藏往。極數知來。前知也。前知其變。有道術以通之。君子所以措於民者遠矣。（以上大易篇）

至誠。天性也。不息。天命也。人能至誠。則性盡而神可窮矣。不息。則命行而化可知矣。學未至知化。非眞得也。

浮屠明鬼。謂有識之死。受生循環。遂厭苦求免。可謂知鬼乎。以人生爲妄。可謂知人乎。天人一物。輒生取舍。可謂知天乎。孔孟所謂天。彼所謂道。惑者指游魂爲變。爲輪迴。未之思也。大學當先知天德。知天德。則知聖人。知鬼神。今浮屠極論要歸。必謂死生轉流。非得道不免。謂之悟道可乎。自其說熾傳中國。儒者未容窺聖學門牆。已爲引取。淪胥其間。指爲大道。其俗達之天下。致善惡智愚男女臧獲。人人著信。使英才間氣。生則溺耳目恬習之事。長則師世儒宗尙之言。遂冥然被驅。因謂聖人可不修而至。大道可不學而知。故未識聖人心。已謂不必求其迹。未見君子志。已謂不必事其文。此人倫所以不察。庶物所以不明。治所以忽。德所以亂。異言滿耳。上無禮以防其僞。下無學以稽其弊。自古詖淫邪遁之詞。翕然並興。一出於佛氏之門者千五百年。自非獨立不懼。精一自信。有大過人之才。何以正立其間。與之較是非。計得失。

將修己。必先厚重以自持。厚重知學。德乃進而不固矣。忠信進德。惟尙友而急賢。欲勝己者親。無如改過之不吝。以上乾稱篇

理窟十五則附論語說詩說各一則

治天下不由井地。終無由得平。周道止是均平。

管攝天下人心。收宗族。厚風俗。使人不忘本。須是明譜系世族與立宗子法。

不知疑者。只是不便實作。既實作則須有疑。

多見聞。適足長小人之氣。君子莊敬日強。始則須拳拳服膺。出於牽勉。至於中禮。卻是從容。如此方是爲己之學。

嘗謂文字歷過。見得無可取。則可放下。唯六經則須著循環。能使晝夜不息。理會得六七年。則自無可得看。若義理則儘無窮。待自家長得一格。則又看得別。

學貴心悟。守舊無功。

爲學大益。在自能變化氣質。不爾卒無所發明。不得見聖人之奧。故學者先須變化氣質。變化氣質與虛心相表裏。

讀書少則無由考校得義精。蓋書以維持此心。一時放下。則一時德性有懈。讀書則此心常在。不讀書則終看義理不見。書須成誦。精思多在夜中或靜坐得之。不記則思不起。但須通貫得大原後。書亦易記。所以觀書者。釋己之疑。明己之未達。每見每知所益。則學進矣。於不疑處有疑。方是進矣。

既學而先有以功業爲意者。於學便相害。既有意。必穿鑿創作起事也。德未成而先以功業為事。是代大匠斲。希不傷手也。
戲謔直是大無益。出於無敬心。戲謔不已。不惟害事。志亦為氣所流。不戲謔亦是持氣之一端。善戲謔之事。雖不為無傷。
觀書解大義。非聞也。必以了悟為聞。
學者不論天資美惡。亦不專在勤苦。但觀其趣向著心處如何。
義理有疑。則濯去舊見。以來新意。心中苟有所開。卽便箚記。不思則還塞之矣。更須得朋友之助。
學者不宜志小氣輕。志小則易足。易足則無由進。氣輕則虛而為盈。約而為泰。亡而為有。以未知為已知。未學為已學。
天下事大患只是畏人非笑。不養車馬。食粗衣惡。居貧賤。皆恐人非笑。不知當生則生。當死則死。今日萬鍾。明日棄之。今日富貴。明日飢餓。亦不卹。惟義所在。(以上理窟)
有潛心於道。忽忽為他慮引去者。此氣也。舊習纏繞。未能脫洒。畢竟無益。但樂於舊習耳。古人欲得朋友與琴瑟簡編。常使心在於此。惟聖人知朋友之取益為多。故樂得朋友之來。(論語說)
斯干詩言兄及弟矣。式相好矣。無相猶矣。言兄弟宜相好。不要相學。猶似也。人情大抵患在

施之不見報則輟。故恩不能終。不要相學。己施之而已。詩說

語錄十一則

學者當須立人之性。仁者人也。當辨其人之所謂人。學者學所以爲人。

多求新意。以開昏蒙。吾學不振。非强有力者不能自奮。

萬物皆有理。若不知窮理。如夢過一生。釋氏便不窮理。皆以爲見病所致。莊生儘能明理。及至窮極。亦以爲夢。蓋不如易之窮理也。

有志於學者。都更不論氣之美惡。只看志如何。匹夫不可奪志也。惟患學者不能堅勇。

虛心然後能盡心。

氣者自萬物散殊時。各有所得之氣。習者自胎胞中以至嬰孩時。皆是習也。

某所以使學者先習禮者。只爲學禮則便除了世俗一副常習纏繞。又學禮則可以守得定。

心統性情者也。

發於性則見於情。發於情則見於色。以類而應也。

洪鐘未嘗有聲。由叩乃有聲。聖人未嘗有知。由問乃有知。

利。利於民則可謂利。利於身。利於國。皆非利也。利之言利。猶言美之爲美。利誠難言。不可一概而言。

理學治要卷一

理學七家

程顥　洛陽人。字伯淳。舉進士。調鄠縣主簿。民愛戴之。熙寧初爲監察御史。前後進說。並皆懇切。後與王安石論新法不合。遂求去。卒年五十四。顥資性過人。充養有道。和粹之氣。盎於面背。門人交友從之數十年。未嘗見其忿厲之容。遇事優爲。雖倉卒不動聲色。少學於周敦頤。汎濫諸家。出入老釋幾十年。反求六經而後得之。遂以興起斯文爲己任。辨異端。闢邪說。使聖人之道。煥然復明於世。文彥博采衆論。而題其墓曰明道先生。嘉定十三年。賜謚純公。後人集其遺文語錄。與弟頤所作。合刊曰二程全書。

答橫渠張子厚先生書

承教。諭以定性未能不動。猶累於外物。此賢者慮之熟矣。尚何俟小子之言。然嘗思之矣。敢貢其說於左右。所謂定者。動亦定。靜亦定。無將迎。無內外。苟以外物爲外。牽己而從之。是以己性爲有內外也。且以性爲隨物於外。則當其在外時。何者爲在內。是有意於絕外誘。而不知性之無內外也。既以內外爲二本。則又烏可遽語定哉。夫天地之常。以其心普萬物而無心。聖人之常。以其情順萬事而無情。故君子之學。莫若廓然而大公。物來而順應。易曰。貞吉悔亡。憧憧往來。朋從爾思。苟規規於外誘之除。將見滅於東而生於西也。非惟日之不足。顧其端無窮。不可得而除也。人之情各有所蔽。故不能適道。大率患在於自私而用智。自私則不能以有爲爲應迹。用智則不能以明覺爲自然。今以惡外物之心。而求照無物之地。是反鑑而索照也。易曰艮其背不獲其身。行其庭不見其人。孟氏亦曰所惡於智者。爲其鑿也。與其非外而是內。不若內外之兩忘也。兩忘則澄然無事矣。無事則定。定則明。明則尙何應物之爲累哉。聖人之喜。以物之當喜。聖人之怒。以物之當怒。是聖人之喜怒。不繫於心而繫於物也。是則聖人豈不應於物哉。烏得以從外者爲非。而更求在內者爲是也。今以自私用智之喜怒。而視聖人喜怒之正。爲如何哉。夫人之情易發而難制者。惟怒爲甚。第能於怒時遽忘其怒。而觀理之是非。亦可見外誘之不足惡。而於道亦思過半矣。心之精微。口不能宣。加之素拙於文辭。又吏事怱怱。未能精慮當否。佇報。然舉大要。亦當近之矣。道近求遠。古人所非。惟聰明裁之。

論王霸之辨疏

臣伏謂得天理之正。極人倫之至者。堯舜之道也。用其私心。依仁義之偏者。霸者之事也。王道如砥。本乎人情。出乎禮義。若履大路而行。無復回曲。霸者崎嶇反側於曲逕之中。而卒不可與入堯舜之道。故誠心而王則王矣。假之而霸則霸矣。二者其道不同。在審其初而已。易所謂差若毫釐。繆以千里者。其初不可不審也。故治天下者。必先立其志。正志先立。則邪說法先王之治。將大有爲。而返成禍患者乎。願陛下奮天錫之勇智。體乾剛而獨斷。霈然不疑。古質義而行。則爲愼莫大焉。豈若因循苟簡。卒致敗亂者哉。自古以來。何嘗有師聖人之言。舉動不可不愼。易於更張。則爲害大矣。臣獨以爲不然。所謂更張者。顧理所當耳。其動皆稽之弊。爲生民長久之計。非夫極聽覽之明。盡正邪之辨。致一而不二。其能勝之乎。或謂人君則其命亂矣。旣任君子之謀。而又入小人之議。則聽明不專。而志意惑矣。今將救千古深錮蓋小人之事。君子所不能同。豈聖賢之事。而庸人可參之哉。欲爲聖賢之事。而使庸人參之。一而後可以爲也。古者三公不必備。惟其人。誠以謂不得其人而居之。則不若闕之之愈也。海。擇同心一德之臣。與之共成天下之務。書所謂尹躬暨湯。咸有一德。又曰。一哉王心。言致時不可失。惟陛下稽先聖之言。察人事之理。知堯舜之道備於己。反身而誠之。推之以及四至也。夫事有大小。有先後。察其小。忽其大。先其所後。後其所先。皆不可以適治。且志不可慢。世者。皆不足爲也。然欲行仁政。而不素講其具。使其道大明而後行。則或出或入。終莫有所則非先王之學。考其時。則皆駁雜之政。乃以一曲之見。幸致小康。其創法垂統。非可繼於後堯舜之資。處堯舜之位。必以堯舜之心自任。然後爲能充其道。漢唐之君。有可稱者。論其人。玉也。故仲尼之徒。無道桓文之事。而曾西恥比管仲者。義所不由也。況下於霸者哉。陛下躬不能移。異端不能惑。故力進於道。而莫之禦也。苟以霸者之心。而求王道之成。是銜石以爲則萬世幸甚。

請修學校尊師儒取士箚子

臣伏謂治天下以正風俗得賢才爲本。宋興百餘年。而敎化未大醇。人情未盡美。士人微謙退之節。鄉閭無廉恥之行。刑雖繁而奸不止。官雖冗而才不足者。此蓋學校之不修。師儒之不尊。無以風勸養勵之使然耳。竊以去聖久遠。師道不立。儒者之學。幾於廢熄。惟朝廷崇尙敎育之道。則不日而復古者一道德以同俗。苟師學不正。則道德何從而一。方今人執私見。家爲異說。支離經訓。無復統一。道之不明不行。乃在於此。臣謂宜先禮命近侍賢儒。各以類舉。及百執事方岳州縣之吏。悉心推訪。凡有明先王之道。德業充備。足爲師表者。其次有篤志好學。材良行修者。皆以名聞。其高蹈之士。朝廷當厚禮延聘。其餘命州縣敦遣。萃於京師。館之寬閑之宇。豐其廩餼。卹其家之有無。以大臣之賢。典領其事。俾羣儒朝夕相與講明正學。其道必本於人倫。明乎物理。其敎自小學灑埽應對以往。修其孝弟忠信。周旋禮樂。其所以誘掖激勵漸摩成就之道。皆有節序。其要在於擇善修身。至於化成天下。自鄉人而可至於聖人之道。其學行皆中於是者爲成德。又其次取材識明達。可進於善者。使日授其業。稍久則舉其賢傑。以備高任。擇其學業大明。德義可尊者。爲太學之師。次以分敎天下之學。始自藩府。至於列郡。擇士之願學。民之俊秀者入學。皆優其廩給。而蠲其身役。凡其有父母骨肉之養者。亦通其優游往來•以察其行。其大不率教者。斥之從役。漸自太學。及州郡之學。擇其道業之成可爲人師者。使敎於學。縣之學如州郡之制。異日則十室之鄉達於黨遂皆當修其庠序之制。爲之立師。學者以此而察焉。縣令每歲與學之師以鄉飲之禮會其鄉老學者衆推經明行修材能可任之士升於州之學。以觀其實學荒行虧者罷歸而罪其吏與師。其升於州而當者復其家之役。郡守又歲與學之師行鄉飲酒之禮大會郡士以經義性行材能三物。賓興其士於太學。太學又聚而教之。其學不明。行不修。與材之下者罷歸以爲郡守學師之罪。升爲太學者。亦聽其以時還鄉里。復來於學。太學歲論其賢者能者於朝。謂之選士。朝廷問之經。以考其言。試之職。以觀其材。然後辨論其等差而命之秩。凡處郡縣之學者皆滿三歲。然後得充薦。其自州郡升於太學者。一歲而後薦。其有學行超卓衆所信服者。雖未處於學。或處學而未久。亦得備數論薦。凡選士之法。皆以性行端潔居家孝悌有廉恥禮遜通明學業曉達治道者。凡公卿大夫子弟皆入學。在京師者入太學。在外者各入其所在州之學。謂之國子。其有當補廕者。並如舊制。惟不選於學者不授以職。臣謂既一以道德仁義敎育之。又專以行實材學升進之。去其聲律小碎糊名謄錄一切無義理之弊。不數年間學者靡然丕變矣。豈惟得士浸廣。天下風俗將日入醇正。王化之本也。臣謂帝王之道莫尙於此。願陛下特留宸意。爲萬世行之。

語錄二十五則

天地萬物之理。無獨必有對。皆自然而然。非有安排也。每中夜思之。不知手之舞之足之蹈之也。

質必有文。自然之理。必有對待。生生之本也。有上則有下。有此則有彼。有質則有文。一不獨立。二則爲文。非知道者。孰能識之。天文。天之理也。人文。人之理也。

天下善惡皆天理。謂之惡者非本惡。但或過或不及。便如此。如楊墨之類。

問心有善惡否。曰在天爲命。在義爲理。在人爲性。主於身爲心。其實一也。心本善。發於思慮。則有善有不善。若既發。則可謂之情。不可謂之心。譬如水。只是水。至於流而爲派。或行於東。或行於西。卻謂之流也。

窮理盡性以至於命。三事一時並了。元無次序。不可將窮理作知之事。若窮得理。卽性命亦可了。

學者須先識仁。仁者渾然與物同體。義禮知信皆仁也。識得此理。以誠敬存之而已。不須防檢。不須窮索。若心懈則有防。心苟不懈。何防之有。理有未得。故須窮索。存久自明。安待窮索。此道與物無對。大不足以名之。天地之用。皆我之用。孟子言萬物皆備於我。須反身而誠。乃爲大樂。若反身未誠。則猶是二物有對。以己合彼。終未有之。又安得樂。訂頑意思。乃備言此體。以此意存之。更有何事。必有事焉而勿正。心勿忘。勿助長。未嘗致纖毫之力。此其存之之道。若存得便合有得。蓋良知良能元不喪失。以昔日習心未除。卻須存習此心。久則可奪舊習。此理至約。惟患不能守。既能體之而樂。亦不患不能守也。

剛毅木訥質之近乎仁也。力行學之近乎仁也。若夫至仁。則天地爲一身。而天地之間品物萬形爲四肢百體。夫人豈有視四肢百體而不愛者哉。聖人仁之至也。獨能體是心而已。曷嘗支離多端而求之自外乎。故能近取譬者。仲尼所以示子貢求仁之方也。醫書以手足四體風頑謂之四體不仁。爲其疾痛不以累其心故也。夫手足在我。而疾痛不與知焉。非不仁而何。世之忍心無恩者。其自棄亦若是而已。

人語言緊急。莫是氣不定否。曰此亦當習。習到自然緩時。便是氣質變也。學至氣質變。方是有功。

楊墨之害。甚於申韓。佛老之害。甚於楊墨。楊氏爲我疑於仁。墨氏兼愛疑於義。申韓則淺陋易見。故孟子只闢楊墨。爲其惑世之甚也。佛氏其言近理。又非楊墨之比。此所以爲害尤甚。楊墨之害。亦經孟子闢之。所以廓如也。

仲尼言仁。未嘗兼義。獨於易曰。立人之道。曰仁與義。而孟子言仁必以義配。蓋仁者體也。義者用也。知義之爲用而不外焉者。可以語道矣。世之所論於義者多外之。不然則混而無別。

非知仁義之説者。

聖人千言萬語。只是欲人將已放之心。約之使反。復入身來。自能尋向上去。

學只要鞭辟近裏著己而已。

學者須敬守此心。不可急迫。當栽培深厚。涵泳於其間。然後可以自得。但急迫求之。終是私己。終不足以達道。

以己及物。仁也。推己及物。恕也。仁恕一以貫之。忠者天道。恕者人道。忠者無妄。恕者所以行乎忠也。忠者體。恕者用。大本達道也。

良知良能。皆無所由。乃出於天。不繫於人。

致知在格物。格。至也。窮理而至於物。則物理盡。

儒者只合言人事。不得言有數。直到不得已處。然後歸之命可也。

昔受學於周茂叔。每令尋仲尼顏子樂處。所樂何事。

人之學不進。只是不勇。

一命之士。苟存心於愛物。於人必有所濟。

知至則便意誠。若有知而不誠者。皆知未至爾。知至而至之者。知至而往至之。乃幾之先見。故曰可與幾也。知終而終之。則可與存義也。

性靜者可以爲學。

且省外事但明乎善務進誠心。其文章雖不中不遠矣。所守不約。汎濫無功。

世有以讀書爲文爲藝者。曰爲文謂之藝猶可也。讀書謂之藝則求諸書者淺矣。

寫字時甚敬。非是要字好。卽此是學。

人心常要活則周流無窮而不滯於一隅。

生生之謂易。是天之所以爲道也。天只是以生爲道。繼此生理者只是善也。善便有一個元的意思。元者善之長。萬物皆有春意。便是繼之者善也。成之者性也。成卻待他萬物自成其性須得。

生之謂性。性卽氣。氣卽性。生之謂也。人生氣稟。理有善惡。然不是性中原有此兩物相對而生也。有自幼而善。有自幼而惡。是氣稟有然也。善固性也。然惡亦不可不謂之性也。蓋生之謂性人生而靜以上不容說。才說性便已不是性也。凡人說性。只是說繼之者善也。孟子言人性善是也。夫所謂繼之者善也。猶水流而就下也。皆水也。有流而至海終無所汚。此何煩人力之爲也。有流而未遠固已漸濁。有出而甚遠方有所濁。有濁之多者。有濁之少者。清濁雖不同。然不可以濁者不爲水也。如此則人不可以不加澄治之功。故用力敏勇則疾清。用力緩怠則遲清。其清也則卻只是原初水也。亦不是將清來換卻濁。亦不是取出濁來置在一隅也。水之淸則性善之謂也。故不是善與惡在性中爲兩物相對。各自出來。此理天命也。順而循之。則道也。循此而修之。各得其分。則教也。自天命以至於教。我無加損焉。此舜有天下而不與焉者也。

學始於不欺闇室。

須是大其心使開闊。譬如爲九層之臺。須大做脚始得。

憂子弟之輕俊者。只教以經學念書。不得令作文字。子弟凡百玩好皆奪志。至於書札。於儒者事最近。然一向好著。亦自喪志。如王虞顏柳輩。誠爲好人則有之。曾見有善書者知道否。平生精力一用於此。非惟徒廢時日。於道便有妨處。只此喪志也。

惟善變通。便是聖人。

人雖睡著。其識知自完。只是人與喚覺便是他自然會理得。

先生嘗曰。熙寧初王介甫行新法。並用君子小人。君子正直不合。介甫以爲俗學。不通世務。斥去。小人苟容諂佞。介甫以爲有才能。知通變用之。君子如司馬君實不拜同知樞密院以去。范堯夫辭同修起居注得罪。張天祺自監察御史面折介甫被謫。介甫性很愎。衆人皆以爲不可則執之愈堅。君子既去。所用皆小人。爭爲刻薄。故害天下益深。使衆君子未用與之敵。俟其勢久自緩。委曲平章。尙有聽從之理。俾小人無隙以乘。其爲害不至此之甚也。

理學治要卷一

國學治要四

理學七家

程頤　頤弟字正叔與兄顥同學於周敦頤年十八遊太學著顏子好學論胡瑗大驚異之即延見處以學職哲宗初擢崇政殿說書每進講色甚莊繼以諷諫復與蘇軾不合遂出管句西京國子監紹聖中以元祐諸臣被貶年七十五卒謚正公頤於書無所不讀其學以誠爲本以窮理爲要動止語默一以聖人爲師平生誨人不倦從學者甚衆其淵源所漸皆爲名士世稱伊川先生著有易傳文集等種傳二程之學者號曰洛學

顏子所好何學論

聖人之門其徒三千獨稱顏子爲好學夫詩書六藝三千子非不習而通也然顏子所獨好者何學也學以至聖人之道也聖人可學而至歟曰然學之道如何曰天地儲精得五行之秀者爲人其本也眞而靜其未發也五性具焉曰仁義禮智信形既生矣外物觸其形而動於中矣其中動而七情出焉曰喜怒哀樂愛惡欲情既熾而益蕩其性鑿矣是故覺者約其情使合於中正其心養其性故曰性其情愚者則不知制之縱其情而至於邪僻梏其性而亡之故曰情其性凡學之道正其心養其性而已中正而誠則聖矣君子之學必先明諸心知所養然後力行以求至所謂自明而誠也故學必盡其心盡其心則知其性知其性反而

誠之。聖人也。故洪範曰。思曰睿。睿作聖。誠之之道。在乎信道篤。信道篤。則行之果。行之果。則守之固。仁義忠信不離乎心。造次必於是。顛沛必於是。出處語默必於是。久而弗失。則居之安。動容周旋中禮。而邪僻之心無自生矣。故顏子所事。則曰。非禮勿視。非禮勿聽。非禮勿言。非禮勿動。仲尼稱之。則曰。得一善。則拳拳服膺而弗失之矣。又曰。不遷怒。不貳過。有不善未嘗不知。知之未嘗復行也。此其好之篤。學之之道也。視聽言動皆禮矣。所異於聖人者。蓋聖人則不思而得。不勉而中。從容中道。顏子則必思而後得。必勉而後中。故曰。顏子之與聖人相去一息。孟子曰。充實而有光輝之謂大。大而化之之謂聖。聖而不可知之謂神。顏子之德。可謂充實而有光輝矣。所未至者。守之也。非化之也。以其好學之心。假之以年。則不日而化矣。故仲尼曰。不幸短命死矣。蓋傷其不得至於聖人也。所謂化之者。入於神而自然。不思而得。不勉而中之謂也。孔子曰。七十而從心所欲。不踰矩。是也。或曰。聖人生而知之者也。今謂可學而至。其有稽乎。曰。然。孟子曰。堯舜性之也。湯武反之也。性之者。生而知之者也。反之者。學而知之者也。又曰。孔子則生而知也。孟子則學而知也。後人不達。以謂聖本生知。非學可至。而為學之道遂失。不求諸己而求諸外。以博聞強記。巧文麗辭為工。榮華其言。鮮有至於道者。則今之學與顏子所好異矣。

禮序

禮經三百。威儀三千。皆出於性。非僞貌飾情也。鄙夫野人。卒然加敬。逡巡遜卻而不敢受。三尺童子。拱而趨市。暴夫悍卒。莫敢狎焉。彼非素有於教與邀譽於人而然也。蓋其所有於性。物感而出者如此。故天尊地卑。禮固立矣。類聚羣分。禮固行矣。人者位乎天地之間。立乎萬物之上。天地與吾同體。萬物與吾同氣。尊卑分類。不設而彰。聖人循此。制爲冠昏喪祭朝聘射饗之禮。以行君臣父子兄弟夫婦朋友之義。其形而下者。具於飲食器服之用。其形而上者。極於無聲無臭之微。衆人勉之。賢人行之。聖人由之。故所以行其身與其家與其國與其天下。禮治則治。禮亂則亂。禮存則存。禮亡則亡。上自古始。下逮五季。質文不同。罔不由是。然而世有損益。惟周爲備。是以夫子嘗曰。郁郁乎文哉。吾從周。逮其弊也。忠義之薄。情文之繁。林放有禮本之問。而孔子欲先進之從。蓋所以矯正反弊也。然豈禮之過哉。爲禮者之過也。秦氏焚滅典籍。三代禮文大壞。漢興。購書。禮記四十九篇。雜出諸儒傳記。不能悉得聖人之旨。考其文義。時有抵牾。然而其文繁。其義博。學者觀之。如適大通之肆。珠珍器帛。隨其所取。如遊阿房之宮。千門萬戶。隨其所入。博而約之。亦可以弗畔。蓋其說也。麤在應對進退之間。而精在道德性命之要。始於童幼之習。而終於聖人之歸。惟達於道者。然後能知其言。能知其言。然後能得於禮。然則禮之所以爲禮。其則不遠矣。昔者顏子之所從事。不出乎視聽言動之間。而鄉黨之記孔子。多在於動容周旋之際。此學者所當致疑以思。致思以達也。

答朱長文書

相去之遠。未知何日復爲會合。人事固難前期也。中前奉書。以足下心虛氣損。奉勸勿多作詩文。而見答之辭。乃曰爲學上能探古先之陳迹。綜羣言之是非。欲其心通而默識之。固未能也。又曰。使後人見之。猶庶幾曰不忘乎善也。苟不如是。誠懼沒而無聞焉。此爲學之末。宜兄之見責也。使吾日聞夫子之道。而忘乎此。豈不善哉。此疑未得爲至當之言也。頤於朋友間。其問不切者。未嘗敢語也。以足下處疾罕與人接。渴聞議論之益。故因此可論而爲吾弟盡其語。庶幾有小補也。向之云無多爲文與詩者。非止爲傷心氣也。直以不當輕作爾。聖賢之言。不得已也。蓋有是言。則是理明。無是言。則天下之理有闕焉。如彼耒耜陶冶之器。一不制。則生人之道有不足矣。聖賢之言。雖欲已。得乎。然其包涵盡天下之理。亦甚約也。後之人始執卷。則以文章爲先。平生所爲。動多於聖人。然有之無所補。無之亦無所闕。乃無用之贅言也。不止贅而已。既不得其要。則離眞失正。反害於道必矣。詩之盛。莫如唐。唐人善論文。莫如韓愈。愈之所稱。獨高李杜。二子之詩。存者千篇。皆吾弟所見也。可考而知矣。苟足下所作皆合於道。足以輔翼聖人。爲教於後。乃聖賢事業。何得爲學之末乎。頤何敢以此奉責。又言欲使後人見其不忘乎善。人能爲合道之文者。知道者也。在知道者。所以爲文之心。乃非區區懼其無聞於後。欲使後人見其不忘乎善而已。此乃世人之私心也。夫子疾沒世而名不稱焉。疾沒身無善可稱云爾。非謂疾無名也。名者可以厲中人。君子所存。非所汲汲。又云。上能探古先之陳迹。綜羣言之是非。欲其心通默識。固未能也。夫心通乎道。然後能辨是非。如持權衡以較輕重。孟子所謂知言是也。揆之以道。則是非了然。不待精思而後見也。學者當以道爲本。心不通於道。而較古人之是非。猶不持權衡而酌輕重。竭其目力。勞其心智。雖使時中。亦古人所謂億則屢中。君子不貴也。臨紙遽書。故言無次序。辭過煩矣。理或未安。卻請示下。足以代面話。

答楊時論西銘書

前所寄史論十篇。其意甚正。纔一觀。便爲人借去。俟更子細看。西銘之論。則未然。橫渠立言誠有過者。乃在正蒙。西銘之爲書。推理以存義。擴前聖所未發。與孟子性善養氣之論同功。（二者亦前聖所未發。）豈墨氏之比哉。西銘明理一而分殊。墨氏則二本而無分。（老幼及人。理一也。愛無差等。本二也。）分殊之蔽。私勝而失仁。無分之罪。兼愛而無義。分立而推理一。以止私勝之流。仁之方也。無別而迷兼愛。至於無父之極。義之賊也。子比而同之。過矣。且謂言體而不及用。彼欲使人推而行之。本爲用也。反謂不及。不亦異乎。

明道先生墓表

先生名顥。字伯淳。葬於伊川。潞國太師題其墓曰明道先生。弟頤序其所以而刻之石。曰。周公沒。聖人之道不行。孟軻死。聖人之學不傳。道不行。百世無善治。學不傳。千載無眞儒。無善治。士猶得以明乎善治之道。以淑諸人。以傳諸後。無眞儒。天下貿貿焉莫知所之。人欲肆而天理滅矣。先生生乎四百年之後。得不傳之學於遺經。志將以斯道覺斯民。天不憖遺。哲人早世。鄉人士大夫相與議曰。道之不明也久矣。先生出。揭聖學以示人。辨異端。闢邪說。開歷古之沈迷。聖人之道。得先生而後明。爲功大矣。於是帝師采衆議而爲之稱。以表其墓。學者之於道。知所嚮。然後見斯人之爲功。知所至。然後見斯名之稱情。山可夷。谷可堙。明道之名。亙萬世而長存。勒石墓傍。以詔後人。

四箴 並序

顏淵問克己復禮之目。夫子曰。非禮勿視。非禮勿聽。非禮勿言。非禮勿動。四者身之用也。由乎中而應乎外。制於外所以養其中也。顏淵事斯語。所以進於聖人。後之學聖人者。宜服膺而勿失也。因箴以自警。

心兮本虛。應物無迹。操之有要。視爲之則。蔽交於前。其中則遷。制之於外。以安其內。克己復禮。久而誠矣。視

人有秉彝。本乎天性。知誘物化。遂亡其正。卓彼先覺。知止有定。閑邪存誠。非禮勿聽。聽

人心之動。因言於宣。發禁躁妄。內斯靜專。矧是樞機。興戎出好。吉凶榮辱。惟其所召。傷易則

誕。傷煩則支。己肆物忤。出悖來違。非法不道。欽哉訓辭。言

哲人知幾。誠之於思。志士勵行。守之於爲。順理則裕。從欲惟危。造次克念。戰兢自持。習與性成。聖賢同歸。動

語錄四十七則

一人之心。卽天地之心。一物之理。卽萬物之理。一日之運。卽一歲之運。

天地之化。雖廓然無窮。然而陰陽之度。日月寒暑晝夜之變。莫不有常。此道之所以爲中庸。

問孟子言心性天。只是一理否。曰然。自理言之謂之天。自禀受言之謂之性。自存諸人言之謂之心。又問凡運用處是心否。曰是意也。問意是心之所發否。曰有是心而後有意。

學者先務。固在心志。有謂欲屏去聞見知識。則是絕聖棄智。有欲屏去思慮。患其紛亂。則須是坐禪入定。如明鑒在此。萬物畢照。是鑒之常。難爲使之不照。人心不能不交感萬物。亦難爲使之不思慮。若欲免此。惟是心有主。如何爲主。敬而已矣。有主則虛。虛謂邪不能入。無主則實。實謂物來奪之。今夫瓶甖有水。實內則雖江河之浸。無所能入。安能不虛。無水於內。則停注之水。不可勝注。安得不實。大凡人心。不可二用。用於一事。則他事便不能入者。事爲之主也。事爲之主。尙無思慮紛擾之患。若主於敬。又焉有此患乎。所謂敬者。主一之謂敬。所謂一者。無適之謂一。且欲涵泳主一之義。一則無二三矣。言敬無如聖人之言。易所謂敬以直

內。義以方外。須是直內。乃是主一之義。至於不敢欺。不敢慢。尙不愧於屋漏。是皆敬之事也。但存此涵養久之。自然天理明。

問日中所不欲之事。夜多見於夢。此何故也。曰。只是心不定。今人所夢見事。豈特一日之間所有之事。亦有數十年前之事。夢見之者。只爲心中舊有此事。平日忽有事與此事相感。或氣相感。然後發出來。故雖白日所憎惡者。亦有時見於夢也。譬如水爲風激而成浪。風既息。波猶洶湧未已也。若存養久的人。自不如此。

氣有善有不善。性則無不善也。人之所以不知善者。氣昏而塞之耳。孟子所以養氣者。養之至則清明純全。而昏塞之患去矣。或曰養心。或曰養氣。何也。曰。養心則勿害而已。養氣則在有所帥也。

心譬如穀種。生之性便是仁也。

入道莫如敬。未有能致知而不在敬者。

涵養須用敬。進學在致知。

聞見之知。非德性之知。物交物則知之。非內也。今之所謂博物多能者是也。德性之知。不假見聞。

須是識在所行之先。譬如行路。須是光照。

問忠信進德之事。固可勉强。然致知甚難。曰。子以誠敬爲可勉强。且恁地說。到底須是知了方能行事。若不知。只是覷了堯學他行事。無堯許多聰明睿智。怎生得如他動容周旋中禮。有諸中必形諸外。德容安可妄學。如子所言。是篤行而固守之。非固有之也。且如中庸九經。修身也。尊賢也。親親也。堯典克明俊德。以親九族。親親本合在尊賢上。何故放在下。須是知所以親親之道方得。未致知怎生得行。勉强行者安能持久。除非燭理明。自然樂循理。性本善。循理而行。是循理事。本亦不難。但爲人不知。旋安排著。便道難也。知有多少般數。煞有淺深。向親見一人。曾爲虎所傷。因言及虎。神色便變。旁有數人。見他說虎。非不知虎之猛可畏。然不如他說了有畏懼之色。蓋眞知虎者也。學者深知亦如此。且如膾炙。貴公子與野人。莫不皆知其美。然貴人聞著便有欲嗜膾炙之色。野人則不然。學者須是眞知。才知得便是行將去也。某年二十時。解釋經義與今無異。然思今日覺得意味與少時自別。

人苟有朝聞道夕死可矣之志。則不肯一日安其所不安也。何止一日。須臾不能。如曾子易簀。須要如此乃安。人不能若此者。只爲不見實理。實理得之於心自別。若耳聞口道者。心實不見。若見得。必不肯安於所不要。人之一身。儘有所不肯爲。及至他事又不然。若士者雖殺之使爲穿窬。必不爲。其他事未必然。至於執卷者莫不知說禮義。又如王公大人皆能言軒冕外物。及其臨利害。則不知就理義。卻就富貴。如此者只是說得不實見。及其蹈水火則人皆避之。是實見得。須是有見不善如探湯之心。則自然別得之於心。是謂有得。不待勉強。然學者則須勉強。古人有捐軀殞命者。若不實見得。烏能如此。須是實見得生不重於義。生不安於死也。故有殺身成仁者。只是成就一個是而已。

孔子曰。棖也欲。焉得剛。甚矣欲之害人也。人之為不善。欲誘之也。誘之而弗知。則至於天理滅而不知反。故目則欲色。耳則欲聲。以至鼻則欲臭。口則欲味。體則欲安。此則有以使之也。然則何以窒其欲。曰思而已矣。學莫貴於思。唯思為能窒欲。曾子之三省。窒欲之道也。

人思如湧泉。汲之愈新。

不深思則不能造於道。不深思而得者。其得易失。然學者有無思無慮而得者。何也。以無思無慮而得者。乃所以深思而得之也。

學者先要會疑。

致知在格物。非由外鑠我也。我固有之也。因物而遷。迷而不悟。則天理滅矣。故聖人欲格之。格猶窮也。物猶理也。猶曰窮其理而已矣。窮其理然後可以致知。不窮則不能致也。

今人欲致知。須要格物。物不必謂事物然後謂之物也。自一身之中。至萬物之理。但理會得多。相次自然豁然有覺處。

窮理亦多端。或讀書講明義理。或論古今人物。別其是非。或應接事物而處其當然。皆窮理也。或問格物須物物格之。還是格一物而萬物皆知。曰怎生便會該通。若只格一物便通衆理。雖顏子亦不能如此。道須是今日格一件。明日格一件。積習既多。然後脫然有通貫處。

問致知先求之四端如何。曰求之性情固是切於身。然一草一木皆有理。須是察。

生知者只是他生自知義理。不待學而知。縱使孔子是生知。亦何害於學。如問禮於老聃。訪官名於郯子。何害於孔子。禮文官名。既欲知舊物。又不可鑿空撰得。須是問他先知者始得。

學者不可不通世務。天下事譬如一家。非我爲則彼爲。非甲爲則乙爲。

人惡多事。或人憫之。世事雖多。盡是人事。人事不教人做。更責誰做。

古之學者優柔厭飫。有先後次第。今之學者。卻做一場說話。務高而已。

螟蛉蜾蠃本非同類。爲其氣同。故祝則肖之。又況人與聖人同類者。大抵須是自强不息。將來涵養成就到聖人田地。自然氣貌改變。

問人有日誦萬言。或妙絕技藝。此可學否。曰不可。大凡所受之才。雖加勉强。止可少進。而鈍者不可使利也。惟理可進。除是積學既久。能變化得氣質。則愚必明。柔必强。

問技藝之事。恥己之不能。何如。曰技藝不能。安足恥。爲士者當知道。己不知道。可恥也。恥之何如。亦曰勉之而已。人安可嫉人之能而諱己之不能也。

稱性之善謂之道。道與性一也。性之本謂之命。性之自然者謂之天。性之有形者謂之心。性之有動者謂之情。凡此數者皆一也。聖人因事以立名。故不同。若此。而後之學者隨文析義求奇異之說。而去聖人之意遠矣。

論性不論氣不備。論氣不論性不明。

性相近也。習相遠也。性一也。何以言相近。曰。此只言氣質之性也。如俗言性急性緩之類。性安有緩急。此言性者。生之謂性也。

性無不善。而有不善者。才也。性卽是理。理則自堯舜至於塗人一也。才稟於氣。氣有清濁。稟其清者爲賢。稟其濁者爲愚。問愚可變乎。曰。可。孔子謂上智下愚不移。然亦有可移之理。惟自暴自棄者則不移也。

問心之妙用有限量否。曰。孟子曰。盡其心。知其性。心卽道也。在天爲命。在人爲性。論其所主爲心。其實只是一個道。苟能通之以道。又豈有限量。天下更無形外之物。若曰有限量。除是形外有物始得。

爲人處世間。見事無可疑處。多少快活。

罪己責躬不可無。然亦不可長留在心胸爲悔。

問仁。曰。此在諸公自思之。將聖賢所言仁處類聚觀之。體認出來。問先生前日教某思君子和而不同。某思之數日。便覺胸次開闊。其意味有不可言述。竊有一喻。今有人焉。久寓遠方一日歸故鄉。至中途。適遇族兄者。俱抵旅舍。異居而食。相視如途人。彼豈知爲族弟。此豈知爲族之兄耶。或告曰。彼之兄。公之族兄某人也。彼之弟。公之族弟某人耶。既歡然相從。無有二心。向之心與今之心豈或異哉。知與不知而已。今學者苟知大本。則視天下猶一家。亦自然之理也。先生曰。此乃善喩也。

學者爲氣所奪。習所勝。只可責志。

人於天地間並無窒礙處。大小快活。

嚴威儼恪。非持敬之道。然敬須自此入。

忘敬而後無不敬。

問人之燕居。形體怠惰。心不慢可否。曰。安有箕踞而心不慢者。學者須恭敬。但不可令拘迫。拘迫則難久也。

問君子時中。莫是隨時否。曰。是也。中字最難識。須是默識心通。且試言一廳。則中央爲中。一家則廳非中。而堂爲中。一國則堂非中。而國之中爲中。推此類可見矣。且如物初寒時。則薄裘爲中。在盛寒而用初寒之裘。則非中也。更如三過其門不入。在禹稷之世爲中。若居陋巷。則不中矣。居陋巷。在顏子之時爲中。若三過其門不入。則非中也。或曰。男女不授受之類皆然。曰。是也。男女不授受。中也。在喪祭則不如此矣。

後儒以反經合道爲權。故有權變權術之論。皆非也。權只是經也。自漢以來。無人識權。

古之學者爲己。其終至於成物。今之學者爲人。其終至於喪己。學也者。使人求於內也。不求於內而求於外。非聖人之學也。何謂不求於內而求於外。以文爲主者是也。學也者。使人求於本也。不求於本而求於末。非聖人之學也。何爲不求於本而求於末。考詳略。采同異者是也。是二者皆無益於吾身。君子弗學。

聖人之責人也常緩。只是欲事正。無顯人過惡之意。聖人責己感處多。責人應處少。

今之學者歧而爲三。能文者謂之文士。談經者謂之講師。惟知道者乃儒學也。

理學治要卷一

理學七家

朱熹

宋婺源人。（婺源於梁陳時爲新安郡。故其署款多稱新安。）字元晦。一字仲晦。號晦翁。又號遯翁。父松爲政和縣尉。因僑居建州。紹興中登進士第。歷仕高孝光寧四朝。凡所奏聞。皆以正君恤民爲要。累官轉運副使煥章閣待制祕閣修撰。終寶文閣待制。慶元中致仕。旋卒。年七十一。謚曰文。追封徽國公。始居崇安。牓聽事曰紫陽書堂。故稱紫陽。晚年卜築於建陽之考亭。作滄洲精舍。以爲講學之所。故稱考亭學派。熹少受學於李侗。侗師羅從彥。從彥師楊時。時爲程子門人。故熹之學。多本於程子。而益加邃密。後世推爲集理學之大成。其爲學之宗旨。大抵窮理以致其知。反躬以踐其實。而以居敬爲主。嘗謂聖賢道統之傳。散在方冊。聖經之旨不明。而道統之傳始晦。於是竭其精力。以研聖賢之經訓。所著諸經傳注。元明以來。皆列於學官。有易本義。啟蒙。詩集傳。大學中庸章句或問。論語孟子集注。太極圖通書西銘解。楚辭集注辨證。韓文考異。文公集。（以上爲所著作）論孟集義。孟子指要。中庸輯略。孝經刊誤。小學書。通鑑綱目。宋名臣言行錄。家禮。近思錄。程氏遺書。伊洛淵源錄。（以上爲所編次）諸種。多行於世。傳其學者。號曰閩學。（宋黎靖德有朱子語類一百四十卷。清李光地有奉敕編朱子全書六十六卷。今皆通行於世。）

觀心說

或問佛者有觀心說然乎。曰夫心者人之所以主乎身者也。一而不二者也。爲主而不爲客者也。命物而不命於物者也。故以心觀物則物之理得。今復有物以反觀乎心。則是此心之外。復有一心而能管乎此心也。然則所謂心者爲一耶。爲二耶。爲主耶。爲客耶。爲命物者耶。爲命於物者耶。此亦不待教而審其言之謬矣。或者曰若子之言。則聖賢所謂精一。所謂操存。所謂盡心知性。存心養性。所謂見其參於前而倚於衡者。皆何謂哉。應之曰此言之相似而不同。正苗莠朱紫之閒。而學者之所當辨者也。夫謂人心之危者。人欲之萌也。道心之微者。天理之奧也。心則一也。以正不正而異其名耳。惟精惟一。則居其正而審其差者也。紬其異而反其同者也。能如是則信執其中而無過不及之偏矣。非以道爲一心。人爲一心。而又有一心以精一之也。夫謂操而存者。非以彼操此而存之也。舍而亡者。非以彼舍此而亡之也。心而自操則亡者存。舍而不操則存者亡耳。然其操之也。亦曰不使旦晝之所爲得以梏亡其仁義之良心云爾。非塊然兀坐以守其炯然不用之知覺而謂之操存也。若盡心云者。則格物窮理。廓然貫通。而有以極夫心之所具之理也。存心云者。則敬以直內。義以方外。若前所謂精一操存之道也。故盡其心而可以知性知天。以其體之不蔽。而有以究夫理之自然也。存心而可以養性事天。以其體之不失。而有以順夫理之自然也。是豈以心盡心。以心存心。如兩物之相持而不相舍哉。若參前倚衡之云者。則爲忠信篤敬而發也。蓋曰忠信篤敬。不忘乎心。則無所適而不見其在是云爾。亦非有以見夫心之謂也。且身在此而心參於前。身在輿而心倚於衡。是果何理也耶。大抵聖人之學。本心以窮理。而順理以應物。如身使臂。如臂使指。其道夷而通。其居廣而安。其理實而行自然。釋氏之學。以心求心。以心使心。如口齕口。如目視目。其機危而迫。其塗險而塞。其理虛而其勢逆。蓋其言雖有若相似者。而其實之不同。蓋如此也。然非夫審思明辨之君子。其亦孰能無惑於斯耶。

仁說

天地以生物爲心者也。而人物之生。又各得夫天地之心以爲心者也。故語心之德。雖其總攝貫通。無所不備。然一言以蔽之。則曰仁而已矣。請試詳之。蓋天地之心。其德有四。曰元亨利貞。而元無不統。其運行焉。則爲春夏秋冬之序。而春生之氣。無所不通。故人之爲心。其德亦有四。曰仁義理智。而仁無不包。其發用焉。則爲愛恭宜別之情。而惻隱之心。無所不貫。故論天地之心者。則曰乾元坤元。則四德之體用。不待悉數而足。論人心之妙者。則曰仁人心也。則四德之體用。亦不待遍舉而該。蓋仁之爲道。乃天地生物之心。卽物而在。情之未發而此體已具。情之既發而其用不窮。誠能體而存之。則衆善之源。百行之本。莫不在是。此孔門之教。所以必使學者汲汲於求仁也。其言又曰。克己復禮爲仁。言能克去己私。復乎天理。則此心之體無不在。而此心之用無不行也。又曰。居處恭。執事敬。與人忠。則亦所以存此心也。

又曰。事親孝。事兄弟。及物恕。則亦所以行此心也。又曰。求仁得仁。則以讓國而逃。諫伐而餓。爲能不失乎此心也。又曰。殺身成仁。則以欲甚於生。惡甚於死。而能不害乎此心也。此心何心也。在天地則坱然生物之心。在人則溫然愛人利物之心。包四德而貫四端者也。或曰。若子之言。則程子所謂愛情仁性。不可以愛爲仁者。非與。曰。不然。程子之所訶。以愛之發而名仁者也。吾之所論。以愛之理而名仁者也。蓋所謂情性者。雖其分域之不同。然其脈絡之通各有攸屬者。則曷嘗判然離絕而不相管哉。吾方病夫學者誦程子之言。而不求其意。遂至於判然離愛而言仁。故特論此以發明其遺意。而子顧以爲異乎程子之說。不亦誤哉。或曰。程氏之徒。言仁多矣。蓋有謂愛非仁。而以萬物與我爲一爲仁之體者矣。亦有謂愛非仁而以心有知覺釋仁之名者矣。今子之言若是。然則彼皆非與。曰。彼謂物我爲一者。可以見仁之無不愛矣。而非仁之所以爲體之眞也。彼謂心有知覺者。可以見仁之包乎智矣。而非仁之所以得名之實也。觀孔子答子貢博施濟衆之問。與程子所謂覺不可以訓仁者。則可見矣。子尙安得復以此而論仁哉。抑汎言同體者。使人含糊昏緩而無警切之功。其弊或至於認物爲己者有之矣。專言知覺者。使人張皇迫躁而無沈潛之味。其弊或至於認欲爲理者有之矣。一忘一助。二者蓋胥失之。而知覺之云者。於聖門所示樂山能守之氣象。尤不相似。子尙安得復以此而論仁哉。因幷記其語。作仁說。

與魏應仲書

三哥年長宜自知力學以副親庭責望之意不可自比兒曹虛度時日逐日早起依本點禮記左傳各二百字參以釋文正其音讀儼然端坐各誦百遍訖誦孟子三十二遍熟復玩味訖看史數板（不過五六）反復數遍（文詞通暢議論精密處誦數遍爲佳）大抵所讀經史切要反復精詳方能漸見旨趣誦之宜舒緩不迫令字字分明更須端莊正坐如對聖賢則心定而義理易究不可貪多務廣涉獵鹵莽纔看過了便謂已通小有疑處卽更思索思索不通卽置小册子逐日鈔記以時省閱俟歸日逐一理會切不可含糊護短恥於資問而終身受此黯暗以自欺也又置簿記逐日所誦說起止以俟歸日稽考起居坐立務要端莊不可傾倚恐至昏怠出入步趨務要凝重不可票輕以害德性以謙遜自牧以和敬待人凡事切須謹飭無故不須出入少說閒話恐廢光陰勿觀雜書恐分精力早晚頻自點檢所習之業每旬休日將一旬內書溫習數過勿令心少有放佚則自然漸近道理講習易明矣

答吳叔晦書

伏承示及先知後行之說反復詳明引據精密警發多矣所未能無疑者方欲求敎又得南軒寄來書稿讀之則凡某之所欲言者蓋已先得之矣特其曲折之間小有未備請得而細論之夫汎論知行之理而就一事之中以觀之則知之爲先行之爲後無可疑者（如孟子所謂知皆擴

而充之。程子所謂譬如行路。須得光照。及易文言所謂知至至之。知終終之之類是也。然合夫知之淺深。行之大小而言。則非有以先成乎其小。亦將何以馴致乎其大者哉。如子夏教人以灑埽應對進退爲先。程子謂未有致知而不在敬者。及易文言所言知至知終。皆在忠信修辭之後之類是也。蓋古人之教。自其孩幼而教之以孝悌誠敬之實。及其少長而博之以詩書禮樂之文。皆所以使之卽夫一事一物之間。各有以知其義理之所在。而致涵養踐履之功也。此小學之事。知之淺而行之小者也。及其十五成童。學於大學。則其灑埽應對之間。禮樂射御之際。所以涵養踐履之者。略已小成矣。於是不離乎此。而教之以格物以致其知焉。致知云者。因其所已知者推而致之。以及其所未知者。而極其知也。是必至於舉天地萬物之理。而一以貫之。然後爲知之至。而所謂誠意正心修身齊家治國平天下者。至是而無所不盡其道焉。此大學之道。知之深而行之大者也。今就其一事之中而論之。則先知後行。固各有其序矣。誠欲因夫小學之成。以進大學之始。則非涵養踐履之有素。亦豈能居然以其雜亂紛糾之心。而格物以致其知哉。且易之所謂忠信修辭者。聖學之實事。貫始終而言者也。以其淺而小者言之。則自其常視毋誑男唯女俞之時。固已知而能之矣。知至至之。則由行此而又知其所至也。此知之深者也。知終終之。則由知至而又進以終之也。此行之大者也。故大學之書。雖以格物致知爲用力之始。然非謂初不涵養踐履。而直從事於此也。又非謂物未格。知未至。則意可以不誠。心可以不正。身可以不修。家可以不齊也。但以爲必知之至。然後所以治己治人者。始有以盡其道耳。

若曰必俟知至而後可行。則夫事親從兄。承上接下乃人生之所不能一日廢者。豈可謂吾知未至。而暫輟以俟其至而後行哉。抑聖賢所謂知者。雖有淺深。然不過如前所論二端而已。但至於廓然貫通。則內外精粗自無二致。非如來敎及前後所論觀過知仁者。乃於方寸之間。設爲機械。欲因觀彼而反識乎此也。又來諭所謂端謹以致知。所謂克己私集衆理者。又似有以行爲先之意。而所謂在乎兼進者。又若致知力行初無先後之分也。凡此皆鄙意所深疑。而南軒之論所未備者。故敢復以求敎。幸深思而詳諭之。

答呂伯恭書

所論講學克己之功。真多益寡。政得恰好。此誠至論。然此二事。各是一件功夫。學者於此須是無所不用其極。然後足目俱到。無偏倚之患。若如來諭。便有好仁不好學之蔽矣。且中庸言學問思辨。而後繼以力行。程子於涵養進學。亦兩言之。皆未嘗以此包彼。而有所偏廢也。若曰講習漸明。便當痛下克己功夫。以踐其實。使有以眞知其意味之必然。不可只如此說過。則其言爲無病矣。昨答敬夫言仁說中有一二段已說破此病。近看吳才老論語說。論子夏吾必謂之學矣一章。與子路何必讀書之云。其弊皆至於廢學。不若行有餘力則以學文就有道而正焉。可謂好學之類。乃爲聖人之言也。頗覺其言之有味。不審高明以爲何如。

答林謙之書

自昔聖賢敎人之法。莫不使之以孝弟忠信。莊敬持養。爲下學之本。而後博觀衆理。近思密察。因踐履之實。以致其知。其發端啟要。又皆簡易明白。初若無難解者。而及其至也。則有學者終身思勉而不能至焉。蓋非思慮揣度之難。而躬行默契之不易。故曰夫子之文章可得而聞也。夫子之言性與天道。不可得而聞也。夫聖門之學。所以從容積累。涵養成就。隨其淺深。無非實學者。其以此與。今之學者則不然。蓋未明一理。而已傲然自處以上智生知之流。視聖賢平日指示學者入德之門。至親切處。例以爲鈍根小子之學。無足留意。其平居道說。無非子貢所謂不可得而聞者。往往務爲險怪懸絕之言。以相高。甚者至於周行卻立。瞬目揚眉。內以自欺。外以惑衆。此風肆行。日以益甚。使聖賢至誠善誘之敎。反爲荒幻險薄之資。仁義充塞。甚可懼也。

答胡廣仲書二首

性善之善。不與惡對。此本龜山所聞於浮屠常總者。宛轉說來。似亦無病。然謂性之爲善。未有惡之可對。則可謂終無對。則不可。蓋性一而已。既曰無有不善。則此性之中。無復有惡與善爲對。亦不待言而可知矣。若乃善之所以得名。是乃對惡而言。其曰性善。是乃所以別天理於人欲也。天理人欲。雖非同時並有之物。然自其先後公私邪正之反而言之。亦不得不爲對也。今必謂別有無對之善。此某之所疑者也。

伊川先生曰。天地儲精。得五行之秀者爲人。其本也眞而靜。其未發也五性具焉。曰仁義禮智信。形既生矣。外物觸其形而動於中矣。其中動而七情出焉。曰喜怒哀樂愛惡欲。情既熾而益蕩。其性鑿矣。某詳味此數語。與樂記之說。指意不殊。所謂靜者。亦指未感時言爾。當此之時。心之所存。渾是天理。未有人欲之僞。故曰天之性。及其感物而動。則是非眞妄自此分矣。然非性則亦無自而發。故曰性之欲。動字與中庸發字無異。而其是非眞妄。特決於有節與無節。中節與不中節之間耳。來教所謂正要此處識得眞妄是也。然須是平日有涵養之功。臨事方能識得。若茫然都無主宰。事至然後安排。則已緩而不及於事矣。至謂靜字所以形容天性之妙。不可以動靜眞妄言。則某却有疑焉。蓋性無不該。動靜之理具焉。若專以靜字形容。則反偏却性字矣。記以靜爲天性。只謂未感物之前。私欲未萌。渾是天理耳。不必以靜字爲性之妙也。眞妄又與動靜不同。性之爲性。天下莫不具焉。但無妄耳。今乃欲幷與其眞而無之。此韓公道無眞假之言。所以見識於明道也。伊川所謂其本眞而靜者。眞靜兩字。亦自不同。蓋眞則指本體而言。靜則但言其初未感物耳。明道先生云。人生而靜以上不容說。纔說性時。便已不是性矣。蓋人生而靜。只是情之未發。但於此可見天性之全。非眞以靜狀性也。

記答胡廣仲論性稿後

此篇出於論定之初。徒以一時之見。驟正累年之失。其向背出入之際。猶有未服習者。又持孤論以當衆賢。心亦不自安。故自今讀之。尙多遺恨。如廣仲之言。既以靜爲天性之妙。又論性不可以眞妄動靜言。是知言所謂歎美之善。而不與惡對者云爾。應之宜曰。善惡也。眞妄也。動靜也。一先一後。一彼一此。皆以對待而得名者也。不與惡對。則不名爲善。不與動對。則不名爲靜矣。既非妄。又非眞。則亦無物之可指矣。今不知性之善而未始有惡也。眞而未始有妄也。主乎靜而涵乎動也。顧曰善惡眞妄動靜。凡有對待。皆不可以言性。而對待之外。別有無對之善與靜焉。然後可以形容天性之妙。不亦異乎。當時酬對。既不出此。而他所自言。亦多曠闕。如論性無不該。不可專以靜言。此固是也。然其說當云性之分雖屬乎靜。而其蘊則該動靜而不偏。故樂記以靜言性則可。如廣仲遂以靜字形容天性之妙。則不可。如此。則語意圓矣。如論程子眞靜之說。以眞爲本體。靜爲未感。此亦是也。然當云下文所謂未發。卽靜之謂也。所謂五性。卽眞之謂也。然則仁義禮智信云者。乃所謂未發之蘊。而性之眞也。與如此。則文義備矣。

示諭縷縷。殊激懦衷。以老兄之高明俊傑。世間榮悴得失。本無足爲動心者。而細讀來書。似未免有不平之氣。區區竊獨妄意。此殆平日才太高。氣太銳。論太險。跡太露之過。是以因於所長。忽於所短。雖復更歷變故。顚沛至此。而猶未知所以反求之端也。常謂天理人欲二字。

不必求於古今王伯之迹。但反求之於吾心義理邪正之間。察之愈密。則其見之愈明。持之愈嚴。則其發之愈勇。孟子所謂浩然之氣者。蓋斂然於規矩準繩不敢走作之中。而其自任以天下之重者。雖賁育莫能奪也。是豈才能血氣之爲哉。老兄視漢高帝唐太宗之所爲而察其心。果出於義耶。出於利耶。出於邪耶。正耶。若高帝則私意分數猶未甚熾。然已不可謂之無。太宗之心則吾恐其無一念之不出於人欲也。直以其能假仁借義以行其私。而當時與之爭者。才能知術既出其下。又不知有仁義之可借。是以彼善於此而得以成其功耳。若以其能建立國家傳世久遠。便謂其得天地之正。此正是以成敗論是非。但取其獲禽之多。而不羞其詭遇之不出於正也。千五百年之間。正坐如此。所以只是架漏牽補過了時日。其間雖或不無小康。而堯舜三王周公孔子所傳之道。未嘗一日得行於天地之間也。若論道之常存。卻又初非人所能預。只是此個自是亙古亙今常存不滅之物。雖千五百年被人作壞。終殄滅他不得耳。漢唐所謂賢君。何嘗有一分氣力扶助得他耶。老兄人物奇偉英特。恐不但今日所未見。向來得失短長。正是不須更掛齒牙。向人分說。但鄙意更欲賢者百尺竿頭進取一步。將來不作三代以下人物。省得氣力爲漢唐分疏。即更脫洒磊落耳。李孔霍張。則吾豈敢。然夷吾景略之事。亦不敢爲。同父願之也。

答吳斗南書

佛學之與吾儒雖有略相似處。然正所謂貌同心異。似是而非者。不可不審。明道先生所謂句句同。事事合。然而不同者。眞是有味。非是見得親切。如何敢如此判斷耶。聖門所謂聞道聞。只是見聞玩索而自得之之謂。道只是君臣父子日用常行當然之理。非有玄妙奇特。不可測知。如釋氏所云豁然大悟通身汗出之說也。如今更不可別求用力處。只是持敬以窮理而已。參前倚衡。今人多錯說了。故每流於釋氏之說。先聖言此。只是說言必忠信。行必篤敬。念念不忘。到處常若見此兩事。不離心目之間耳。如言見堯於羹。見堯於牆。豈是以我之心。還見我心。別爲一物而在身外耶。無思無爲。是心體本然。未感於物時事。有此本領。則感而遂通天下之故矣。恐亦非如所論之云云也。所云禪學悟入。乃是心思路絕。天理盡見。此尤不然。心思之正。便是天理。流行運用。無非天理之發見。豈待心思路絕。而後天理乃見耶。且所謂天理。復是何物。仁義禮智。豈不是天理。君臣父子兄弟夫婦朋友。豈不是天理。若使釋氏果見天理。則亦何必如此悖亂殄滅一切。昏迷其本心而不自知耶。凡此皆近世淪陷邪說之大病。不謂明者亦未能免俗而有此言也。

周子太極通書後序

右周子之書一編。今舂陵零陵九江皆有本。而互有同異。長沙本最後出。乃某所編定。視他本最詳密矣。然猶有所未盡者也。蓋先生之學。其妙具於太極一圖。通書之言。皆發此圖之蘊。而程先生兄弟語及性命之際。亦未嘗不因其說。觀通書之誠動靜理性命等章。及程氏書之李仲通銘。程邵公誌。顏子好學論等篇。則可見矣。故潘淸逸誌先生之墓。敍所著書。特以作太極圖爲稱首。然則此圖當爲書首不疑也。然先生既手以授二程。本因附書後。祁寬居之云。

傳者見其如此。遂誤以爲書之卒章。不復釐正。使先生立象盡意之微旨。暗而不明。而驟讀通書者。亦復不知有所總攝。此則諸本皆失之。而長沙通書。因胡氏所傳篇章。非復本次。又削去分章之目。而別以周子曰者加之。於書之大義。雖若無所害。然要非先生之舊。亦有去其目而遂不可曉者。又諸本附載銘碣詩文。事多重複。亦或不能有所發明於先生之道。以幸學者。故今特據潘志。置圖篇端。以爲先生之精意。則可以通乎書之說矣。至於書之分章定次。亦皆復其舊貫。而取公及蒲左丞孔司封黃太史所記先生行事之實。刪去重複。合爲一篇。以便觀者。蓋世所傳先生之書言行。具此矣。潘公所謂易通。疑卽通書。而易說獨不可見。向見友人多蓄異書。自謂有傳本。亟取而觀焉。則淺陋可笑。皆舍法時舉子葺緒餘。與圖說通書。絕不相似。不問可知其僞。獨不知世復有能得其眞者否。以圖書推之。知其所發當極精要。微言湮沒。甚可惜也。某又嘗讀朱內翰震進易說表。謂此圖之傳。自陳摶种放穆修而來。而五峰胡公仁仲作通書序。又謂先生非止爲种穆之學者。此特其學之一師耳。非其至者也。夫以先生之學之妙。不出此圖。以爲得之於人。則決非种穆所及。以爲非其至者。

則先生之學。又何以加於此圖哉。是以竊嘗疑之。及得誌文考之。然後知其果先生之所自作。而非有所受於人者。公蓋未見此誌而云云耳。然胡公所論通書之指曰。人見其書之約。而不知其道之大也。見其文之質。而不知其義之精也。見其言之淡。而不知其味之長也。人有眞能立伊尹之志。修顏子之學。則知此書之言。包括至大。而聖門之事業無窮矣。此則不可易之至論。讀是書者所宜知也。因復撥取以系於後云。乾道己丑六月戊申。新安朱某謹書。

程氏遺書後序

右程氏遺書二十五篇。二先生門人記其所見聞答問之書也。始諸公各自爲書。先生沒而其傳寖廣。然散出並行。無所統一。傳者頗以己意私竊竄易。歷時既久。殆無全編。某家有先人舊藏數篇。皆著當時記錄主名。語意相承。首尾通貫。蓋未更後人之手。故其書最爲精善。後益以類訪求。得凡二十五篇。因稍以所聞歲月先後。第爲此書。篇目皆因其舊。而又別爲之錄如此。以見分別次序之所以然者。然嘗竊聞之。伊川先生無恙時。門人尹焞得朱光庭所鈔先生語。奉而質諸先生。先生曰。某在何必讀此書。若不得某之心。所記者徒彼意耳。尹公自是不敢復讀。夫以二先生唱明道學於孔孟既沒千載不傳之後。可謂盛矣。而當時從遊之士。蓋亦莫非天下之英材。其於先生之嘉言善行。又皆耳聞目見而手記之。宜其親切不差。可以行遠。而先生之戒。猶且丁寧若是。豈不以學者未知心傳之要。而滯於言語之間。或者失之豪釐。則其謬將有不可勝言者乎。又況後此且數十年。區區掇拾於殘編墜簡之餘。傳誦道說。玉石不分。而謂眞足以盡得其精微嚴密之旨。其亦誤矣。雖然。先生之學。其大要則可知已。讀是書者。誠能主敬以立其本。窮理以進其智。使本立而知益明。知精而本益固。則日用之間。且將有以得乎先生之心。而於疑信之傳。可坐判矣。此外諸家所鈔。尙衆。率皆割裂補綴。非復本篇。異時得其所由來。當復出之。以附今錄。無則亦將去其重複。別爲外書。以待後之君子云爾。

讀唐志

歐陽子曰。三代而上。治出於一。而禮樂達於天下。三代而下。治出於二。而禮樂爲虛名。此古今不易之至論也。然彼知政事禮樂之不可不出於一。而未知道德文章之尤不可使出於二也。夫古之聖賢。其文可謂盛矣。然初豈有意學爲如是之文哉。有是實於中。則必有是文於外。如天有是氣。則必有日月星辰之光耀。地有是形。則必有山川草木之行列。聖賢之心。既有是精明純粹之實。以旁薄充塞乎其內。則其著見於外者。亦必自然條理分明。光輝發越而不可揜。蓋不必託於言語。著於簡冊。而後謂之文。但自一身接於萬事。凡其語默動靜。人所可得而見者。無所適而非文也。姑舉其最而言。則易之卦畫。詩之詠歌。書之記言。春秋之述事。與夫禮之威儀。樂之節奏。皆已列爲六經而垂萬世。其文之盛。後世固莫能及。然其所以盛而不可及者。豈無所自來而世亦莫之識也。故夫子之言曰。文王既沒。文不在茲乎。蓋雖已決知不得辭其責矣。然猶若逡巡顧望而不能無所疑也。至於推其所以興衰。則又以爲是皆出於天命之所爲。而非人力之所及。此其體之甚重。夫豈世俗所謂文者所能當哉。孟軻氏沒。聖學失傳。天下之士。背本趨末。不知求道養德以充其內。而汲汲乎徒以文章爲事業。然在戰國之時。若申商孫吳之術。蘇張范蔡之辨。列禦寇莊周荀況之言。屈平之賦。以至秦漢之間。韓非李斯陸生賈傅董相史遷劉向班固。下至嚴安徐樂之流。猶皆先有其實而後託之於言。唯其無本而不能一出於道。是以君子猶或羞之。及至宋玉相如王褒揚雄之徒。則一以浮華爲尙。而無實之可言矣。雄之太玄法言。蓋亦長楊校獵之流。而粗變其音節。初非實爲明道講學而作也。東京以降。訖於隋唐。數百年間。愈下愈衰。則其去道益遠。而無實之文。亦無足論。韓愈氏出。始覺其陋。慨然號於一世。欲去陳言以追詩書六藝之作。而其弊精神。糜歲月。又有甚於前世諸人之所爲者。然猶幸其略知不根無實之不足恃。因是頗溯其源而適有會焉。於是原道諸篇始作。而其言曰。根之茂者其實遂。膏之沃者其光曄。仁義之人。其言藹如也。其徒和之。亦曰。未有不深於道而能文者。則亦庶幾其賢矣。然今讀其書。則其出於諂諛戲豫。放浪而無實者。自不爲少。若夫所原之道。則亦徒能言其大體。

而未見其有探討服行之效。使其言之爲文者。皆必由是以出也。故其論古人。則又直以屈原孟軻馬遷相如揚雄爲一等。而猶不及於董賈。其論當世之弊。則但以詞不己出。而遂有神徂聖伏之歎。至於其徒之論。亦但以剽掠僭竊爲文之病。大振頹風。敎人自爲爲韓之功。則其師生之間傳受之際。蓋未免裂道與文以爲兩物。而於其輕重緩急本末賓主之分。又未免於倒懸而逆置之也。自是以來。又復衰歇數十百年。而後歐陽子出。其文之妙。蓋已不愧於韓氏。而其曰治出於一云者。則自荀揚以下。皆不能及。而韓亦未有聞焉。是則疑若幾於道矣。然考其終身之言。與其行事之實。則恐其亦未免於韓氏之病也。抑又嘗以其徒之說考之。則誦其言者。既曰吾老將休。付子斯文矣。而又必曰我所謂文。必與道俱。其推尊之也。既曰今之韓愈矣。而又必引夫文不在玆者以張其說。由前之說。則道之與文。吾不知其果爲一耶。爲二耶。由後之說。則文王孔子之文。吾又不知其與韓歐之文。果若是其班乎否也。嗚呼。學之不講久矣。習俗之謬。其可勝言也哉。吾讀唐書而有感。因書其說以訂之。

福州州學經史閣記

福州之學。在東南爲最盛。弟子員常數百人。比年以來。敎養無法。師生相視。漠然如路人。以故風俗日衰。士氣不作。長老憂之。而不能有以救也。紹熙四年。今敎授臨邛常君濬孫始至。既日進諸生而告之。以古昔聖賢敎學之意。又爲之飭厨饌。葺齋館。以寧其居。然後謹其出入之防。嚴其課程之去朝夕其間。訓誨不倦。於是學者競勸。始知常君之爲吾師。而常君之視諸生。亦閔閔焉唯恐其不能自勉以進於學也。故常慮其無書可讀。而業將病於不廣。則又爲益置書史。合舊爲若干卷。度故御書閣之後。更爲重屋以藏之。而以書來請記其事。且致其諸生之意曰。願有以敎之。曰予惟古之學者無他。明德新民。求各止於至善而已。夫其所明之德。所止之善。豈有待於外求哉。識其在我而敬以存之。其亦可矣。其所以必曰讀書云者。則以天地陰陽事物之理。修身事親齊家及國。以至於平治天下之道。與凡聖賢之言行。古今之得失。禮樂之名數。下而至於食貨之源流。兵刑之法制。是亦莫非吾之度內。有不可得而精粗者。若非考諸載籍之文。沈潛參伍以求其故。則亦無以明夫明德體用之全。而止其至善精微之極也。然自聖學不傳。世之爲士者。不知學之有本。而惟書之讀。則其所以求於書。不越乎記誦訓詁文詞之間。以釣聲名干祿利而已。是以天下之書愈多而理愈昧。學者之事愈勤而心愈放。詞章愈麗。議論愈高。而其德業事功之實。愈無以逮乎古人。然非書之罪也。讀者不知學之有本。而無以爲之地也。今觀常君之爲敎。既開之古人數學之意。而後爲之儲書。以博其向辦之趣。以致其奉守之嚴。則亦庶乎本末之有序矣。予雖有言。又何以加於此哉。然無已而有一焉。則亦曰姑使二三子者。知爲學之本。有無待於外求者。而因以致其操存持守之力。使吾方寸之間。淸明純一。眞有以爲讀書之地。而後宏其規密其度。循其先後本末之序。以大翫乎閣中之藏。則夫天下之理。其必有以盡其纖悉。而一以貫之。異時所以措諸事業者。亦將有本而無窮矣。因序其事。而幷書以遺之。二三子其勉之哉。凡閣之役。始於慶元初元五月辛丑。而成於七月之戊戌。材甓傭食之費。爲錢四百萬有奇。則常君既率其屬輸俸入以首事。而帥守詹侯體仁。使者趙君像之。許侯知新。咸有以資之。至於旁郡之守趙侯伯瓚。十二邑之長陳君紘等。亦以其力來助。而董其役者。學之選士楊誠中張安仁蕭孔昭也。是歲九月丁亥。朝奉大夫提舉南京鴻慶宮新安朱熹記。

白鹿洞書院揭示

父子有親。　君臣有義。　夫婦有別。　長幼有序。　朋友有信。

右五教之目。堯舜使契爲司徒。敬敷五教。卽此是也。學者學此而已。而其所以學之之序。亦有五焉。其別如左。

博學之。　審問之。　愼思之。　明辨之。　篤行之。

右爲學之序。學問思辨四者。所以窮理也。若夫篤行之事。則自修身以至於處事接物。亦各有要。其別如左。

言忠信。行篤敬。　懲忿窒慾。遷善改過。

右修身之要。

正其誼。不謀其利。　明其道。不計其功。

右處事之要。

己所不欲。勿施於人。　行有不得。反求諸己。

右接物之要。

熹竊觀古昔聖賢所以教人爲學之意。莫非使之講明義理以修其身。然後推以及人。非徒欲其務記覽爲詞章以釣聲名取利祿而已也。今人之爲學者則既反是矣。然聖賢所以教人之法。具存於經。有志之士。固當熟讀深思而問辨之。苟知其理之當然。而責其身以必然。則夫規矩禁防之具。豈待他人設之而後有所持循哉。近世於學有規。其待學者爲已淺矣。而其爲法又未必古人之意也。故今不復以施於此堂。而特取凡聖賢所以教人爲學之大端。條列如右而揭之楣間。諸君其相與講明遵守而責之於身焉。則夫思慮云爲之際。其所以戒謹而恐懼者。必有嚴於彼者矣。其有不然。而或出於此言之所棄。則彼所爲規者必將取之。固不得而略也。諸君其亦念之哉。

六先生像贊

濂溪先生

道喪千載。聖遠言湮。不有先覺。孰開我人。書不盡言。圖不盡意。風月無邊。庭草交翠。

明道先生

揚休山立。玉色金聲。元氣之會。渾然天成。瑞日祥雲。和風甘雨。龍德正中。厥施斯普。

伊川先生

規圓矩方。繩直準平。允矣君子。展也大成。布帛之文。菽粟之味。知德者希。孰識其貴。

康節先生

天挺人豪。英邁蓋世。駕風鞭霆。歷覽無際。手探月窟。足躡天根。閒中今古。靜裏乾坤。

橫渠先生

蚤悅孫吳。晚逃佛老。勇撤皋比。一變至道。精思力踐。妙契疾書。訂頑之訓。示我廣居。

涑水先生

篤學力行。清修苦節。有德有言。有功有烈。深衣大帶。張拱徐趨。遺像凜然。可肅薄夫。

書畫象自儆

從容乎禮法之場。沈潛乎仁義之府。是予蓋將有意焉。而力莫能與也。佩先師之格言。承前烈之餘矩。惟闇然而自修。或庶幾乎斯語。

語錄五十二則

凡人須以聖賢爲己任。世人多以聖賢爲高。而自視爲卑。故不肯進。抑不知聖賢稟性與常人一同。既與常人一同。又安得不以聖賢爲己任。自開闢以來。生人多少。求其盡己者。千萬人中無一二。只是滾同混過一世。詩曰。天生蒸民。有物有則。中庸曰。尊德性而道問學。極高明而道中庸。此數句乃是徹首徹尾。人性本善。只爲嗜欲所迷。利害所逐。一齊昏了。聖賢能盡其性。故耳極天下之聰。目極天下之明。爲子極孝。爲臣極忠。

世俗之學所以與聖賢不同者。亦不難見。聖賢直是眞個去做。說正心。直要心正。說誠意。直要意誠。修身齊家。皆非空言。今之學者。說正心。但將正心吟詠一餉。說誠意。又將誠意吟詠一餉。說修身。又將聖賢說修身處諷誦而已。或掇拾言語。綴緝時文。如此爲學。卻於自家身上有何交涉。這裏須要著意理會。今之朋友。固有樂聞聖賢之學。而終不能去世俗之陋者。只是志不立耳。學者大要立志。纔學便要做聖人是也。

立志要如饑渴之於飲食。才有悠悠。便是志不立。

今語學問。正如煮物相似。須爇猛火先煮。方用微火慢煮。若一向只用微火。何由得熟。欲復自家原來之性。乃恁地悠悠。幾時做得。書曰。若藥弗瞑眩。厥疾弗瘳。今之學者。皆是養病爲學。正如推車子相似。才用力推得動了。便自轉將去。更不費力。學者須是敬守此心。不可急迫。當栽培深厚。只如種得一物在此。但涵養持守之功繼繼不已。是謂栽培深厚。如此而優遊涵泳於其間。則浹洽有以自得矣。

心只是一個心。非是以一個心治一個心。所謂存所謂收。只是喚醒。

伊川云。主一之謂敬。無適之謂一。又曰。人心常要活。則周流無窮。而不滯於一隅。或者疑主一則滯。滯則不能周流無窮矣。道夫竊謂主一則此心便存。心存則物來順應。何有乎滯。曰固是。然所謂主一者。何嘗滯於一事。不主一。則方理會此事。而心留於彼。這卻是滯於一隅。又問以大綱言之。有一人焉。方應此事未畢。而復有一事至。則當何如。曰也須是做一件了。又理會一件。亦無雜然而應之理。但甚不得已。則權其輕重可也。

聖賢言語。大約似乎不同。然未始不貫。只如夫子言非禮勿視聽言動。出門如見大賓。使民如承大祭。言忠信。行篤敬。這是一副當說話。到孟子卻說求放心。存心養性。大學則又有所謂格物致知。正心誠意。至程先生又專一發明一個敬字。若只恁看。似乎參錯不齊。千頭萬緒。其實只一理。道夫曰。汎汎於文字間。祇覺得異。實下功。則貫通之理始見。曰然。

因歎敬字工夫之妙。聖學之所以成始成終者。皆由此。故曰。修己以敬。下面安人安百姓。皆由於此。只緣子路問不置。故聖人復以此答之。要之。只是個修己以敬。則其事皆了。或曰。自秦漢以來。諸儒皆不識這敬字。直至程子方說得親切。學者知所用力。曰。程子說得親切了。近世程沙隨猶非之。以爲聖人無單獨說敬字時。只是敬親敬君敬長。方著個敬字。全不成說話。聖人說修己以敬。曰敬而無失。曰聖敬日躋。何嘗不單獨說來。若說有君有親有長時用敬。則無君無親無長之時將不敬乎。都不思量。只是信口胡說。
敬非是塊然兀坐。耳無所聞目無所見心無所思而後謂之敬。只是有所畏謹不敢放縱。如此則身心收斂。如有所畏。常常如此。氣象自別。存得此心。乃可以爲學。
或問持敬患不能久。當如何下工夫。曰某舊時亦曾如此思量。要得一個直捷道理。元來都無他法。只是習得熟。熟則自久。
明道教人靜坐。李先生亦教人靜坐。蓋精神不定。則道理無湊泊處。又曰。須是靜坐。方能收斂。
心於未遇事時須是靜。及至臨事方用。便有氣力。如當靜時不靜。思慮散亂。及臨事時已先倦了。伊川解靜專處云。不專一則不能直遂。閒時須是收斂。做得事便有精神。
一之問存養多用靜否。曰不必然。孔子卻都就用處教人做工夫。今雖說主靜。然亦非棄事物以求靜。既爲人。自然用事君親交朋友撫妻子御童僕。不成捐棄了。只閉門靜坐。事物之來。且曰候我存養。又不可只茫茫隨他事物中走。二者須有個思量。倒斷始得。
橫渠云。言有教。動有法。晝有爲。宵有得。息有養。瞬有存。此語極好。君子終日乾乾。不可食息間亦不必終日讀書。或靜坐存養。亦是天地之生物。以四時運動。春生夏長。固是不息。及至秋冬凋落。亦只是藏於其中。故明年復生。若使至秋冬已絕。則來春無緣復有生意。學者常喚令此心不死。則日有進。

人也有靜坐無思念底時節。也有思量道理底時節。豈爲晝爲兩途。說靜坐時與讀書時工夫迥然不同。當靜坐涵養時。正要體察思繹道理。只此便是涵養。不是說喚醒提撕將道理去卻那邪思邪念。只自家思量道理時。自然邪念不作。言忠信行篤敬。立則見其參于前。在輿則見其倚于衡。只是見這忠信篤敬在眼前。自然邪念無自而入。非是要存這忠信篤敬去除那不忠不敬底心。今人之病。正在其靜坐讀書時二者工夫不一。所以差。

知行常相須。如目無足不行。足無目不見。論先後。知爲先。論輕重。行爲重。

知與行工夫須著並到。知之愈明則行之愈篤。行之愈篤則知之益明。二者皆不可偏廢。如人兩足相先後行。便會漸漸行得到。若一邊軟了。便一步也進不得。然又須先知得方行得。所以大學先說致知格物中庸說知先於仁勇。

王子充問某在湖南見一先生。只教人踐履。曰義理不明。如何踐履。曰他說行得便見得。曰如人行路。不見便如何行。

方其知之而未及之。則知尚淺。既親歷其域。則知之益明。非前日之意味•

聖人教人於大學中。劈初頭便說一個格物致知。物格而後知至。最是要知得至。人有知不善之不當爲。及臨事又爲之。只是知之未至。人知烏喙之殺人不可食。斷然不食。是眞知之也知不善之不當爲而猶或爲之。是特未能眞知之也。所以未能眞知者。緣於道理上只就外面上理會得許多。裏面卻未理會得十分瑩淨。所以有此一點黑。這不是外面理會不得。只是裏面骨子有些見未破。所以大學之教使人卽事卽物就外面看許多一一教周遍。又須就自家裏面理會體驗。教十分精切也。

或問理會應變處。曰今且當理會常。未要理會變。常底許多道理未能理會盡。如何便要理會變。聖賢說話。許多道理平鋪在那裏。且要闊著心胸平去看。通透後自能應變。不是硬捉定一物便要討常便要討變。今也須如僧家行腳。接四方之賢士。察四方之事情。覽山川之形勢。觀古今興亡治亂得失之迹。這道理方見得周徧。士而懷居。不足以爲士矣。不是塊然守定這事在一室。閉戶獨坐便了。便可以爲聖賢。自古無不曉事情底聖賢。亦無不通變底聖賢。亦無關門獨坐底聖賢。聖賢無所不通。無所不能。那個事理會不得。如中庸天下國家有九經。便要理會許多物事。如武王訪箕子陳洪範。自身之貌言視聽思。至於天人之際。以人事則有八政。以天時則有五紀。稽之於卜筮。驗之於庶徵。無所不備。如周禮一部書。載周公許多經國制度。便有國家當自家做。只是古聖賢許多規模大體也要識。蓋這道理無所不該。無所不在。且如禮樂射御書數。許多周旋升降文章品節之繁。豈有妙道精義在。只是也要理會。理會得熟時。道理便在面上。又如律曆刑法天文地理軍旅官職之類。都要理會雖未能洞究其精微。然也要識個規模大概。道理方浹洽通透。若只守個些子捉定在這裏。把許多都做閒事。便都無事了。如此只理會得門內事。門外事便了不得。人只有個天理人欲。此勝則彼退。彼勝則此退。無中立不進退之理。凡人不進便退也。初學則要牢箚定腳與他推。推得一毫去。則逐漸推將去。此心莫退。終須有勝時。勝時甚氣象。學者當常以志士不忘在溝壑爲念。則道義重而計較死生之心輕矣。況衣食至微末事。不得未必死。亦何用犯義犯分。役心役志。營營以求之耶。某觀今人因不能咬菜根而至於違其本心者衆矣。可不戒哉。

悔字難說。既不可常存在胸中以爲悔。又不可不悔。問如何是著中底道理。曰。不得不悔。但不可留滯。既做錯此事。他時更遇此事。或與此事相類。便須懲戒。不可再做錯了。

行夫問爲己者無所爲而然。曰。有所爲者是爲人也。這須是見得天下之事。實是己所當爲。非吾性分之外所能有。然後爲之。而無爲人之弊耳。且如哭死而哀。非爲生者。今人弔人之喪。若以爲亡者平日與吾善厚。眞個可悼。哭之發於中心。此固出於自然者。又有一般人欲亡者家人知我如此而哭者。便不是。這便是爲人。

問飲食之間。孰爲天理。孰爲人欲。曰。飲食者天理也。要求美味。人欲也。

今讀書緊要是要看聖人敎人做工夫處是如何。如用藥治病。須看這病是如何發。合用何方治之。方中使何藥材。何者幾兩。何者幾分。如何炮。如何炙。如何製。如何切。如何煎。如何吃。只如此而已。

今人所以讀書苟簡者。緣書皆有印本多了。如古人皆用竹簡。除非大段有力底人方做得。若一介之士如何置。所以後漢吳恢欲殺靑以寫漢書。其子吳祐諫曰。此書若成。則載之兼兩。昔馬援以薏苡興謗。王陽以衣囊徼名。正謂此也。如黃霸在獄中從夏侯勝受書。凡再踰冬而後傳。蓋古人無本。除非首尾熟讀得方得。至於講誦者也是都背得。然後從師受學。如東坡作李氏山房藏書記。那時猶自難得。晁以道嘗欲得公穀傳。遍求無之。後得一本方傳寫得。今人連寫也自厭煩了。所以讀書苟簡。

大抵觀書先須熟讀。使其言皆若出於吾之口。繼以精思。使其意皆若出於吾之心。然後可以有得耳。然熟讀精思既曉得後。又須疑不止如此。庶幾有進。若以爲止於此矣。則終不復有進也。

山谷與李仲幾帖云。不審諸經諸史何者最熟。大率學者喜博而常病不精。汎濫百書。不若精於一也。有餘力。然後及諸書。則涉獵諸篇亦得其精。蓋以我觀書。則處處有益。以書博我。則釋卷而茫然。先生深善之。以爲有補於學者。

讀書須是窮究道理徹底。如人之食。嚼得爛方可嚥下。然後有補。讀書理會道理。只是將勤苦捱將去。不解不成文王猶勤。而況寡德乎。今世上有一般議論成就後生懶惰。如云不敢輕議前輩。不敢妄立論之類。皆中怠惰者之意。前輩固不敢妄議。然論其行事之是非何害。固不可鑿空立論。然讀書有疑有所見。自不容不立論。其不立論者。只是讀書不到疑處耳。經之有解。所以通經。經既通。自無事于解。借經以通乎理爾。理得則無俟乎經。今意思只滯在此。則何時得脫然會通也。且所貴乎簡者。非謂欲語言之少。乃在中與不中爾。若句句親切。雖多何害。若不親切。愈少愈不達矣。某嘗說讀書須看得意思通融後。都不見註解。但見有正經幾個字在方好。

問天與命性與理四者之別。天則就其自然者言之。命則就其流行而賦於物者言之。性則就其全體而萬物所得以為生者言之。理則就其事事物物各有其則者言之。到得合而言之。則天即理也。命即性也。性即理也。是如此否。曰。然。但如今人說天非蒼蒼之謂。據某看來。亦捨不得這個蒼蒼底。

論性要須識得性是個甚麼樣事物。程子性即理也。此說最好。今且以理言之。畢竟卻無形影。只是這一個道理。在人仁義禮智性也。有如此道理。便做得許多事出來。所以能惻隱羞惡辭讓是非也。譬如論藥性。性寒性熱之類。藥上亦無討這形狀處。只是服了後。卻做得冷做得熱底。便是性。便只是仁義禮智。

問氣質有昏濁不同則天命之性有偏全否。曰非有偏全。謂如日月之光。若在露地則盡見之。若在蔀屋之下。有所蔽塞。有見有不見。昏濁者是氣昏濁了。故自蔽塞。如在蔀屋之下。然在人則蔽塞有可通之理。至於禽獸。亦是此性。只被他形體所拘。生得蔽隔之甚。無可通處。至於虎狼之仁。豺獺之祭。蜂蟻之義。卻只通只些子。譬如一隙之光。至於獼猴形狀類人便最靈於他物。只不會說話而已。

問天地之氣。當其昏明駁雜之時。則其理亦隨而昏明駁雜否。曰理卻只恁地。只是氣自如此。又問若氣如此。理不如此。則是理與氣相離矣。曰氣雖是理之所生。然既生出則理管他不得。如這理寓於氣了。日用間運用都由這個氣。只是氣强理弱。譬如大禮赦文。一時將稅都放了相似。有那村知縣硬自捉縛。須要他納緣被他近了。更自叫上面不應。便見得那氣粗而理微。又如父子若子不肖。父亦管他不得。聖人所以立教。正是要救這些子。

氣質之性。便只是天地之性。只是這個天地之性。卻從那裏過。好底性如水。氣質之性如殺些醬與鹽。便是一般滋味。

道者古今共由之理。如父之慈。子之孝。君仁臣忠。是一個公共底道理。德便是得此道於身。老子說失道而後德。他都不識分做兩物事。便將道做一個空無底物事看。他說失道而後德。失德而後仁。失仁而後義。若離了仁義。便是無道理了。又更如何是道。

立於內爲忠。見於外爲恕。忠是無一毫自欺處。恕是稱物平施處。

天下未有無理之氣。亦未有無氣之理。

問有是理而後有是氣。未有人時。此理何在。曰也只在這裏。如一海水。或取得一杓。或取得一擔。或取得一椀。都是這海水。但是他爲主。我爲客。他較長久。我得之不久耳。

氣聚成形。理與氣合。便能知覺。如火得脂膏。便有許多光燄。蓋所覺者心之理也。能覺者氣之靈也。

天地始初混沌未分時。想只有水火二者。水之滓脚便成地。今登高而望。羣山皆爲波浪之狀。便是水泛如此。只不知因甚麼凝了。初間極輭。後來方凝得硬。問想得如潮水湧起沙相似。曰然。水之極濁便成地。火之極清便成風霆雷電日星之屬。

問自開闢以來。至今未萬年。不知已前如何。曰已前亦須如此一番。明白來。又問天地會壞否。曰不會壞。只是相將人無道極了。便一齊打合混沌一番。人物都盡。又重新起。又問生第一個人時如何。曰以氣化。二五之精合而成形。釋家謂之化生。如今物之化生者甚多。如蝨然。

嘗見高山有螺蚌殼。或生石中。此石卽舊日之土。螺蚌卽水中之物。下者卻變爲高。柔者卻變爲剛。此事思之至深。有可驗者。

天包乎地。天之氣又行乎地之中。故橫渠云。地對天不過。

或問天地壞也不壞。曰既有形氣。如何得不壞。但一個壞了。便有一個生得來。

問聖人凡言鬼神。皆只是以理之屈伸者言也。至言鬼神禍福凶吉等事。亦只是以理言。蓋人與鬼神天地同此一理。而理則無有不善。人能順理則吉。逆理則凶。其於禍福亦然。豈謂天地鬼神一一下降於人哉。如書言天道福善禍淫。易言鬼神害盈而福謙。亦只是這意思。祭義。宰我曰。吾聞鬼神之名。不知其所謂。孔子曰。氣也者神之盛也。魄也者鬼之盛也。又曰衆生必死。死必歸土。是之謂鬼。骨肉斃於下。陰爲野土。其氣發揚於上。爲昭明焄蒿悽愴。百物之精。神之著也。魄既歸土。此則不問。其曰氣。曰精。曰昭明。又似有物矣。既只是理。則安得所謂氣與昭明者哉。及觀禮運論祭祀。則曰以嘉魂魄。是謂合莫。注謂莫無也。又曰上通無莫。此說又似與祭義不合。曰如子所論。是無鬼神也。鬼神固是以理言。然亦不可謂無氣。所以先王祭祀。或以燔燎。或以鬱鬯。以其有氣。故以類求之耳。至如禍福吉凶之事。則子言是也。

問游魂爲變。間有爲妖孽者。是如何得未散。曰游字是漸漸散。若是爲妖孽者。多是不得其死。其氣未散。故鬱結而成妖孽。若是尫羸病死底人。這氣消耗盡了方死。豈復更鬱結而成妖孽。然不得其死者。久之亦散。

問人死者這知覺便散否。曰。不是散。是盡了。氣盡則知亦盡。

鬼神只是氣。屈伸往來者氣也。天地間無非氣。人之氣與天地之氣常相接無間斷。人自不見。人心纔動。必達於氣。便與道屈伸往來者相感通。如卜筮之類。是皆心自有此物。只說你心上事。纔動必應也。

理學治要卷一

理學七家

陸九淵　宋金溪人。字子靜。乾道進士。居貴溪之象山。學者輻輳。自號象山翁。光宗即位。差知荊門軍。務以德化。民俗爲變。卒年五十四。諡文安。九淵幼敏悟異凡兒。尤好深思。聞人誦伊川語。曰奚爲與孔子孟子之言不類。又曰。人當先立乎其大者。則其小者不能奪也。又曰。宇宙內事。乃吾分內事。嘗與朱熹會講鵝湖。論辨多所不合。熹主道問學。九淵主尊德性。熹好注經。九淵則謂學苟知道。六經皆我注脚。及熹守南康。九淵往訪之。熹與至白鹿洞。九淵爲講君子喻於義章。聽者至有泣下。熹因歎爲切中學者隱微深痼之病。此後世朱陸異同之論所由起也。所著有象山集外集語錄行世。

論語說

苟志於仁矣。無惡也。惡與過不同。惡可以遽免。過不可以遽免。賢如蘧伯玉。欲寡其過而未能。聖如夫子。猶曰加我數年。五十而學易。可以無大過矣。況於學者。豈可遽責其無過哉。至於邪惡所在。則君子之所甚疾。是不可毫髮存。而斯須犯者也。苟一旦而志於仁。斯無是矣。

志於道。據於德。依於仁。遊於藝。道者天下萬世之公理。而斯人之所共由者也。君有君道。臣有臣道。父有父道。子有子道。莫不有道。惟聖人爲能備道。故爲君盡君道。爲臣盡臣道。爲父盡父道。爲子盡子道。無所處而不盡其道。常人固不能備道。亦豈能盡亡其道。夫子曰。誰能出不由戶。何莫由斯道也。田野隴畝之人。未嘗無尊君愛親之心。亦未嘗無尊君愛親之事。臣子之義。其端在是矣。然上無教。下無學。非獨不能推其所爲。以至於全。備物蔽欲。汨推移之極。則所謂不能盡亡者。殆有時而亡矣。弒父與君。乃盡亡之時也。民之於道。係乎上之敎。士之於道。由乎己之學。然無志則不能學。不學則不知道。故所以致道者。在乎學。所以爲學者。在乎志。夫子曰。吾十有五而志於學。又曰。士志於道。而恥惡衣惡食者。未足與議也。孟子曰。士尙志。與志於道一也。小德川流。大德敦化。此聖人之全德也。皐陶謨之九德。曰嚴祗敬六德。則可以有邦。日宣三德。則可以有家。德之在人。固不可皆責其全。下焉又不必其三。苟有一焉。卽德也。一德之中。亦不必其全。苟其性質之中。有微善小美之可取。而近於一者。亦其德也。苟能據之而不失。亦必日積日進日著日盛日廣日大矣。惟其不能據也。故其所有者。亦且日失日喪矣。尙何望其日積日進日著日盛日廣日大哉。士志於道。豈能無其德。故夫子誨之以據於德。仁。人心也。從心所欲不踰矩。此聖人之盡仁。孔門高弟。如子路冉有之徒。夫子皆曰不知其仁。必如顏淵仲弓。然後許之以仁。常人固未嘗望之以仁。然亦豈皆頑然而不仁。聖人之所爲。常人固不能盡爲。然亦有爲之者。聖人之所不爲。常人固不能皆不爲。然亦有不爲者。於其爲聖人之所爲與不爲聖人之所不爲者觀之。則皆受天地之中。根一心之靈。而不能泯滅者也。使能於其所不能泯滅者而克之。則仁豈遠乎哉。仁之在人固不能泯然而盡亡。惟其不能依乎此以進於仁。而常違乎此而沒於不仁之地。故亦有頑然而不仁者耳。士志於道。豈能無其仁。故夫子誨之以依於仁。藝者天下之所用。人之所不能不習者也。遊於其間。固無害其志道據德依仁。而其道其德其仁。亦於是而有可見者矣。故曰遊於藝。

天地之性人爲貴論

聖人所以曉天下者甚至。天下所以聽聖人者甚藐。人生天地之間。稟陰陽之和。抱五行之秀。其爲貴孰得而加焉。使能因其本然。全其固有。則所謂貴者固自有之。自知之。自享之。而奚以聖人之言爲。惟夫陷溺於物欲而不能自拔。則其所貴者。類出於利欲。而良貴由是以寖微。聖人憫焉。告之以天地之性人爲貴。則所以曉之者亦甚至矣。誦其書。聽其言。乃類不能惕焉有所感發。獨膠膠乎辭說議論之間。則其所以聽之者不既藐矣乎。天地之性人爲貴。吾甚惑乎聖人所以曉人者至。而人之聽之者藐也。孟子言知天必曰知其性。則知天矣。言事天必曰養其性。所以事天也。中庸言贊天地之化育。而必本之能盡其性。人之形體與天地甚藐。而孟子中庸則云然者。豈固爲是闊誕以欺天下哉。誠以吾一性之外無餘理。能盡其性者。雖欲自異於天地。有不可得也。自夫子告曾子以孝。曰事父孝。故事天明。事母孝。

故事地察舉所以事天地者。而必之於事父母之間。蓋至此益切而益明。截然無辭說議論之蹊徑。至因其有無以加於孝乎之問。又告之以天地之性人爲貴。有篤敬之心。踐履之實者。聽斯言也。獨不有感於心乎。於此而猶膠膠於辭說議論之間。亦奚啻不以三隅反者哉。雖然。愚豈敢以是殫責天下。獨以爲古之性說約而性之存焉者類多。後之性說費而性之存焉者類寡。告子湍水之論。君子之所必辯。荀卿性惡之說。君子之所甚疾。然告子之不動心。實先於孟子。荀卿之論。由禮由血氣智慮容貌態度之間。推而及於天下國家。其論甚美。要非有篤敬之心。踐履之實者。未易至乎此也。今而未有篤敬之心。踐履之實。拾孟子性善之遺說。與夫近世先達之緒言。以盜名干澤者。豈可與二子同日道哉。故必有二子之質。而學失其道。此君子之所宜力辯深詆。輓將傾之轅於九折之坂。指迷途而示之歸也。若夫未有篤敬之心。踐履之實。而遽爲之廣性命之說。愚切以爲病而已耳。嗚呼。循頂至踵。皆父母之遺體。俯仰乎天地之間。惕然朝夕。求寡乎愧怍而懼弗能儻。可以庶幾於孟子之塞乎天地。而與吾聞吾夫子人爲貴之說乎。

白鹿洞書院講義

某雖少服父兄師友之訓。不敢自棄。而頑鈍疏拙。學不加進。每懷愧惕。恐卒負其初心。方將求鍼砭鐫磨於四方師友。冀獲開發以免罪戾。比來得從郡侯祕書至白鹿洞堂羣賢畢集。

瞻覩盛觀。竊自慶幸。祕書先生教授先生不察其愚。令登講席以吐所聞。顧惟庸虛何敢當此。辭避再三。不得所請。取論語中一章。陳平日之所感以應嘉命。亦幸有以教之。子曰君子喻於義。小人喻於利。此章以義利判君子小人。辭旨曉白。然讀之者苟不切己觀省。亦恐未能有益也。某平日讀此。不無所感。竊謂學者於此。當辯其志。人之所喻由其所習。所習由其所志。志乎義。則所習者必在於義。所習在義。斯喻於義矣。志乎利。則所習者必在於利。所習在利。斯喻於利矣。故學者之志。不可不辯也。科舉取士久矣。名儒鉅公皆由此出。今爲士者。固不能免此。然場屋之得失。顧其技與有司好惡如何耳。非所以爲君子小人之辯也。而今世以此相尚。使汩沒於此而不能自拔。則終日從事者。雖曰聖賢之書。而要其志之所鄉。則有與聖賢背而馳者矣。推而上之。則又惟官資崇卑。祿廩厚薄是計。豈能悉心力於國事民隱。以無負於任使之者哉。從事其間。更歷之多。講習之熟。安得不有所喻。顧恐不在於義耳。誠能深思是身。不可使之爲小人之歸。其於利欲之習。怛焉爲之痛心疾首。專志乎義而日勉焉。博學審問愼思明辯而篤行之。由是而進於場屋。其文必皆道其平日之學胸中之蘊。而不詭於聖人。由是而仕。必皆共其職。勤其事。心乎國。心乎民。而不爲身計。其得不謂之君子乎。祕書先生起廢以新斯堂。其意篤矣。凡至斯堂者。必不殊志。願與諸君勉之。以毋負其志。

淳熙辛丑春二月。陸兄子靜來自金谿。其徒朱克家陸麟之周淸叟熊鑑路謙亨胥訓實從。十月丁亥。熹率僚友諸生與俱至於白鹿書院請得一言以警學者。子靜旣不鄙而惠許之。至其所以發明敷暢則又懇到明白而皆有以切中學者隱微深痼之病。蓋聽者莫不悚然動心焉。熹猶懼其久而或忘之也。復請子靜筆之於簡而受藏之。凡我同志於此反身而深察之則庶乎其可不迷於入德之方矣。新安朱熹識。

荆門軍講議

五皇極。皇建其有極。斂時五福。用敷錫厥庶民。惟時厥庶民於汝極。錫汝保極。皇大也。極中也。洪範九疇五居其中。故謂之極。是極之大充塞宇宙。天地以此而位。萬物以此而育。古先聖王皇建其極。故能參天地。贊化育。當此之時。凡厥庶民。皆能保極。比屋可封。人人有士君子之行。協氣嘉生。薰爲太平。嚮用五福。此之謂也。皇建其有極。卽是斂此五福以錫庶民。捨極而言福是虛言也。是妄言也。是不明理也。惟皇上帝降衷於下民。衷卽極也。凡民之生均有是極。但其氣稟有淸濁。知識有開塞。天之生斯民也。使先知覺後知。先覺覺後覺。古先聖賢與民同類。所謂天民之先覺者也。以斯道覺斯民者。卽皇建其有極也。卽斂時五福用敷錫厥庶民也。今聖天子重明於上。代天理物。承天從事。皇建其極。是彝是訓。於帝其訓。無非斂此五福。以錫爾庶民。郡守縣令承流宣化。卽是承宣此福。爲聖天子以錫爾庶民也。凡爾庶民。知愛其親。知敬其兄者。卽爲皇上帝所降之衷。今聖天子所錫之福也。若能保有是心。卽爲保極。宜得其壽。宜得其富。宜得其康寧。是謂攸好德。是謂考終命。凡爾庶民。知有君臣。知有上下。知有中國夷狄。知有善惡。知有是非。父知慈。子知孝。兄知友。弟知恭。夫義婦順。朋友有信。卽惟皇上帝所降之衷。今聖天子所錫之福也。身或不壽。此心實壽。家或不富。此心實富。縱有患難。心實康寧。或爲國死事。殺身成仁。亦爲考終命。實論五福。但當論人一心。此心若正。無不是福。此心若邪。無不是禍。世俗不曉。只將目前富貴爲福。目前患難爲禍。不知富貴之人。若其心邪。其事惡。是逆天地。逆鬼神。悖聖人之訓。畔君師之教。天地鬼神所不宥。聖賢君師所不與。忝辱父祖。自害其身。靜時回思。亦有不可自欺自瞞者。若於此時更復自欺自瞞。是實欲自絕滅其本心也。縱是目前富貴。正人觀之。無異在囹圄糞穢之中也。患難之人。其心若正。其事若善。是不逆天地。不逆鬼神。不悖聖賢之訓。不畔君師之教。天地鬼神所當佑。聖賢君師所當與。不辱父祖。不負其身。仰無所愧。俯無所怍。雖在貧賤患難中。心自亨通。正人達者觀之。卽是福德。作善降之百祥。作不善降之百殃。積善之家。必有餘慶。但自考其心。則知福祥殃咎之至。如影隨形。如響應聲。必然之理也。愚人不能遷善遠罪。但貪求富貴。卻祈神佛以求福。不知神佛在何處。何緣得福以與不善之人也。皇極在洪範九疇之中。乃洪範根本經曰天乃錫禹洪範九疇。聖天子建用皇極亦是受天所錫。斂時五福錫爾庶民者。即是以此心敷於教化政事。以發明爾庶民天降之衷。不令陷溺。爾庶民能保全此心。不陷邪惡。即爲保極。可以報聖天子教育之恩。長享五福。更不必別求神佛也。洪範一篇著在尙書。今人多讀。未必能曉大義。若其心正。其事善。雖不曾識字。亦自有讀書之功。其心不正。其事不善。雖多讀書。有何所用。用之不善。反增罪惡耳。常歲以是日建醮於設廳。爲民祈福。竊惟聖天子建用皇極。以臨天下。郡縣之吏。所宜與爾庶民惟皇之極。以近天子之光。謹發明洪範斂福錫民一章。以代醮事。亦庶幾承流宣化之萬一。仍略書九疇次敍圖其象數於后。恐不曾讀書者。欲知大概。亦助爲善求福之心。詩曰。自求多福。正謂此也。

與曾宅之書

示諭與章太傅問答。其義甚正。其前述某之說。又自援據反覆。此則是足下病處。所述某之言。亦失其實。記錄人言語極難。非心通意解。往往多不得其實。前輩多戒門人無妄錄其語言。爲其不能通解。乃自以己意聽之。必失其實也。相去之遠。不得面言。不若將平時書問與所作文字。講習稽考。差有據依。若據此爲辨。則有案底。不至大訛舛也。且如存誠持敬二語自不同。豈可合說。存誠字於古有考。持敬字乃後來杜撰。易曰。閑邪存其誠。孟子曰。存其心。某舊亦嘗以存名齋。孟子曰。庶民去之。君子存之。又曰。其爲人也寡欲。雖有不存焉者寡矣。其爲人也多欲。雖有存焉者寡矣。只一存字。自可使人明得此理。此理本天所以與我。非由外鑠。明得此理。即是主宰。眞能爲主。則外物不能移。邪說不能惑。所病於吾友者。正謂此理不明。內無所主。一向縈絆於浮論虛說。終日只依藉外說以爲主。天之所與我者反爲客。主客倒置。迷而不反。惑而不解。坦然明白之理。可使婦人童子聽之而喩。勤學之士反爲之迷惑。自爲支離之說以自縈纏。窮年卒歲。靡所底麗。豈不重可憐哉。使生在治古盛時。蒙被先聖王之澤。必無此病。惟其生於後世。學絕道喪。異端邪說。充塞彌滿。遂使有志之士。罹此患害。乃與世間凡庸恣情縱欲之人均其陷溺。此豈非以學術殺天下哉。後世言易者以爲易道至幽至深。學者皆不敢輕言。然聖人贊易。則曰乾以易知。坤以簡能。易則易知。簡則易從。易知則有親。易從則有功。有親則可久。有功則可大。可久則賢人之德。可大則賢人之業。易簡而天下之理得矣。孟子曰。夫道若大路然。豈難知哉。夫子曰。仁遠乎哉。我欲仁。斯仁至矣。又曰。一日克己復禮。天下歸仁焉。又曰。未之思也。夫何遠之有。孟子曰。道在邇而求諸遠。事在易而求諸難。又曰。堯舜之道。孝弟而已矣。徐行後長者謂之弟。疾行先長者謂之不弟。夫徐行者。豈人所不能哉。不爲耳。又曰。人能充無欲害人之心。而仁不可勝用也。人能充無穿窬之心。而義不可勝用也。又曰。人之有是四端。而自謂不能者。自賊者也。謂其君不能者。賊其君者也。又曰。吾身不能居仁由義。謂之自棄。古聖賢之言。若合符節。蓋心。一心也。理。一理也。至當歸一。精義無二。此心此理。實不容有二。故夫子曰。吾道一以貫之。孟子曰。夫道一而已矣。又曰。道二。仁與不仁而已矣。知是則爲仁。反是則爲不仁。仁卽此心也。此理也。求則得之。得此理也。先知者。知此理也。先覺者。覺此理也。愛其親者。此理也。敬其兄者。此理也。見孺子將入井而有怵惕惻隱之心者。此理也。可羞之事則羞之。可惡之事則惡之者。此理也。是知其爲是。非知其爲非。此理也。宜辭而辭。宜遜而遜者。此理也。敬此理也。義亦此理也。內此理也。外亦此理也。故曰。直方大。不習無不利。孟子曰。所不慮而知者。其良知也。所不學而能者。其良能也。此天之所與我者。我固有之。非由外鑠我也。故曰。萬物皆備於我矣。反身而誠樂莫大焉。此吾之本心也。所謂安宅。正路者。此也。所謂廣居。正位。大道者。此也。古人自得之故有其實。言理則是實理。言事則是實事。德則實德。行則實行。吾與晦翁書所謂古人質實不尙智巧。言論未詳。事實先著。知之爲知之。不知爲不知。所謂先知覺後知。先覺覺後覺者。以其事實覺其事實。故言卽其事。事卽其言。所謂言顧行。行顧言。周道之衰。文貌日勝。事實湮於意見。典訓蕪於辯說。揣量模寫之工。依倣假借之似。其條畫足以自信。其習熟足以自安。以子貢之達。又得夫子而師承之。尙不免此多學而識之之見。非夫子叩之。彼固晏然而無疑。先行之訓。予欲無言之訓。所以覺之者屢矣。而終不悟。夫子既歿。其傳固在曾子。蓋可觀矣。況其不工不似。不足以自信。不足以自安者乎。雖然彼其工且似。足以自信。足以自安。則有終身不反之患。有不可救藥之勢。乃若未工未似。未足以自信。未足以自安。則舍其邪而歸於正。猶易爲力也。來書蕩而無歸之說大謬。今足下終日依靠人言語。又未有定論。如在逆旅。乃所謂無所歸。今使足下復其本心。居安宅。由正路。立正位。行大道。乃反爲無所歸。足下之不智亦甚矣。今已私未克之人。如在陷穽。如在荊棘。如在泥塗。如在囹圄械繫之中。見先知先覺其言廣大高明。與己不類。反疑恐一旦如此則無所歸。不亦鄙哉。不亦謬哉。不知此乃是廣居正位大道。欲得所歸。何以易此。欲有所主。何以易此。今拘攣舊習。不肯棄捨。乃狃其狹而懼於廣。狃其邪而懼於正。狃其小而懼於大。尙得爲智乎。夫子曰。汝爲君子儒。無爲小人儒。古之所謂小人儒者。亦不過依據末節細行以自律。未至如今人有如許浮論虛說謬悠無根之甚。夫子猶以爲門人之戒。又況如今日謬悠無根而可安乎。吾友能棄去謬習。復其本心。使其一陽爲主於內。造次必於是。顚沛必於是。無終食之間而違於是。此乃所謂有事焉。乃所謂勿忘。乃所謂敬。果能不替不息。乃是積善。乃是集義。乃是善養浩然之氣。眞能如此。則不愧古人。其引用經語。乃是聖人先得我心之所同然。則不爲侮聖言矣。今終日營營。如無根之木。如無源之水。有採摘汲引之勞。而盈涸榮枯無常。豈所謂源泉混混。不舍晝夜。盈科而後進者哉。終日簸弄經語以自傅益。眞所謂侮聖言者矣。書言曰嚴祇敬六德。又言文王之敬忌。又曰罔不克敬典。詩言敬天之渝。又言敬之敬之。又言聖敬日躋。論語言敬事而信。又曰修己以敬。孟子言敬王敬兄。未嘗有言持敬者。觀此二字。可見其不明道矣。吾與足下言者。必因足下之及此而後言其旨。只欲足下知古人事實。而不累於無根之說。足下謂得此說而思之。足下以此爲說。其不明吾言甚矣。宜其不能記憶。附以己意。而失其本眞也。又如脫灑二字亦不正。足下何不言吾之見邪。不如古人之見正。吾之說。慮不如古人之說。實如此自訟。則有省發之理。若只管從脫灑等處思之。終不能得其正。此理甚明。具在人心。足下不幸受蔽於謬妄之習。今日乃費人許多氣力。此事若不明白。不應安安而居。遲遲而來。病倦不能隱括文辭。使之簡約。信手直書。大概幸三復而頓棄其舊。則當知聖賢之言眞不我欺也。

與劉深甫書

來書示以方册所疑。足見爲學不苟簡。然其理皆甚明白。本無可疑。若於此未能通曉。則是進學工夫不甚純一。未免滯於言語爾。今欲一一爲深甫解釋。又恐只成言語議論。無益於深甫之身之心。非徒無益。未必不反害之也。大抵爲學但當孜孜進德修業。使此心於日用間戕賊日少。光潤日著。則聖賢垂訓。向以爲盤根錯節未可遽解者。將渙然冰釋。怡然理順。有不加思而得之者矣。書曰思曰睿。睿作聖。孟子曰思則得之。學固不可以不思。然思之爲道。貴切近而優遊。切近則不失己。優遊則不滯物。易曰擬之而後言。議之而後動。孟子曰權然後知輕重。度然後知長短。物皆然。心爲甚。記曰心誠求之。雖不中不遠矣。日用之間何適而非思也。如是而思。安得不切近。安得不優遊。至於聖賢格言。切近的當。昭晰明白。初不難曉。而吾之權度。其則不遠。非假於外物。開卷讀書時。整冠肅容。平心定氣。詁訓章句。苟能從容不迫而諷詠之。其理當自有彰彰者。縱有滯礙。此心未充未明。猶有所滯而然耳。姑舍之以俟他日可也。不必苦思之。苦思則方寸自亂。自蹶其本。失己滯物。終不明白。但能於其所已通曉者。有鞭策之力。涵養之功。使德日以進。業日以修。而此心日充日明。則今日滯礙者他日必有冰釋理順時矣。如此則讀書之次。亦何適而非思也。如是而思。安得不切近。安得不優遊。若固滯於言語之間。欲以失己滯物之智。強探而力索之。非吾之所敢知也。某銓曹再黜。來歲又未免一來。深甫勉之。謹無以言語議論妨進修之路。使此心之良。無斧斤之伐。牛羊之牧。而有雨露之霑滋。雷風之鼓舞。日以暢茂條達。則來示數章。不求解於他人矣。

又與劉淳叟書

淳叟平日聞言輒喜。遇事輒詢。有聽納之體。然親朋間未肯歸以取善之實。豈似逆而順情者喜聽。而眞實苦口者之未能無齟齬耶。抑從悅者多。而改繹之未至也。此雖據前日而論。然今亦未能無疑於淳叟也。秋試禮記題破題誠佳。然或者謂所出題乃淳叟意旨。而作義者適爾投合。苟當於理。豈厭其同。不稽諸理。而苟異以求致益之名。則固非也。場屋之弊固久。然有志者持文衡。將此理是責。謂彼善於此則可。謂理固如此。則不知言甚矣。中公曰。爲治不在多言。顧力行何如耳。今曰道不在多言。學貴乎自得。明理者觀之。二語之間。其病昭矣。摩頂放踵利天下爲之。墨子非不力行也。其往也。使人讓竈讓席。其反也。人與之爭竈爭席。楊子非不自得也。二氏不至多言而爲異端。顏閔侍側。則夫子無言可也。楊墨交亂。告子許行之徒。又各以其說肆行於天下。則孟子之辨。豈得已哉。或默或語。各有攸當。以言餂人以不言餂人。均爲穿窬之類。夫子之於顏子。蓋博之以文。夫博學於文。豈害自得。顓臾之不必伐。衞政之必正名。冉有季路不能無蔽。夫子不得不申言之。夷之陳相告子之徒。必執其說以害正理。則孟子與之反復。不得不致其詳。必曰不在多言。問之弗知弗措。辨之弗明弗措。皆可削也。自得之說。本於孟子。而當世稱其好辯。自謂博學而詳說之。將以反說約也。中庸固言力行。而在學問思辨之後。今淳叟所取自得力行之說。與中庸孟子之旨異矣。仁智信直勇剛。皆可以力行。皆可以自得。然好之而不好學。則各有所蔽。倚於一說一行而玩之。孰無其味。不考諸其正。則人各以其私說而傳於近似之言者。豈有窮已哉。淳叟之氣稟固自有異於人者。往時朋舊相親。鮮不服其粹和醇美。以爲無疵。獨淳叟之心。往往有不敢自欺者。求他人之明。如淳叟之心不可欺。則亦鮮矣。至如晚寢早作。躬親細事。筋力日强。精神日敏。則自去冬以來。其效甚著。縱有荒怠。勉之斯復。所不足者。恐不獨在是也。麟之姪近頗精進。論事儘有根據。至如說淳叟。輒欲以一言斷之。此亦是其病處。固嘗闢之矣。然在淳叟不可不察。宏父德器言論。皆有餘味。誠有其仁。亦焉用佞。然光明所燭。波瀾所及。不已於學。當有充長之驗。以大禹之聖。聞在知人在安民之言。則吁而致其問。仁有所未洪。智有所未足。勇有所未至。而欲斂然自安於弑父與君亦不從也之列。則亦偸矣。館學之官。非費宰比。能相勉以進。無苟自安。則吾道有望。道之異端。人之異志。古書之正僞。固不易辨。然理之在天下。至不可誣也。有志於學者。亦豈得不任其責。如射者之於的。雖未能遠中。豈得而不志於是哉。閑先聖之道。闢邪說。放淫辭。於今當有任其責者。而多言是病。此公孫弘禁民挾弓弩之策也。

與傅聖謨書

不假推尋擬度之說。殆病於向者推尋擬度之妄。已而知其非。遂安之。以爲道在於是。必謂不假推尋爲道。則仰而思之。夜以繼日。探賾索隱。鉤深致遠者。爲非道耶。必謂不假擬度爲道。則是擬之而後言。議之而後動。擬議以成其變化者。爲非道耶。謂卽身是道。則是有身者皆爲有道耶。是皆未得夫道之正也。謂悠悠日復一日。不能堪任重道遠之寄。此非道也。貧窶不能不爲累。此非道也。學如不及。學而不厭。憂之如何。如舜而已者。道當如是故也。簞食瓢飲。不改其樂。肘見纓絕。不以爲病者。道當如是故也。耕歷山。漁雷澤。陶河濱。與夫耕莘築巖。釣渭者。此所以餬其口也。夫子絕糧。曾子七日不火食。而匡坐絃歌。歌聲若出金石。夫何累之有哉。子路結纓。曾子易簀。乃在垂死。而從容如此。貧孰與死。而云爲累。無乃未得爲聞道者乎。以聖謨之英敏。而不知此。無乃未之思乎。無乃向之所謂道者。反所以爲道之蔽而然乎。

與邵中孚書

所示進學證驗。此乃吾友天資樸茂。立志堅篤。故能如此。可喜可慶。居天下之廣居。立天下之正位。行天下之大道。乃吾分內事耳。若不親師友。汨沒於流俗。驅而納諸罟擭陷阱之中。而莫之知辟。豈不可憐哉。孟子曰。苟得其養。無物不長。苟失其養。無物不消。今吾友既得其本心矣。繼此能養之而無害。則誰得而禦之。如木有根。苟有培浸而無傷戕。則枝葉當日益暢茂。如水有源。苟有疏浚而無壅塞。則波流當日益充積。所謂原泉混混。不舍晝夜。盈科而後進。放乎四海。有本者如是。大抵讀書訓詁既通之後。但平心讀之。不必强加揣量。則無非浸灌培益鞭策磨勵之功。或有未通曉處。姑缺之無害。且以其明白昭晰者。日夕涵泳。則自然日充日明。後日本原深厚。則向來未曉者。將亦有渙然冰釋者矣。告子一篇。自牛山之木嘗美矣以下。可常讀之。其浸灌培植之益。當日深日固也。其卷首與告子論性處。卻不必深考。恐其力量未到。則反惑亂精神。後日不患不通解也。此最是讀書良法。其他非相見莫能盡。尙書皐陶益稷大禹謨太甲說命旅獒洪範無逸等篇。可常讀之。其餘少緩。何時得相見。

諸當面盡。未間。千萬勉旃。以卒賢業。

與趙詠道書

爲學有講明。有踐履。大學致知格物。中庸博學審問謹思明辯。孟子始條理者智之事。此講明也。大學脩身正心。中庸篤行之。孟子終條理者聖之事。此踐履也。物有本末。事有終始。知所先後。則近道矣。欲脩其身者。先正其心。欲正其心者。先誠其意。欲誠其意者。先致其知。致知在格物。自大學言之。固先乎講明矣。自中庸言之。學之弗能。問之弗知。思之弗得。辯之弗明。則亦何所行哉。未嘗學問思辯。而曰吾唯篤行之而已。是冥行者也。自孟子言之。則事蓋未有無始而有終者。講明之未至。而徒恃其能力行。是猶射者不習於教法之巧。而徒恃其有力。謂吾能至於百步之外。而不計其未嘗中也。故曰其至爾力也。其中非爾力也。講明有所未至。則雖材質之卓異。踐行之純篤。如伊尹之任。伯夷之淸。柳下惠之和。不思不勉。從容而然。可以謂之聖矣。而孟子顧有所不願學。拘儒瞽生。又安可以其硜硜之必爲。而傲知學之士哉。然必一意實學。不事空言。然後可以謂之講明。若謂口耳之學爲講明。則又非聖人之徒矣。

與李宰書

來敎謂容心立異。不若平心任理。其說固美矣。然容心二字。不經見。獨列子有吾何容心哉之言平心二字。亦不經見。其原出於莊子。平者。水停之盛也。其可以爲法也。內保之而外不蕩也。其說雖託之孔子。實非夫子之言也。彼固自謂寓言十九。其書道夫子言行者。往往以致其𣂏侮之意。不然則借尊其師。不然則因以達其說。皆非事實。後人據之者陋矣。又韓昌黎與李翊論文書。有曰平心而察之。自韓文盛行。後學士大夫言語文章。間用平心字。寖多究極其理。二說皆非至言。吾何容心之說。卽無心之說也。故無心二字。亦不經見。人非木石安得無心。心於五官最尊。大洪範曰思。曰睿。睿作聖。孟子曰心之官則思。思則得之。不思則不得也。又曰存乎人者。豈無仁義之心哉。又曰至於心獨無所同然乎。又曰君子之所以異於人者。以其存心也。又曰非獨賢者有是心也。人皆有之。賢者能勿喪耳。又曰人之所以異於禽獸者幾希。庶民去之。君子存之。去之者去此心也。故曰此之謂失其本心。存之者存此心也。故曰大人者不失其赤子之心。四端者。卽此心也。天之所以與我者。卽此心也。人皆有是心。心皆具是理。心卽理也。故曰理義之悅我心。猶芻豢之悅我口。所貴乎學者。爲其欲窮此理。盡此心也。有所蒙蔽。有所移奪。有所陷溺。則此心爲之不靈。此理爲之不明。是謂不得其正。其見乃邪見。其說乃邪說。一溺於此。不由講學。無自而復。故心當論邪正。不可無也。以爲吾無心。此卽邪說矣。若愚不肖之不及。固未得其正。賢者智者之過。失亦未得其正。溺於聲色貨利。狃於譎詐姦宄。牿於末節細行。流於高論浮說。其智愚賢不肖固有間矣。若是心之未得其正。蔽於其私。而使此道之不明不行。則其爲病一也。周道之衰。文貌日勝。良心正理。日就蕪沒。其爲吾道害者。豈特聲色貨利而已哉。楊墨皆當世之英。人所稱賢。孟子之所排斥拒絕者。其爲力勞於斥儀衍輩多矣。所自許以承三聖者。蓋在楊墨而不在衍儀也。故正理在人心。乃所謂固有。易而易知。簡而易從。初非甚高難行之事。然自失正者言之。必由正學以克其私。而後可言也。此心未正。此理未明。而曰平心。不知所平者何心也。大學言欲正其心者。先誠其意。欲誠其意者。先致其知。致知在格物。物果已格。則知自至。所知既至。則意自誠。意誠則心自正。必然之勢。非强致也。孟子曰。我亦欲正人心。息邪說。距詖行。放淫辭。以承三聖者。當是時天下之言者。不歸楊則歸墨。楊朱墨翟之言盈天下。自孟子出。後天下方指楊墨爲異端。然孟子既沒。其道不傳。天下之尊信者。抑尊信其名耳。不知其實也。指楊墨爲異端者。亦指其名耳。不知其實也。往往口闢楊墨。而身爲其道者衆矣。自周衰。此道不行。孟子沒。此道不明。今天下士皆溺於科擧之習。觀其言。往往稱道詩書論孟。綜其實。特借以爲科擧之文耳。誰實爲眞知其道者。口誦孔孟之言。身蹈楊墨之行者。蓋其高者也。其下則往往爲楊墨之罪人。尙何言哉。孟子沒。此道不傳。斯言不可忽也。諸人交口稱道門下之賢。不覺吐露至此。病方起。不暇櫽括其辭。亦惟通人有以亮之。儻有未相孚信處。當遲後便。

與陶贊仲書

太極圖說。乃梭山兄辯其非是。大抵言無極而太極。是老氏之學。與周子通書不類。通書中太極不言無極。易大傳亦只言太極不言無極。若於太極上加無極二字。乃是蔽於老氏之學。又其圖說本見於朱子發附錄。朱子發明言陳希夷太極圖傳在周茂叔。遂以傳二程。則其來歷。爲老氏之學明矣。周子通書與二程言論。絕不見無極二字。以此知三公蓋已皆知無極之說爲非矣。梭山曾與晦翁而言。繼又以書言之。晦翁大不謂然。某素是梭山之說。以梭山謂晦翁好勝。不肯與辯。某以爲人之所見。偶有未通處。其說固以己爲是。以他人爲非。且當與之辯白。未可便以好勝絕之。遂尾其說。以與晦翁辯白。有兩書甚詳。曾見之否。以晦翁之高明。猶不能無蔽。道聽塗說之人。亦何足與言此哉。仁義忠信。樂善不倦。此夫婦之愚不肖。可以與知能行。聖賢所以爲聖賢。亦不過充此而已。學者之事。當以此爲根本。若夫天文地理象數之精微。非有絕識。加以積學。未易言也。某欲作一揲著說。稍發易數之大端。以排異說。曉後學。坐事奪。未克成就。早晚就章。當奉納。一本何時合併。以究此懷。德成而上。藝成而下。行成而先。事成而後。論語曰。入則孝。出則弟。謹而信。汎愛衆。而親仁。曰言忠信。行篤敬。孟子曰。仁義禮智根於心。其生色也。睟然見於面。盎於背。施於四體。四體不言而喻。曰仁義忠信。樂善不倦。此等皆德行事。爲尊。爲貴。爲上。爲先。樂師辯乎聲詩。祝史辯乎宗廟之禮。與凡射御書數等事。皆藝也。爲卑。爲賤。爲下。爲後。古人右能左賢。自有定序。夫子曰。君子多乎哉。不多也。曾子曰。籩豆之事。則有司存。凡所謂藝者。其發明開創。皆出於古之聖人。故曰。百工之事。皆聖人作也。然聖人初不尙此。其能之也。每以教人。不以加人。若德行中庸。固無加人之理。世衰道微。德行淺薄。小人之有精力者。始以其藝加人。珍其事。祕其說。以增其價。眞所謂市道。故風俗日以不美。流傳之久。藝之實益不精。而眩鬻之風。反更張大。學者不辯本末。不知高下。未有不爲此輩所眩者。吾觀近時談數學者。陋日益甚。妄日益熾。未嘗涉其門戶。得其師傳。安能辯其是非。但以前尊卑貴賤上下先後之義推之。則自知所決擇。譎妄之情狀。大概亦可見矣。作書畢。恐贄仲不能不惑於妄人庸夫之說。故復書此。以助決擇。

與辛幼安書

輒有區區。欲效芹獻。伏惟少留聽明。賜之是正。竊見近時有議論之蔽。本出於小人之黨。欲爲容姦廋慝之地。而飾其辭說。託以美名。附以古訓。要以利害。雖賁質之美。心術之正者。苟思之不深。講之不詳。亦往往爲其所惑。此在高明。必已洞照本末。而某私憂過計。未嘗去懷。敢悉布之。且以求教。古人未嘗不言寬。寬也者。君子之德也。古之聖賢。未有無是心。無是德者也。然好善而惡不善。好仁而惡不仁。乃人心之用也。遏惡揚善。舉直錯枉。乃寬德之行也。君子固欲人之善。而天下不能無不善者以害吾之善。固欲人之仁。而天下不能無不仁者以害吾之仁。有不仁不善爲吾之害。而不有以禁之治之去之。則善者不可以伸。仁者不可以遂。是其去不仁。乃所以爲仁。去不善。乃所以爲善也。故曰爲國家者。見惡如農夫之務去草焉。芟夷蘊崇之。絕其本根。勿使能殖。則善者信矣。夫五刑五用。古人豈樂施此於人哉。天討有罪。不得不然耳。是故大舜有四裔之罰。夫子有兩觀之誅。善觀大舜孔子寬仁之實者。於四裔兩觀之間而見之矣。近時之言寬仁者。則異於是。蓋不究夫寬仁之實。而徒欲爲容姦慶慝之地。殆所謂以不禁姦邪爲寬大。縱釋有罪爲不苛者也。罪疑惟輕。罪而有疑。固宜惟輕。與其殺不辜。寧失不經。謂罪疑者也。使其不經甚明而無疑。則天討所不容釋。豈可失也。宥過無大。刑故無小。使在趨走使令之間。簿書期會之際。偶有過誤。宥之可也。若其貪贓姦宄。出於其心。而至於傷民蠹國。則何以宥爲。於其所不可失而失之。於其所不可宥而宥之。則爲傷善。爲長惡。爲悖理。爲不順天。殆非先王之政也。自古張官置吏。所以爲民。爲之囹圄。爲之械繫。爲之鞭箠。使長吏操之以禁民爲非。去其不善不仁者。而成其善政仁化。懲其邪惡。除亂禁暴。使上之德意。布宣於下。而無所壅底。今天子愛養之方。丁寧於詔旨。勤卹之意。焦勞於宵旰。賢牧伯班宣惟勤。勞來不怠。列郡成風。咸尙慈恕。而縣邑之間。貪饕矯虔之吏。方且用吾君禁非懲惡之具。以逞私濟欲。置民於囹圄械繫鞭箠之間。殘其支體。竭其膏血。頭會箕斂。搥骨瀝髓。與奸胥猾徒。厭飫咆哮。其上巧爲文書。轉移出沒。以欺上府。操其奇贏。與上府之左右。締交合黨。以蔽上府之耳目。田畝之民。劫於刑威。小吏下片紙。因纍纍如驅羊。劫於庭廡械繫之威。心悸股慄箠楚之慘。號呼籲天。隳家破產。質妻鬻子。僅以自免。而曾不得執一字之符。以赴愬於上。上之人或浸淫聞其髣髴。欲加究治。則又有庸鄙淺陋明不燭理。志不守正之人。爲之緩頰。敷陳仁愛寬厚有體之說。以杜吾窮治之意。遊揚其文具僞貌誕謾之事。以掩其罪惡之迹。遂使明天子勤恤之意。牧伯班宣之誠。壅底而不達。百里之宰。眞承宣撫字之地。乃復轉而爲豺狼蝎蠱之區。日以益甚。不可驅除。豈不痛哉。若是者。其果可宥乎。果可失乎。至於是而又泛言寬仁之說。以逆蔽吾窮治之途。則其滋害遺毒。縱惡傷和。豈不甚哉。其與古人寬仁之道。豈不戾哉。今之貪吏。每以應辦賦財爲辭。此尤不可不辨。今日邦計。誠不充裕。賦取於民者。誠不能不益於舊制。居計省者。誠能推支費浮衍之由。察收斂滲漏之處。深求節約檢制之方。時行施舍己責之政。以寬民力。以厚國本。則於今日誠爲大善。若未能爲此。則亦誠深計遠慮者之所惜然。今日之苦於貪吏者。則不在此。使吏果不貪。則因今之法。循今之例。以賦取於民。民猶未甚病也。今貪吏之所取。供公上者無幾。而入私囊者。或相十百。或相千萬矣。今縣邑所謂應辦月解歲解者。固多在常賦之外。然考其所從出。則逐處各有利源。利源所在。雖非著令之所許。而因循爲例。民亦視以爲常。而未甚病也。利源有優狹。優者應辦爲易。狹者應辦差難。然通而論之。優者多。狹者少。若循良之吏。則雖在利源狹處。亦寧書下考。不肯病民。今之貪吏。雖在利源優處。亦啟無厭之心。搜羅既悉。而旁緣無藝。張奇名以巧取。持空言以橫索。無所不至。方且託應辨之名。爲缺乏之說。以欺其上。顧不知事實不可掩。明者不可欺。通數十年之間。取其廉而能者。與其貪之尤者而較之。其爲應辨則同。而其賦取誅求於民者。或相千萬而不啻。此貪吏之所借以爲說。而欺上之人者。最不可不察也。貪吏害民。害之大者。而近時持寬仁之說者。乃欲使監司郡守不敢按吏。此愚之所謂議論之蔽。而憂之未能去懷者也。不識執事以爲如何。今江西緊安撫修撰。是賴願無搖於鄙陋之說。以究寬仁之實。使聖天子愛養之方。勤恤之意。無遠不暨。無幽不達。而執事之舊節素守。無所屈撓。不勝幸甚。

贈二趙書

書契既造。文字日多。六經既作。傳註日繁。其勢然也。苟得其實。本末始終。較然甚明。知所先後。則是非邪正。知所擇矣。雖多且繁。非以爲病。祇以爲益。不得其實。而蔽於其末。則非以爲益。祇以爲病。二昆其謹所以致其實哉。

經德堂記

堂名取諸孟子經德不回。非以干祿也。經也者。常也。德也者。人之得於天者也。不回者。是德之固。不回撓也。無是則無以爲人。爲人臣而無是。則無以事其君。爲人子而無是。則無以事其父。禹之疏鑿。稷之播種。契之敷教。皐陶之明刑。益驅禽獸。垂備器用。伯夷典禮。后夔典樂。

龍出納帝言。尹自耕莘相成湯。説由築巖佐武丁。太公以磻溪釣漁爲文武師。皆是德也。關龍逢誅死。王子比干剖心。箕子爲囚奴。孔子削跡伐木。窮於陳蔡。毀於叔孫。貽譏於微生畝。楚狂接輿晨門耦耕負蕢植杖之流。孟子見沮於臧倉。受嗤於優髡。見疑於尹士充虞者。同是德也。武王纘太王王季文王之緒。以有天下。周公成文武之業。追王太王王季。宗祀文王於明堂。盡繼述之善。爲天下達孝。曾子受經於仲尼。以孝聞天下。而名後世。皆是德也。舜小杖則受。大杖則走。妻帝二女。不待瞽瞍之命。繕廩而焚。捍笠以下。浚井而掩。鑿旁以出。太伯虞仲將致位乎季歷。斷髮文身。逃之荆蠻。太子申生使人辭於狐突。再拜稽首而死。同是德也。治古盛時。黎民於變。比屋可封。漢上遊女。如彼喬木。中林武夫。可爲腹心。所欲有甚於生。所惡有甚於死。證驗之著。在於塗巷。況士大夫乎。逮德下衰。此心不競。豪傑不興。皇極不建。賢智迷於會歸。庶民無所歸命。學者文煩訟者辭勝。文公實私。賓義主利。陵夷不捄。橫流不隄。天常民彝。所不可泯絶者。如漢獻在許。聽命於蜮操而已。舊章先典。格言至訓。檟存珠亡。轉爲藻繢。邪釋繆解。正漫眞渝。又轉而給寇兵充盜糧矣。疽潰蛆肆。賊民猖獗。狷狂之士。方不勝憤悶。矛義介節。出嬰其鋒。猶或憑天藉聖。因其不遂泯絶者。足爲且吾以聳觀聽。然如孤豚之咋虎者。常十八九。總其實。火不啻一車薪。而水未必盈杯也。信乎終亦必亡而已矣。夫子生於周季。當極文之弊。王者之迹熄。書訖詩亡亦已久矣。載贄之輿。方羊海岱江淮河濟之間。莫能用者。歸而講道洙泗。賢顏氏之樂。大林放之問。歎曾點之志。稱重南宮适禹稷躬稼之言。惓惓於柴參之愚。魯而終不能使予賜偃商由求之徒。進於知德。先入之難拔。積習之錮人。乃至於此。夫子既沒。百家並興。儒名者皆曰自孔氏。顏淵之死。無疑於夫子之道者。僅有曾子。自子游子夏子張。猶欲强之以事有若。他何言哉。章甫其冠。逢掖其衣。以詩書禮樂之辭。爲口實者。其果眞爲自孔氏者乎。老聃蒙莊之徒。恣睢其間。摹寫其短。以靳病周孔。蹦籍詩禮。其勢然也。戰國嬴秦。無足復道。漢高帝鋤項籍。其要領在爲義帝發喪一事。天常民彝。莫大於此。新城三老。蓋深於老氏者也。彼知取天下之大計在此耳。豈有匹夫匹婦不與被堯舜之澤。若己推而納諸溝中之心哉。莊子譏田常盜仁義以竊國。乃不知其學自有盜仁義以竊天下之計也。雖然。君子反經而已矣。經正則庶民興。庶民興斯無邪慝矣。雲錦吳生紹古。遠來從余遊。求名其讀書之堂。余既名而書之。且爲其說。使歸而求之。孟子曰。古之人修其天爵而人爵從之。今之人修其天爵以要人爵。既得人爵而棄其天爵。則惑之甚者也。後世發策決科。而高第可以文藝取。積資累考。而大官可以歲月致。則又有不必修其天爵者矣。生其早辯而謹思之。紹熙元年五月望日。象山翁記。

武陵縣學記

彝倫在人。維天所命。良知之端。形於愛敬。擴而充之。聖哲之所以爲聖哲也。先知者。知此而已。先覺者覺此而已。氣有所蒙。物有所蔽。勢有所遷。習有所移。往而不返。迷而不解。於是爲愚爲不肖。彝倫於是而斁。天命於是而悖。此君師之所以作。政事之所以立。是故先王之時。風教之流行。典刑之昭著。無非所以寵綏四方。左右斯民。使之若有常性。克安其道者也。是故鄉舉里選。月書季考。三年而大比。以興賢能。蓋所以陶成髦俊。將與共斯政。同斯事也。學校庠序之間。所謂切磋講明者。何以捨是而他求哉。所謂格物致知者。格此物。致此知也。故能明明德於天下。易之窮理。窮此理也。故能盡性至命。孟子之盡心。盡此心也。故能知性知天。學者誠知所先後。則如木有根。如水有源。增加馴積。月異而歲不同。誰得而禦之。若迷其端緒。易物之本末。誤事之終始。雜施而不遜。是謂異端。是謂邪說。非以致明。祇以累明。非以去蔽。祇以爲蔽。後世之士。有志於古。不肯甘心流俗。然而苦心勞身。窮年卒歲。不爲之日休。而爲之日拙者。非學之罪也。學絕道喪。不遇先覺。迷其端緒。操末爲本。其所從事者。非古人之學也。古人之學。其時習必悅。其朋來必樂。其理易知。其事易從。不惑於異說。不牽於私欲。造次於是。顛沛於是。則其久大可必。孟子曰。源泉混混。不舍晝夜。盈科而後進。放乎四海。此古人之學也。武陵舊無縣學。縣傍有勝地。地有故築基。蓋往時有欲遷府學於是而不遂者。今縣宰林君夢英出。故基於蕪穢之中而創學焉。士民之有力者。皆爭出財以相其役。林君不事官府之威。凡學之百役。無異民家之爲者。既成。規模宏麗。氣象雄偉。遂爲武陵壯觀。先是倉臺薛公伯宣助成講堂。今憲臺丁公逢。倉臺趙公不迂。郡侯蔣公行簡。皆助錢買田以養士。林君之創茲學。而上下翕然助成其美如此。則林君之政可知矣。余於是敬誦所聞以記之。紹熙二年歲次辛亥六月上澣象山陸某記

語錄二十七則。

道外無事。事外無道。先生常言之。

天理人欲之言。亦自不是至論。若天是理。人是欲。則是天人不同矣。此其原蓋出於老氏。樂記曰。人生而靜。天之性也。感於物而動。性之欲也。物至知之。而後好惡形焉。不能反躬。天理滅矣。天理人欲之言。蓋出於此。樂記之言。亦根於老氏。且如專言靜是天性。則動獨不是天性耶。書云。人心惟危。道心惟微。解者多指人心爲人欲。道心爲天理。此說非是。心一也。人安有二心。自人而言。則曰惟危。自道而言。則曰惟微。罔念作狂。克念作聖。非危乎。無聲無臭。無形無體。非微乎。因言莊子云。眇乎小哉。以屬諸人。謷乎大哉。獨遊於天。又曰。天道之與人道也相遠矣。是分明裂天人而爲二也。

凡欲爲學。當先識義利公私之辨。今所學果爲何事。人生天地間。爲人當自盡人道。學者所以爲學。學爲人而已。非有爲也。

上是天。下是地。人居其間。須是做得人。方不枉了。

要當軒昂奮發。莫恁地沈埋在卑陋凡下處。

居象山。多告學者云。女耳自聰。目自明。事父自能孝。事兄自能弟。本無欠闕。不必他求。在自立而已。人要有大志。常人汨沒於聲色富貴間。良心善性。都蒙蔽了。今人如何便解有志。須先有智識始得。

此道非爭競務進者能知。惟靜退者可入。又云。學者不可用心太緊。今之學者。大抵多是好事。未必有切己之志。夫子曰。古之學者爲己。今之學者爲人。須自省察。

爲學患無疑。疑則有進。孔門如子貢。卽無所疑。所以不至於道。孔子曰。女以予爲多學而識之者歟。子貢曰。然。往往孔子未然之。孔子復有非與之問。顏子仰之彌高。末由也已。其疑非細。甚不自安。所以其殆庶幾乎。

學問須論是非。不論效驗。如告子先孟子不動心。其效先於孟子。然畢竟告子不是。

人共生乎天地之間。無非同氣。扶其善而沮其惡。義所當然。安得有彼我之意。又安得有自爲之意。

學者須是打疊田地淨潔。然後令他奮發植立。若田地不淨潔。則奮發植立不得。古人爲學。卽讀書然後爲學可見。然田地不淨潔。亦讀書不得。若讀書。則是假寇兵資盜糧。

論語中多有無頭柄的說話。如知及之仁不能守之之類。不知所及所守者何事。如學而時習之。不知時習者何事。非學有本領。未易讀也。苟學有本領。則知之所及者。及此也。仁之所守者。守此也。時習之。習此也。說者說此。樂者樂此。如高屋之上建瓴水矣。學苟知本。六經皆我註腳。

或問先生何不著書。對曰。六經註我。我註六經。韓退之是倒做。蓋欲因學問而學道。歐公極似韓。其聰明皆過人。然不合初頭俗了。或問如何俗了。曰。符讀書城南。三上宰相書。是已。至二程。方不俗。然聰明卻有所不及。

一學者自晦翁處來。其拜跪語言頗怪。每日出齋。此學者必有陳論。應之亦無他語。至四日。此學者所言已罄。力請誨語。答曰。吾亦未暇詳論。然此間大綱有一個規模說與人。今世人淺之為聲色臭味。進之為富貴利達。又進之為文章技藝。又有一般人。都不理會。卻談學問。吾總以一言斷之曰。勝心。此學者默然。後數日。其舉動言語頗復常。

一學者從遊閱數月。一日問之云。聽說話如何。曰。初來時疑先生之顛倒。既如此說了。後又如彼說。及至聽得兩月後。方始貫通。無顛倒之疑。

先生云。學者讀書。先於易曉處沈涵熟復。切己致思。則他難曉者。渙然冰釋矣。若先看難曉處。終不能達。舉一學者詩云。讀書切戒在荒忙。涵泳工夫興味長。未曉無妨權放過。切身須要急思量。自家主宰常精健。逐外精神徒損傷。寄語同遊二三子。莫將言語壞天常。

有行古禮於其家。而其父不悅。乃至父子相非不已。遂來請教。先生云。以禮言之。吾子於行古禮。其名甚正。以實言之。則去古旣遠。禮文不遠。吾子所行未必盡契古禮。而且先得罪於尊君矣。喪禮與其哀不足而禮有餘也。不若禮不足而哀有餘也。如世俗甚不經。裁之可也。其餘且可從舊。

子不語怪力亂神。夫子只是不語。非謂無也。若力與亂分明是有。神怪豈獨無之。人以雙瞳之微。所矚甚遠。亦怪矣。苟不明道。則一身之間無非怪。但玩而不察耳。

呂伯恭爲鵝湖之集。先兄復齋謂某曰。伯恭約元晦爲此集。正爲學術異同。某兄弟先自不同。何以望鵝湖之同。先兄遂與某議論致辯。又令某自說。至晚。罷。先兄云。子靜之說是。次早某請先兄說。先兄云。某無說。夜來思之。子靜之說極是。方得一詩云。孩提知愛長知欽。古聖相傳只此心。大抵有基方築室。未聞無址忽成岑。留情傳註翻榛塞。著意精微轉陸沈。珍重友朋相切琢。須知至樂在於今。某云。詩甚佳。但第二句微有未安。先兄云。說得恁地。又道未安。更要如何。某云。不妨一面起行。某沿途卻和此詩。及至鵝湖。伯恭首問先兄別後新功。先兄舉詩。纔四句。元晦顧伯恭曰。子壽早已上子靜船了也。舉詩罷。遂致辯於先兄。某云。途中某和得家兄此詩云。墟墓興哀宗廟欽。斯人千古不磨心。涓流滴到滄溟水。拳石崇成泰華岑。易簡工夫終久大。支離事業竟浮沈。舉詩至此。元晦失色。至欲知自下升高處。眞僞先須辨古今。元晦大不懌。於是各休息。翌日二公商量數十折議論來。莫不悉破其說。繼日凡致辯其說。隨屈伯恭。甚有虛心相聽之意。竟爲元晦所尼。後往南康。元晦延入白鹿洞講說。因講君子喻於義一章。元晦再三云。某在此不曾說到這裏。負愧何言。

淳熙二年乙未。先生三十七歲。呂伯恭約先生與季兄復齋會朱元晦諸公於信之鵝湖寺。復齋云云。元晦歸後三年。乃和前詩云。德業流風夙所欽。別離三載更關心。偶攜藜杖出寒谷。又枉籃輿度遠岑。舊學商量加邃密。新知培養轉深沈。只愁說到無言處。不信人間有古今。後信州守楊汝礪建四先生祠堂於鵝湖寺。勒陸子詩於石。復齋與張欽夫書云。某春末會元晦於鉛山語三日。然皆未能無疑。按呂成公譜。乙未四月。訪朱文公於信之鵝湖寺。陸子靜子壽劉子澄及江浙諸友皆會。留止旬日。鄒斌俊父錄云。朱呂二公話及九卦之序。先生因亹亹言之。大略謂復是本心復處。如何列在第三卦。而先之以履與謙。蓋履之爲卦。上天下澤。人生斯世。須先辯得俯仰乎天地而有此一身。以達於所履。其所履有得有失。又繫於謙與不謙之分。謙則精神渾收聚於內。不謙則精神渾流散於外。惟能辯得吾一身所以在天地間舉錯動作之由。而斂藏其精神。使之在內而不在外。則此心斯可得而復矣。次之以常固。又次之以損益。又次之以困。蓋本心既復。謹始克終。曾不少廢。以得其常。而至於堅固。私欲日以消磨而爲損。天理日以澄瑩而爲益。雖涉危蹈險。所遭多至於困。而此心卓然不動。然後於道有得。左右逢其原。如鑿井取泉。處處皆足。蓋至於此。則順理而行。無纖毫透漏。如巽風之散。無往不入。雖密房奧室。有一縫一罅。卽能入之矣。二公大服朱亨道書云。鵝湖講道切誠。當今盛事。伯恭蓋慮陸與朱議論猶有異同。欲會歸於一。而定其所適從。其意甚善。伯恭蓋有志於此。語自得則未也。臨川趙守景明。邀劉子澄趙景昭。景昭在臨安與先生相款。亦有意於學。又云。鵝湖之會。論及教人。元晦之意。欲令人泛觀博覽。而後歸之約。二陸之意。欲先發明人之本心。而後使之博覽。朱以陸之教人爲太簡。陸以朱之教人爲支離。此頗不合。先生更欲與元晦辯。以爲堯舜之前何書可讀。復齋止之。趙劉諸公拱聽而已。先發明之說。未可厚誣。元晦見二詩不平。似不能無我。元晦書云。某未聞道學之懿。茲幸獲奉餘論。所恨忽忽別去。彼此之懷。皆若有未旣者。然警切之誨。佩服不敢忘也。還家無便。寫此少見拳拳。（此則爲象山年譜附錄於此）

學者不長進。只是好己勝。出一言。做一事。便道全是。豈有此理。古人惟貴知過則改。見善則遷。今各自執己是。被人點破。便愕然。所以不如古人。

先生語伯敏云。近日向學者多。一則以喜。一則以懼。夫人勇於爲學。豈不可喜。然此道本日用常行。近日學者卻把作一事。張大虛聲。名過於實。起人不平之心。是以爲道學之說者。必爲人深排力詆。此風一長。豈不可懼。某之取人。喜其忠信誠慤。言似不能出口者。談論風生。

他人所取者。某深惡之。

學者先須不可陷溺其心。又不當以學問夸人。夸人者。必爲人所攻。只當如常人。見人不是。必推惻隱之心。委曲勸諭之。不可則止。若說道我底學問如此。你底不是。必爲人所攻。兼且所謂學問者。自承當不住。某見幾個自主張學問。某問他。你了得也未。他心下不穩。如此則是學亂說。實無所知。如此之人。謂之痼疾。不可治。寧是縱情肆欲之人。猶容易與他說話。最是學一副亂說底。沒奈他何。此只有兩路。利欲道義。不之此。則之彼。

伯敏問云。以今年校之去年。殊無寸進。先生云。如何要長進。若當爲者。有時而不能爲。不當爲者。有時乎爲之。這個卻是不長進。不恁地理會。泛然求長進。不過欲以己先人。此是勝心。伯敏云。無個下手處。先生云。古之欲明明德於天下者。先治其國。欲治其國者。先齊其家。欲齊其家者。先修其身。欲修其身者。先正其心。欲正其心者。先誠其意。欲誠其意者。先致其知。致知在格物。格物是下手處。伯敏云。如何樣格物。先生云。研究物理。伯敏云。天下萬物不勝其繁。如何盡研究得。先生云。萬物皆備於我。只要明理。然理不解自明。須是隆師親友。伯敏云。此間賴有季繹時相勉勵。先生云。季繹與顯道一般。所至皆勉勵人。但無根者多。其意似欲私立門戶。其學爲外不爲己。世之人所以攻道學者。亦未可全責他。蓋自家驕其聲色。立門戶與之爲敵。嘵嘵騰口。實有所未孚。自然起人不平之心。某平日未嘗爲流俗所攻。攻者卻是讀語錄精義者。程士南最攻道學。人或語之以某。程云。道學如陸某無可攻者。又如學中諸公。義均骨肉。蓋某初無勝心。日用常行自有使他一個敬信處。某舊日伊洛文字不曾看。近日方看。見其間多有不是。今人讀書平易處不理會。有可以起人羨慕者。則著力研究。古先聖人何嘗有起人羨慕者。只是此道不行。見有奇特處便生羨慕。自周末文弊便有此風。如唐虞之時。人人如此。又何羨慕。所以莊周云。臧與穀共牧羊而俱亡其羊。問臧奚事。曰博塞以遊。問穀奚事。曰挾策讀書。其爲亡羊一也。某讀書只爲古註。聖人之言自明白。且如弟子入則孝。出則弟。是分明說與你入便孝。出便弟。何須得傳註。學者疲精神於此。是以擔子越重。到某這裏。只是與他減擔。只此便是格物。伯敏云。每讀書始者心甚專。三五遍後往往心不在此。知其如此。必欲使心在書上。則又別生一心。卒之方寸擾擾。先生云。此是聽某言不入。若聽得入。自無此患。某之言打做一處。吾友二三其心了。如今讀書且平平讀。未曉處且放過。不必太殢。

伯敏云。如何是盡心。性才心情如何分別。先生云。如吾友此言。又是枝葉。雖然。此非吾友之過。蓋舉世之弊。今之學者讀書。只是解字。更不求血脈。且如性情心才。都只是一般物事。言偶不同耳。伯敏云。莫是同出而異名否。先生曰。不須說得。說著便不是。將來只是騰口說。爲人不爲己。若理會得自家實處。他日自明。若必欲說時。則在天者爲性。在人者爲心。此蓋隨吾友而言。其實不須如此。只是要盡去爲心之累者。如吾友適意時。卽今便是牛山之木一段。血脈只在仁義上。以爲未嘗有才焉。此豈山之性也哉。此豈人之情也哉。是偶然說及初不須分別所以令吾友讀此者。蓋欲吾友知斧斤之害其材。有以警戒其心。日夜之所息息者歇也。又曰生息。蓋人之良心爲斧斤所害。夜間方得歇息。若夜間得息時。則平旦好惡與常人不甚相遠。惟旦晝所爲梏亡不止。到後來夜間亦不得能息。夢寐顚倒。思慮紛亂。以致淪爲禽獸。人見其如此。以爲未嘗有才焉。此豈人之情也哉。只與理會實處。就心上理會。俗諺云。癡人面前不得說夢。又曰。獅子咬人。狂狗逐塊。以土打獅子。便徑來咬人。若打狗。狗狂只去理會土。聖賢急於教人。故以情以性以心以才說與人。如何泥得。若老兄與別人說。定是說如何樣是心。如何樣是性情與才。如此分明說得好。劃地不干我事。須是血脈骨髓理會實處始得。凡讀書皆如此。又問養氣一段。先生云。此尤當求血脈。只要理會我善養吾浩然之氣。當吾友適意時。別事不理會時。便是浩然。養而無害。則塞乎天地之間。是集義所生者。非義襲而取之也。蓋孟子當時與告子說。告子之意。不得於言。勿求於心。是外面硬把捉的。要之亦是孔門別派。將來也會成。只是終不自然。孟子出於子思。則是涵養成就者。故曰是集義所生者。集義只是積善。行有不慊於心則餒矣。若行事不當於心。如何得浩然。此言皆所以闢告子。又問養勇異同。先生云。此只是比並北宮用心在外。正如告子不得於言。勿求於心。施舍用心在內。正如孟子行有不慊於心則餒矣。而施舍又似曾子。北宮又似子夏。謂之似者。蓋用心內外相似。非眞可及也。孟子之言大抵皆因當時之人處己太卑而視聖人太高。不惟處己太卑。而亦以此處人。如是何足與言仁義也之語可見。不知天之與我者。其初未嘗不同。如未嘗有才焉之類。皆以爲才。乃聖賢所有。我之所無。不敢承當著。故孟子說此乃人人都有。自爲斧斤所害。所以淪胥爲禽獸。若能涵養此心。便是聖賢。讀孟子須當理會他所以立言之意。血脈不明。沈溺章句何益。

做得工夫實。則所說卽實事。不說閑話。所指人病卽實病。因擧午間一人問虜使善兩國講和。先生因贊歎不用兵全得幾多生靈。是好。然吾人皆士人。曾讀春秋。知中國夷狄之辯。二聖之讎。豈可不復。所欲有甚於生。所惡有甚於死。今吾人高居無事。優游以食。亦可爲恥。乃懷安非懷義也。此皆是實理實說。

理學治要卷一

理學七家

王守仁　明餘姚人。字伯安。弘治進士。正德初。以論救言官戴銑等。忤劉瑾。謫龍場驛丞。瑾誅。乃起。後巡撫南贛。平大帽山諸賊。定宸濠之亂。又破斷藤峽賊。明世文臣用兵。未有及守仁者。卒年五十七。贈新建侯。諡文成。守仁少嘗泛濫二氏。返求六經。及謫龍場。窮荒無書。日繹舊聞。其學遂豁然一變。大要根據大學致知與孟子良知之語。創爲致良知之說。謂知行本屬一體。凡良知皆由實行得來。道聽途說。不足以爲知。訓詁辭章。不足以言學。故於宋儒特推重陸九淵。而謂朱子四書集注或問之類。乃中年未定之說。世稱其學爲姚江派。嘗築室距越城東南二十里之陽明洞中。學者稱陽明先生。有王文成公全書。

大學問

大學者。昔儒以爲大人之學矣。敢問大人之學。何以在於明明德乎。陽明子曰。大人者。以天地萬物爲一體者也。其視天下猶一家。中國猶一人焉。若夫間形骸而分爾我者。小人矣。大人之能以天地萬物爲一體也。非意之也。其心之仁本若是。其與天地萬物而爲一也。豈惟大人。雖小人之心亦莫不然。彼顧自小之耳。是故見孺子之入井。而必有怵惕惻隱之心焉。是其仁之與孺子而爲一體也。孺子猶同類者也。見鳥獸之哀鳴觳觫。而必有不忍之心焉。

是其仁之與鳥獸而爲一體也。鳥獸猶有知覺者也。見草木之摧折而必有憫恤之心焉。是其仁之與草木而爲一體也。草木猶有生意者也。見瓦石之毀壞而必有顧惜之心焉。是其仁之與瓦石而爲一體也。是其一體之仁也。雖小人之心亦必有之。是乃根於天命之性而自然靈昭不昧者也。是故謂之明德。小人之心既已分隔隘陋矣。而其一體之仁猶能不昧若此者。是其未動於欲而未蔽於私之時也。及其動於欲蔽於私而利害相攻忿怒相激則將戕物圮類無所不爲。其甚至有骨肉相殘者。而一體之仁亡矣。是故苟無私欲之蔽則雖小人之心而其一體之仁猶大人也。一有私欲之蔽則雖大人之心而其分隔隘陋猶小人矣。故夫爲大人之學者亦惟去其私欲之蔽以自明其明德。復其天地萬物一體之本然而已耳。非能於本體之外而有所增益之也。曰然則何以在親民乎。曰明明德者立其天地萬物一體之體也。親民者達其天地萬物一體之用也。故明明德必在於親民而親民乃所以明其明德也。是故親吾之父以及人之父以及天下人之父而後吾之仁實與吾之父人之父與天下人之父而爲一體矣。實與之爲一體而後孝之明德始明矣。親吾之兄以及人之兄以及天下人之兄而後吾之仁實與吾之兄人之兄與天下人之兄而爲一體矣。實與之爲一體而後弟之明德始明矣。君臣也。夫婦也。朋友也。以至於山川鬼神鳥獸草木也。莫不實有以親之。以達吾一體之仁。然後吾之明德始無不明而眞能以天地萬物爲一體矣。夫是之謂明明德於天下。是之謂家齊國治而天下平。是之謂盡性。曰。然則又烏在其爲止至善乎。曰。至善者明德親民之極則也。天命之性粹然至善。其靈昭不昧者此其至善之發見。是乃明德之本體而卽所謂良知者也。至善之發見是而是焉。非而非焉。輕重厚薄隨感隨應。變動不居。而亦莫不自有天然之中。是乃民彝物則之極。而不容少有擬議增損於其間也。少有擬議增損於其間。則是私意小智而非至善之謂矣。自非愼獨之至惟精惟一者其孰能與於此乎。後之人惟其不知至善之在吾心而用其私智以揣摸測度於其外。以爲事事物物各有定理也。是以昧其是非之則。支離決裂。人欲肆而天理亡。明德親民之學遂大亂於天下。蓋昔之人固有欲明其明德者矣。然惟不知止於至善而騖其私心於過高。是以失之虛罔空寂而無有乎家國天下之施。則二氏之流是矣。固有欲親其民者矣。然惟不知止於至善而溺其私心於卑瑣。是以失之權謀智術而無有乎仁愛惻怛之誠。則五伯功利之徒是矣。是皆不知止於至善之過也。故止至善之於明德親民也。猶之規矩之於方圓也。尺度之於長短也。權衡之於輕重也。故方圓而不止於規矩。爽其則矣。長短而不止於尺度。乖其劑矣。輕重而不止於權衡。失其準矣。明明德親民而不止於至善。亡其本矣。故止於至善以親民而明其明德。是之謂大人之學。

曰。知止而后有定。定而后能靜。靜而后能安。安而后能慮。慮而后能得。其說何也。曰。人惟不知至善之在吾心。而求之於其外。以爲事事物物皆有定理也。而求至善於事事物物之中。是以支離決裂。錯雜紛紜。而莫知有一定之向。今焉既知至善之在吾心。而不假於外求。則志有定向。而無支離決裂錯雜紛紜之患矣。無支離決裂錯雜紛紜之患。則心不妄動而能靜矣。心不妄動而能靜。則其日用之間。從容閒暇而能安矣。能安。則凡一念之發。一事之感。其爲至善乎。其非至善乎。吾心之良知自有以詳審精察之。而能慮矣。能慮則擇之無不精。處之無不當。而至善於是乎可得矣。

曰。物有本末。先儒以明德爲本。新民爲末。兩物而內外相對也。事有終始。先儒以知止爲始。能得爲終。一事而首尾相因也。如子之說。以新民爲親民。則本末之說亦有所未然歟。曰。終始之說。大略是矣。卽以新民爲親民。而曰明德爲本。親民爲末。其說亦未爲不可。但不當分本末爲兩物耳。夫木之幹。謂之本。木之梢。謂之末。惟其一物也。是以謂之本末。若曰兩物。則既爲兩物矣。又何可以言本末乎。新民之意。既與親民不同。則明德之功。自與新民爲二。若知明明德以親其民。而親民以明其明德。則明德親民焉可析而爲兩乎。先儒之說。是蓋不知明德親民之本爲一事。而認以爲兩事。是以雖知本末之當爲一物。而亦不得不分爲兩物也。曰。古之欲明明德於天下者。以至於先修其身。以吾子明德親民之說通之。亦既可得而知矣。敢問欲修其身以至於致知在格物。其工夫次第又何如其用力歟。曰。此正詳言明

德親民止至善之功也。蓋身心意知物者。是其工夫所用之條理。雖亦各有其所。而其實只
是一物。格致誠正修者。是其條理所用之工夫。雖亦皆有其名。而其實只是一事。何謂身。心
之形體。運用之謂也。何謂心。身之靈明主宰之謂也。何謂修身。爲善而去惡之謂也。吾身自
能爲善而去惡乎。必其靈明主宰者。欲爲善而去惡。然後其形體運用者。始能爲善而去惡
也。故欲修其身者。必在於先正其心也。然心之本體則性也。性無不善。則心之本體本無不
正也。何從而用其正之之功乎。蓋心之本體本無不正。自其意念發動。而後有不正。故欲正
其心者。必就其意念之所發而正之。凡其發一念而善也。好之眞如好好色。發一念而惡也。
惡之眞如惡惡臭。則意無不誠。而心可正矣。然意之所發。有善有惡。不有以明其善惡之分。
亦將眞妄錯雜。雖欲誠之。不可得而誠矣。故欲誠其意者。必在於致知焉。致者至也。如云喪
致乎哀之致。易言知至至之。知至者知也。至之者致也。致知云者。非若後儒所謂充廣其知
識之謂也。致吾心之良知焉耳。良知者。孟子所謂是非之心。人皆有之者也。是非之心。不待
慮而知。不待學而能。是故謂之良知。是乃天命之性。吾心之本體。自然靈昭明覺者也。凡意
念之發。吾心之良知無有不自知者。其善歟。惟吾心之良知自知之。其不善歟。亦惟吾心之
良知自知之。是皆無所與於他人者也。故雖小人之爲不善。既已無所不至。然其見君子。則
必厭然掩其不善。而著其善者。是亦可以見其良知之有不容於自昧者也。今欲別善惡以

誠其意。惟在致其良知之所知焉爾。何則。意念之發。吾心之良知。既知其爲善矣。使其不能誠有以好之。而復背而去之。則是以善爲惡。而自昧其知善之良知矣。意念之所發。吾之良知既知其爲不善矣。使其不能誠有以惡之。而復蹈而爲之。則是以惡爲善。而自昧其知惡之良知矣。若是則雖曰知之。猶不知也。意其可得而誠乎。今於良知所知之善惡者。無不誠好而誠惡之。則不自欺其良知而意可誠也已。然後致其良知。亦豈影響恍惚而懸空無實之謂乎。是必實有其事矣。故致知必在於格物。物者事也。凡意之所發。必有其事。意所在之事謂之物。格者正也。正其不正以歸於正之謂也。正其不正者。去惡之謂也。歸於正者。爲善之謂也。夫是之謂格。書言格於上下。格於文祖。格其非心。格物之格。實兼其義也。良知所知之善。雖誠欲好之矣。苟不卽其意之所在之物而實有以爲之。則是物有未格。而好之之意猶爲未誠也。良知所知之惡。雖誠欲惡之矣。苟不卽其意之所在之物而實有以去之。則是物有未格。而惡之之意猶爲未誠也。今焉於其良知所知之善者。卽其意之所在之物而實爲之。無有乎不盡。於其良知所知之惡者。卽其意之所在之物而實去之。無有乎不盡。然後物無不格。而吾良知之所知者。無有虧缺障蔽。而得以極其至矣。夫然後吾心快然無復餘憾而自謙矣。夫然後意之所發者。始無自欺。而可以謂之誠矣。故曰物格而后知至。知至而后意誠。意誠而后心正。心正而后身修。蓋其功夫條理。雖有先後次序之可言。而其體之惟一。實無先後次序之可分。其條理功夫。雖無先後次序之可分。而其用之惟精。固有纖毫不可得而缺焉者。此格致誠正之說。所以闡堯舜之正傳。而爲孔氏之心印也。

錢德洪曰。大學問者。師門之教典也。學者初及門。必先以此意授。使人聞言之下。即得此心之知。無出於民彝物則之中。致知之功。不外乎修齊治平之內。學者果能實地用功。一番聽受。一番親切。師常曰。吾此意思有能直下承當。只此修爲。直造聖域。參之經典。無不脗合。不必求之多聞多識之中也。門人有請錄成書者。曰。此須諸君口口相傳。若筆之於書。使人作一文字看過。無益矣。嘉靖丁亥八月。師起征思田。將發。門人復請。師許之。錄既就。以書貽洪曰。大學或問數條。非不願共學之士盡聞斯義。顧恐藉寇兵而齎盜糧。是以未欲輕出。蓋當時尙有持異說以混正學者。師故云然。師既沒。音容日遠。吾黨各以己見立說。學者稍見本體。即好爲徑超頓悟之說。無復有省身克己之功。請一見本體。超聖可以跂足。視師門誠意格物爲善去惡之旨。皆相鄙以爲第二義。簡畧事爲。言行無顧。甚者蕩滅禮教。猶自以爲得聖門之最上乘。噫。亦已過矣。自便徑約。而不知已淪入佛氏寂滅之教。莫之覺也。古人立言。不過爲學者示下學之功。而上達之機。待人自悟而有得。言語知解。非所及也。大學之教。自孟氏而後。不得其傳者幾千年矣。賴良知之明。千載一日。復大明於今日。玆未及一傳而紛錯若此。又何望於後世耶。是篇鄙子謙之嘗附刻於大學古本。茲收錄續編之首。使學者開卷讀之。思吾師之教平易切實。而聖智神化之機。固已躍然。不必更爲別說。匪徒惑人。祇以自誤無益也。

答顧東橋書

來書云。近時學者務外遺內。博而寡要。故先生特倡誠意一義。鍼砭膏肓。誠大惠也。

吾子洞見時弊如此矣。亦將何以救之乎。然則鄙人之心。吾子固已一句道盡。復何言哉。復何言哉。若誠意之說。自是聖門教人用功第一義。但近世學者乃作第二義看。故稍與提掇緊要出來。非鄙人所能特倡也。

來書云。但恐立說太高。用功太捷。後生師傳。影響謬誤。未免墮於佛氏明心見性定慧頓悟之機。無怪聞者見疑。

區區格致誠正之說。是就學者本心日用事爲間體究踐履實地用功。是多少次第。多少積累在。正與空虛頓悟之說相反。聞者本無求爲聖人之志。又未嘗講究其詳。遂以見疑。亦無足怪。若吾子之高明。自當一語之下便瞭然矣。乃亦謂立說太高。用功太捷。何耶。

來書云。所喻知行並進。不宜分別前後。卽中庸尊德性而道問學之功。交養互發。內外本末。一以貫之之道。然功夫次第不能無先後之差。知知食乃食。知湯乃飲。知衣乃服。知路乃行。未有不見是物。先有是事。此亦毫釐倏忽之間。非謂有等今日知之而明日乃行也。

既云交養互發。內外本末。一以貫之。則知行並進之說。無復可疑矣。又云工夫次第不能不無先後之差。無乃自相矛盾已乎。知食乃食等語。此尤明白易見。但吾子爲近聞障蔽。自不察耳。夫人必有欲食之心。然後知食。欲食之心。卽是意。卽是行之始矣。食味之美惡。必待入口而後知。豈有不待入口而已先知食味之美惡者邪。必有欲行之心。然後知路。欲行之心卽是意。卽是行之始矣。路岐之險夷。必待身親履歷而後知。豈有不待身親履歷而已先知路岐之險夷者邪。知湯乃飲。知衣乃服。以此例之。皆無可疑。若如吾子之喻。是乃所謂不見是物而先有是事者矣。吾子又謂此亦毫釐倏忽之間。非謂截然有等今日知之而明日乃行也。是亦察之尙有未精。然就如吾子之說。則知行之爲合一並進。亦自斷無可疑矣。

來書云。眞知卽所以爲行。不行不足謂之知。此爲學者吃緊立敎。俾務躬行則可。若眞謂行卽是知。恐其專求本心。遂遺物理。必有闇而不達之處。抑豈聖門知行並進之成法哉。知之眞切篤實處。卽是行。行之明覺精察處。卽是知。知行工夫本不可離。只爲後世學者分作兩截用功。失卻知行本體。故有合一並進之說。眞知卽所以爲行。不行不足謂之知。卽如來書所云知食乃食等說可見。前已略言之矣。此雖吃緊救弊而發。然知行之體本來如是。非以己意抑揚其間。姑爲是說。以苟一時之效者也。專求本心。遂遺物理。此蓋失其本心者也。夫物理不外於吾心。外吾心而求物理。無物理矣。遺物理而求吾心。吾心又何物邪。心之體。性也。性卽理也。故有孝親之心。卽有孝之理。無孝親之心。卽無孝之理矣。有忠君之心。卽有忠之理。無忠君之心。卽無忠之理矣。理豈外於吾心邪。晦菴謂人之所以爲學者。心與理而已。心雖主乎一身。而實管乎天下之理。理雖散在萬事。而不外乎一人之心。是其一分一合之間。而未免已啟學者心理爲二之弊。此後世所以有專求本心。遂遺物理之患。正由不知心卽理耳。夫外心以求物理。是以有闇而不達之處。此告子義外之說。孟子所以謂之不知義也。心一而已。以其全體惻怛而言謂之仁。以其得宜而言謂之義。以其條理而言謂之理。不可外心以求仁。不可外心以求義。獨可外心以求理乎。外心以求理。此知行之所以二也。求理於吾心。此聖門知行合一之教。吾子又何疑乎。

來書云。所釋大學古本謂致其本體之知。此固孟子盡心之旨。朱子亦以虛靈知覺爲此心之量。然盡心由於知性。致知在於格物。

盡心由於知性。致知在於格物。此語然矣。然而推本吾子之意。則其所以爲是語者。尚有未明也。朱子以盡心知性知天爲物格知至。以存心養性事天爲誠意正心修身。以殀壽不貳修身以俟爲知至仁盡。聖人之事。若鄙人之見。則與朱子正相反矣。夫盡心知性知天者。生知安行。聖人之事也。存心養性事天者。學知利行。賢人之事也。殀壽不貳。修身以俟者。困知勉行。學者之事也。豈可專以盡心知性爲知。存心養性爲行乎。吾子驟聞此言。必又以爲大駭矣。然其間實無可疑者。一爲吾子言之。夫心之體。性也。性之原。天也。能盡其心。是能盡其性矣。中庸云。惟天下至誠。爲能盡其性。又云。知天地之化育。質諸鬼神而無疑。知天也。此惟聖人而後能然。故曰。此生知安行。聖人之事也。存其心者。未能盡其心者也。故須加存之之功。必存之既久。不待於存而自無不存。然後可以進而言盡。蓋知天之知。如知州知縣之知。知州則一州之事皆己事也。知縣則一縣之事皆己事也。是與天爲一者也。事天則如子之事父。臣之事君。猶與天爲二也。天之所以命於我者。心也。性也。吾但存之而不敢失。養之而不敢害。如父母全而生之。子全而歸之者也。故曰。此學知利行。賢人之事也。至於殀壽不貳。

則與存其心者又有間矣。存其心者雖未能盡其心。固已一心於爲善。時有不存。則存之而已。今使之殀壽不貳。是猶以殀壽貳其心者也。猶以殀壽貳其心。是其爲善之心猶未能一也。存之尙有所未可。而何盡之可云乎。今且使之不以殀壽貳其爲善之心。若曰死生殀壽皆有定命。吾但一心於爲善。修吾之身。以俟天命而已。是其平日尙未知有天命也。事天雖與天爲二。然已眞知天命之所在。但惟恭敬奉承之而已耳。若俟之云者。則尙未能眞知天命之所在。猶有所俟者也。故曰所以立命。立者創立之立。如立德立言立功立名之類。凡言立者。皆是昔未嘗有而本始建立之謂。孔子所謂不知命無以爲君子者也。故曰此困知勉行。學者之事也。今以盡心知性知天爲格物致知。使初學之士尙未能不貳其心者。而遽責之以聖人生知安行之事。如捕風捉影。茫然莫知所措其心。幾何而不至於率天下而路也。今世致知格物之弊。亦居然可見矣。吾子所謂務外遺內。博而寡要者。無乃亦是過歟。此學問最要緊處。於此而差。將無往而不差矣。此鄙人之所以冒天下之非笑。忘其身之陷於罪戮。呶呶其言。其不容已者也。

來書云。聞語學者乃謂卽物窮理之說。亦是玩物喪志。又取其厭繁就約。涵養本原數說。標示學者。指爲晚年定論。此亦恐非。

朱子所謂格物云者。在卽物而窮其理也。卽物窮理。是就事事物物上求其所謂定理者也。

是以吾心而求理於事事物物之中。析心與理而爲二矣。夫求理於事事物物者。如求孝之理於其親之謂也。求孝之理於其親。則孝之理其果在於吾之心邪。抑果在於親之身邪。假而果在於親之身。則親沒之後。吾心遂無孝之理歟。見孺子之入井。必有惻隱之理。是惻隱之理果在於孺子之身歟。抑在於吾心之良知歟。其或不可以從之於井歟。其或可以手而援之歟。是皆所謂理也。是果在於孺子之身歟。抑果出於吾心之良知歟。以是例之。萬事萬物之理。莫不皆然。是可以知析心與理爲二之非矣。夫析心與理而爲二。此告子義外之說。孟子之所深闢也。務外遺內。博而寡要。吾子既已知之矣。是果何謂而然哉。謂之玩物喪志。尙猶以爲不可歟。若鄙人所謂致知格物者。致吾心之良知於事事物物也。吾心之良知。卽所謂天理也。致吾心良知之天理於事事物物。則事事物物皆得其理矣。致吾心之良知者。致知也。事事物物皆得其理者。格物也。是合心與理而爲一者也。合心與理而爲一。則凡區區前之所云。與朱子晚年之論。皆可以不言而喩矣。

來書云。人之心體。本無不明。而氣拘物蔽。鮮有不昏。非學問思辨以明天下之理。則善惡之機。眞妄之辨。不能自覺。任情恣意。其害有不可勝言者矣。

此段大略似是而非。蓋承沿舊說之弊。不可以不辨也。夫問思辨行。皆所以爲學。未有學而不行者也。如言學孝。則必服勞奉養。躬行孝道。然後謂之學。豈徒懸空口耳講說。而遂可以謂之學孝乎。學射則必張弓挾矢。引滿中的。學書則必伸紙執筆。操觚染翰。盡天下之學。無有不行而可以言學者。則學之始固已即是行矣。篤者敦實篤厚之意。已行矣而敦篤其行。不息其功之謂爾。蓋學之不能以無疑。則有問。問即學也。即行也。又不能無疑則有思。思即學也。即行也。又不能無疑。則有辨。辨即學也。即行也。辨既明矣。思既愼矣。問既審矣。學既能矣。又從而不息其功焉。斯之謂篤行。非謂學問思辨之後而始措之於行也。是故以求能其事而言謂之學。以求解其惑而言謂之問。以求通其說而言謂之思。以求精其察而言謂之辨。以求履其實而言謂之行。蓋析其功而言則有五。合其事而言則一而已。此區區心理合一之體。知行並進之功。所以異於後世之說者。正在於是。今吾子特舉學問思辨以窮天下之理。而不及篤行。是專以學問思辨爲知。而謂窮理爲無行也已。天下豈有不行而學者邪。豈有不行而遂可謂之窮理者邪。明道云。只窮理便盡性至命。故必仁極仁而後謂之能窮仁之理。義極義而後謂之能窮義之理。仁極仁則盡仁之性矣。義極義則盡義之性矣。學至於窮理至矣。而尙未措之於行。天下寧有是邪。是故知不行之不可以爲學。則知不行之不可以爲窮理矣。知不行之不可以爲窮理。則知知行之合一並進。而不可以分爲兩節事矣。夫萬事萬物之理。不外於吾心。而必曰窮天下之理。是殆以吾心之良知爲未足。而必外求於天下之廣。以裨補增益之。是猶析心與理而爲二也。夫學問思辨篤行之功。雖其困勉至於人一己百而擴充之極。至於盡性知天。亦不過致吾心之良知而已。良知之外。豈復有加於毫末乎。今必曰窮天下之理。而不知反求諸其心。則凡所謂善惡之機。眞妄之辨者。舍吾心之良知。亦將何所致其體察乎。吾子所謂氣拘物蔽者。拘此蔽此而已。今欲去此之蔽。不知致力於此。而欲以外求。是猶目之不明者。不務服藥調理以治其目。而徒倀倀然求明於其外。明豈可以自外而得哉。任情恣意之害。亦以不能精察天理於此心之良知而已。此誠毫釐千里之謬者。不容於不辨。吾子毋謂其論之太刻也。

來書云。敎人以致知明德。而戒其卽物窮理。誠使昏闇之士。深居端坐。不聞敎告。遂能至於知致而德明乎。縱令靜而有覺。稍悟本性。則亦定慧無用之見。果能知古今達事變。而致用於天下國家之實否乎。其曰知者意之體。物者意之用。格物如格君心之非之格。語雖超悟獨得。不踵陳見。抑恐於道未相脗合。

區區論致知格物。正所以窮理。未嘗戒人窮理。使之深居端坐而一無所事也。若謂卽物窮理。如前所云務外而遺內者。則有所不可耳。昏闇之士。果能隨事隨物精察此心之天理。以致其本然之良知。則雖愚必明。雖柔必强。大本立而達道行。九經之屬。可一以貫之而無遺矣。尙何患其無致用之實乎。彼頑空虛靜之徒。正惟不能隨事隨物精察此心之天理。以致其本然之良知。而遺棄倫理。寂滅虛無以爲常。是以要之不可以治家國天下。孰謂聖人窮理盡性之學。而亦有是弊哉。心者身之主也。而心之虛靈明覺。卽所謂本然之良知也。其虛靈明覺之良知。應感而動者謂之意。有知而後有意。無知則無意矣。知非意之體乎。意之所用。必有其物。物卽事也。如意用於事親。卽事親爲一物。意用於治民。卽治民爲一物。意用於讀書。卽讀書爲一物。意用於聽訟。卽聽訟爲一物。凡意之所用無有無物者。有是意卽有是物。無是意卽無是物矣。物非意之用乎。格字之義。有以至字訓者。如格于文祖。有苗來格。是以至訓者也。然格于文祖。必純孝誠敬。幽明之間。無一不得其理。而後謂之格。有苗之頑。實以文德誕敷而後格。則亦兼有正字之義在其間。未可專以至字盡之也。如格其非心。大臣格君心之非之類。是則一皆正其不正以歸於正之義。而不可以至字爲訓矣。且大學格物之訓。又安知其不以正字爲訓。而必以至字爲義乎。如以至字爲義者。必曰窮至事物之理。而後其說始通。是其用功之要。全在一窮字。用力之地。全在一理字也。若上去一窮。下去一理字。而直曰致知在至物。其可通乎。夫窮理盡性。聖人之成訓。見於繫辭者也。苟格物之說而果卽窮理之義。則聖人何不直曰致知在窮理。而必爲此轉折不完之語。以啓後世之弊邪。蓋大學格物之說。自與繫辭窮理大旨雖同。而微有分辨。窮理者。兼格致誠正而爲功也。故言窮理。則格致誠正之功。皆在其中。言格物。則必兼舉致知誠意正心。而後其功始備而密。今偏舉格物而遂謂之窮理。此所以專以窮理屬知。而謂格物未嘗有行。非惟不得格物之旨。并窮理之義而失之矣。此後世之學所以析知行爲先後兩截。日以支離決裂。而聖學益以殘晦者。其端實始於此。吾子蓋亦未免承沿積習。見則以爲於道未盡深。恐不爲過矣。

來書云。謂致知之功將如何爲溫凊。如何爲奉養。卽是誠意。非別有所謂格物。此亦恐非。此乃吾子自以己意揣度鄙見而爲是說。非鄙人之所以告吾子者矣。若果如吾子之言。寧復有可通乎。蓋鄙人之見。則謂意欲溫凊。意欲奉養者。所謂意也。而未可謂之誠意。必實行其溫凊奉養之意。務求自慊而無自欺。然後謂之誠意。知如何而爲溫凊之節。知如何而爲奉養之宜者。所謂知也。而未可謂之致知。必致其知如何爲溫凊之節者之知。而實以之溫凊。致其知如何爲奉養之宜者之知。而實以之奉養。然後謂之致知。溫凊之事。奉養之事。所謂物也。而未可謂之格物。必其於溫凊之事也。一如其良知之所知。當如何爲溫凊之節者。而爲之。無一毫之不盡。於奉養之事也。一如其良知之所知。當如何爲奉養之宜者而爲之。無一毫之不盡。然後謂之格物。溫凊之物格。然後知溫凊之良知始致。奉養之物格。然後知奉養之良知始致。故曰物格而後知至。致其知溫凊之良知。而後溫凊之意始誠。致其知奉養之良知。而後奉養之意始誠。故曰知至而後意誠。此區區誠意致知格物之說。蓋如此。吾子更熟思之。將亦無可疑者矣。

來書云。道之大端。易於明白。所謂良知良能。愚夫愚婦可與及者。至於節目時變之詳。毫釐千里之謬。必待學而後知。今語孝於溫凊定省。孰不知之。至於舜之不告而娶。武之不葬而興師。養志養口。小杖大杖。割股廬墓等事。處常處變。過與不及之間。必須討論是非。以爲制事之本。然後心體無蔽。臨事無失。

道之大端。易於明白。此語誠然。顧後之學者。忽其易於明白者而弗由。而求其難於明白者以爲學。此其所以道在邇而求諸遠。事在易而求諸難也。孟子云。夫道若大路。然豈難知哉。人病不由耳。良知良能。愚夫愚婦與聖人同。但惟聖人能致其良知。而愚夫愚婦不能致。此聖愚之所由分也。節目時變。聖人夫豈不知。但不專以此爲學。而其所謂學者。正惟致其良知。以精察此心之天理。而與後世之學不同耳。吾子未暇良知之致。而汲汲焉顧是之憂。此正求其難於明白者以爲學之弊也。夫良知之於節目時變。猶規矩尺度之於方圓長短也。節目時變之不可預定。猶方圓長短之不可勝窮也。故規矩誠立。則不可欺以方圓。而天下之方圓不可勝用矣。尺度誠陳。則不可欺以長短。而天下之長短不可勝用矣。良知誠致。則不可欺以節目時變。而天下之節目時變不可勝應矣。毫釐千里之謬。不於吾心良知一念之微而察之。亦將何所用其學乎。是不以規矩而欲定天下之方圓。不以尺度而欲盡天下之長短。吾見其乖張謬戾。日勞而無成也已。吾子謂語孝於溫凊定省。孰不知之。然而能致其知者鮮矣。若謂粗知溫凊定省之儀節。而遂謂之能致其知。則凡知君之當仁者。皆可謂之能致其仁之知知臣之當忠者皆可謂之能致其忠之知則天下孰非致知者邪以是而言可以知致知之必在於行而不行之不可以爲致知也明矣知行合一之體不益較然矣乎夫舜之不告而娶豈舜之前已有不告而娶者爲之準則故舜得以考之何典問諸何人而爲此邪抑亦求諸其心一念之良知權輕重之宜不得已而爲此邪武之不葬而興師豈武之前已有不葬而興師者爲之準則故武得以考之何典問諸何人而爲此邪抑亦求諸其心一念之良知權輕重之宜不得已而爲此邪使舜之心而非誠於爲無後武之心而非誠於爲救民則其不告而娶與不葬而興師乃不孝不忠之大者而後之人不務致其良知以精察義理於此心感應酬酢之間顧欲懸空討論此等變常之事執之以爲制事之本以求臨事之無失其亦遠矣其餘數端皆可類推則古人致知之學從可知矣

來書云謂大學格物之說專求本心猶可牽合至於六經四書所載多聞多見前言往行好古敏求博學審問溫故知新博學詳說好問好察是皆明白求於事爲之際資於論說之間者用功節目固不容紊矣

格物之義前已詳悉牽合之疑想已不俟復解矣至於多聞多見乃孔子因子張之務外好高徒欲以多聞多見爲學而不能求諸其心以闕疑殆此其言行所以不免於尤悔而所謂見聞者適以資其務外好高而已蓋所以救子張多聞多見之病而非以是敎之爲學也夫

子嘗曰。蓋有不知而作之者。我無是也。是猶孟子是非之心。人皆有之之義也。此言正所以明德性之良知。非由於聞見耳。若曰多聞擇其善者而從之。多見而識之。則是專求諸見聞之末。而已落在第二義矣。故曰知之次也。夫以見聞之知爲次。則所謂知之上者。果安所指乎。是可以窺聖門致知用力之地矣。夫子謂子貢曰。賜也。汝以予爲多學而識之者歟。非也。予一以貫之。使誠在於多學而識。則夫子胡乃謬爲是說。以欺子貢者邪。一以貫之。非致其良知而何。易曰。君子多識前言往行。以畜其德。夫以畜其德爲心。則凡多識前言往行者。孰非畜德之事。此正知行合一之功矣。好古敏求者。好古人之學。而敏求此心之理耳。心卽理也。學者學此心也。求者求此心也。孟子云。學問之道無他。求其放心而已矣。非若後世廣記博誦古人之言詞。以爲好古。而汲汲然惟以求功名利達之具於其外者也。博學審問。前言已盡。温故知新。朱子亦以温故屬之尊德性矣。德性豈可以外求哉。惟夫知新必由於温故。而温故乃所以知新。則亦可以驗知行之非兩節矣。博學而詳說之者。將以反說約也。若無反約之云。則博學詳說者。果何事邪。舜之好問好察。惟以用中。而致其精一於道心耳。道心者。良知之謂也。君子之學。何嘗離去事爲而廢論說。但其從事於事爲論說者。要皆知行合一之功。正所以致其本心之良知。而非若世之徒事口耳談說以爲知者。分知行爲兩事。而果有節目先後之可言也。

來書云。楊墨之爲仁義。鄉愿之辭忠信。堯舜子之之禪讓。湯武楚項之放伐。周公莽操之攝輔。謾無印正。又焉適從。且於古今事變。禮樂名物。未嘗考識。使國家欲興明堂。建辟雍。制曆律。草封禪。又將何所致其用乎。故論語曰。生而知之者。義理耳。若夫禮樂名物。古今事變。亦必待學而後有以驗其行事之實。此則可謂定論矣。

所喻楊墨鄉愿堯舜子之湯武楚項周公莽操之辨。與前舜武之論。大略可以類推。古今事變之疑。前於良知之說。已有規矩尺度之喻。當亦無俟多贅矣。至於明堂辟雍諸事。似尚未容於無言者。然其說甚長。姑就吾子之言而取正焉。則吾子之惑。將亦可以少釋矣。夫明堂辟雍之制。始見於呂氏之月令。漢儒之訓疏。六經四書之中。未嘗詳及也。豈呂氏漢儒之知乃賢於三代之賢聖乎。齊宣之時。明堂尚未有毀。則幽厲之世。周之明堂皆無恙也。堯舜茅茨土階。明堂之制未必備。而不害其爲治。幽厲之明堂。固猶文武成康之舊。而無救於其亂。何邪。豈能以不忍人之心。而行不忍人之政。則雖茅茨土階。固亦明堂也。以幽厲之心。而行幽厲之政。則雖明堂。亦暴政所自出之地也。武帝肇講於漢。而武后盛作於唐。其治亂何如邪。天子之學曰辟雍。諸侯之學曰泮宮。皆象地形而爲之名耳。然三代之學。其要皆所以明人倫。非以辟不辟泮不泮爲重輕也。孔子云。人而不仁。如禮何。人而不仁。如樂何。制禮作樂。必具中和之德。聲爲律而身爲度者。然後可以語此。若夫器數之末。樂工之事。祝史之守。故曾子曰。君子所貴乎道者三。籩豆之事。則有司存也。堯命羲和欽若昊天。曆象日月星辰。其重在於敬授人時也。舜在璿璣玉衡。其重在於以齊七政也。是皆汲汲然以仁民之心而行其養民之政。治曆明時之本。固在於此也。羲和曆數之學。皋契未必能之也。禹稷未必能之也。堯舜之知而不徧物。雖堯舜亦未必能之也。然至於今循羲和之法而世修之。雖曲知小慧之人。星術淺陋之士。亦能推步占候而無所忒。則是後世曲知小慧之人。反賢於禹稷堯舜者邪。封禪之說。尤爲不經。是乃後世佞人諛士所以求媚於其上。倡爲誇侈以蕩君心而靡國費。蓋欺天罔人無恥之大者。君子之所不道。司馬相如之所以見譏於天下後世也。吾子乃以是爲儒者所宜學。殆亦未之思邪。夫聖人之所以爲聖者。以其生而知之也。而釋論語者曰。生而知之者。義理耳。若夫禮樂名物。古今事變。亦必待學而後有以驗其行事之實。夫禮樂名物之類。果有關於作聖之功也。而聖人亦必待學而後能知焉。則是聖人亦不可以謂之生知矣。謂聖人爲生知者。專指義理而言。而不以禮樂名物之類。則是禮樂名物之類無關於作聖之功矣。聖人之所以謂之生知者。專指義理而不以禮樂名物之類。則是學而知之者。亦惟當學知此義理而已。困而知之者。亦惟當困知此義理而已。今學者之學聖人。於聖人之所能知者。未能學而知之。而顧汲汲焉求知聖人之所不能知者以爲學。無乃失其所以希聖之方歟。凡此皆就吾子之所惑者而稍爲之分釋。未及乎拔本塞源之論也。

夫拔本塞源之論不明於天下。則天下之學聖人者將日繁日難。斯人淪於禽獸夷狄。而猶自以爲聖人之學。吾之說雖或暫明於一時。終將凍解於西而冰堅於東。霧釋於前而雲滃於後。呶呶焉危困以死。而卒無救於天下之分毫也已。夫聖人之心。以天地萬物爲一體。其視天下之人。無外內遠近。凡有血氣。皆其昆弟赤子之親。莫不欲安全而敎養之。以遂其萬物一體之念。天下之人心。其始亦非有異於聖人也。特其間於有我之私。隔於物欲之蔽。大者以小。通者以塞。人各有心。至有視其父子兄弟如仇讎者。聖人有憂之。是以推其天地萬物一體之仁以敎天下。使之皆有以克其私。去其蔽。以復其心體之同然。其敎之大端。則堯舜禹之相授受。所謂道心惟微。惟精惟一。允執厥中。而其節目。則舜之命契。所謂父子有親。君臣有義。夫婦有別。長幼有序。朋友有信。五者而已。唐虞三代之世。敎者惟以此爲敎。而學者惟以此爲學。當是之時。人無異見。家無異習。安此者謂之聖。勉此者謂之賢。而背此者。雖其啟明如朱。亦謂之不肖。下至閭井田野農工商賈之賤。莫不皆有是學。而惟以成其德行爲務。何者。無有聞見之雜。記誦之煩。辭章之靡濫。功利之馳逐。而但使之孝其親。弟其長。信其朋友。以復其心體之同然。是蓋性分之所固有。而非有假於外者。則人亦孰不能之乎。學校之中。惟以成德爲事。而才能之異。或有長於禮樂。長於政敎。長於水土播植者。則就其成德。而因使益精其能於學校之中。迨夫舉德而任。則使之終身居其職而不易。用之者惟知同心一德。以共安天下之民。視才之稱否。而不以崇卑爲重輕。勞逸爲美惡。效用者亦惟知同心一德。以共安天下之民。苟當其能。則終身處於煩劇。而不以爲勞。安於卑瑣。而不以爲賤。當是之時。天下之人。熙熙皥皥。皆相視如一家之親。其才質之下者。則安其農工商賈之分。各勤其業。以相生相養。而無有乎希高慕外之心。其才能之異。若皐夔稷契者。則出而各效其能。若一家之務。或營其衣食。或通其有無。或備其器用。集謀幷力。以求遂其仰事俯育之願。惟恐當其事者之或怠。而重己之累也。故稷勤其稼。而不恥其不知教。視契之善教。卽己之善教也。夔司其樂。而不恥於不明禮。視夷之通禮。卽己之通禮也。蓋其心學純明。而有以全其萬物一體之仁。故其精神流貫。志氣通達。而無有乎人己之分。物我之間。譬之一人之身。目視耳聽。手持足行。以濟一身之用。目不恥其無聽。而耳之所涉。目必營焉。足不恥其無執。而手之所探。足必前焉。蓋其元氣充周。血脈條暢。是以痒痾呼吸。感觸神應。有不言而喩之妙。此聖人之學。所以至易至簡。易知易從。學易能而才易成者。正以大端惟在復心體之同然。而知識技能。非所與論也。三代之衰。王道熄而霸術焻。孔孟旣沒。聖學晦而邪說橫。教者不復以此爲教。而學者不復以此爲學。霸者之徒。竊取先王之近似者。假之於外。以內濟其私己之欲。天下靡然而宗之。聖人之道。遂以蕪塞。相倣相效。日求所以富強之說。傾詐之謀。攻伐之計。一切欺天罔人。苟一時之得。以獵取聲利之術。若管商蘇張之屬者。至不可名數。既其久也。鬬爭劫奪。不勝其禍。斯人淪於禽獸夷狄。而霸術亦有所不能行矣。世之儒者。慨然悲傷。蒐獵先聖王之典章法制。而掇拾修補於煨燼之餘。蓋其爲心良亦欲以輓回先王之道。聖學既遠。霸術之傳。積漬已深。雖在賢知。皆不免於習染。其所以講明修飾。以求宣暢光復於世者。僅足以增霸者之藩籬。而聖學之門牆。遂不復可覩。於是乎有訓詁之學。而傳之以爲名。有記誦之學。而言之以爲博。有詞章之學。而侈之以爲麗。若是者紛紛籍籍。羣起角立於天下。又不知其幾家。萬徑千蹊。莫知所適。世之學者。如入百戲之場。讙謔跳踉。騁奇鬬巧。獻笑爭妍者。四面而競出。前瞻後盼。應接不遑。而耳目眩瞀。精神恍惑。日夜遨遊淹息其間。如病狂喪心之人。莫自知其家業之所歸。時君世主。亦皆昏迷顛倒於其說。而終身從事於無用之虛文。莫自知其所謂。間有覺其空疏謬妄。支離牽滯。而卓然自奮。欲以見諸行事之實者。極其所抵。亦不過爲富强功利五霸之事業而止。聖人之學。日遠日晦。而功利之習。愈趨愈下。其間雖嘗瞽惑於佛老。而佛老之說。卒亦未能有以勝其功利之心。雖又嘗折衷於羣儒。而羣儒之論。終亦未能有以破其功利之見。蓋至於今。功利之毒。淪浹於人之心髓。而習以成性也。幾千年矣。相矜以知。相軋以勢。相爭以利。相高以技能。相取以聲譽。其出而仕也。理錢穀者。則欲兼夫兵刑。典禮樂者。又欲與於銓軸。處郡縣。則思藩臬之高。居臺諫。則望宰執之要。故不能其事。則不得以兼其官。不通其說。則不可以要其譽。記誦之廣。

適以長其敖也。知識之多。適以行其惡也。聞見之博。適以肆其辨也。辭章之富。適以飾其僞也。是以皐夔稷契所不能兼之事。而今之初學小生皆欲通其說究其術。其稱名僭號。未嘗不曰吾欲以共成天下之務。而其誠心實意之所在。以爲不如是則無以濟其私而滿其欲也。嗚呼。以若是之積染。以若是之心志。而又講之以若是之學術。宜其聞吾聖人之敎。而視之以爲贅疣枘鑿。則其以良知爲未足。而謂聖人之學爲無所用。亦其勢有所必至矣。嗚呼。士生斯世。而尙何以求聖人之學乎。尙何以論聖人之學乎。士生斯世。而欲以爲學者。不亦勞苦而繁難乎。不亦拘滯而險艱乎。嗚呼。可悲也已。所幸天理之在人心。終有所不可泯。而良知之明。萬古一日。則其聞吾拔本塞源之論。必有惻然而悲。戚然而痛。憤然而起。沛然若決江河。而有所不可禦者矣。非夫豪傑之士。無所待而興起者。吾誰與望乎。

答羅整庵少宰書

某頓首啟。昨承敎及大學。發舟匆匆。未能奉答。曉來江行稍暇。復取手敎而讀之。恐至贛後人事復紛沓。先具其略以請。來敎云。見道固難。而體道尤難。道誠未易明。而學誠不可不講。恐未可安於所見。而遂以爲極則也。幸甚幸甚。何以得聞斯言乎。其敢自以爲極則而安之乎。正思就天下之有道以講明之耳。而數年以來。聞其說而非笑之者有矣。詬訾之者有矣。置之不足較量辨議之者有矣。其肯遂以敎我乎。其肯遂以敎我而反覆曉諭。惻然惟恐不及敎正之乎。然則天下之愛我者。固莫有如執事之心深且至矣。感激當何如哉。夫德之不修。學之不講。孔子以爲憂。而世之學者。稍能傳習訓詁。卽皆自以爲知學。不復有所謂講學之求。可悲矣。夫道必體而後見。非已見道而後加體道之功也。道必學而後明。非外講學而復有所謂明道之事也。然世之講學者有二。有講之以身心者。有講之以口耳者。講之以口耳。揣摸測度。求之影響者也。講之以身心。行著習察。實有諸己者也。知此則知孔門之學矣。來敎謂某大學古本之復。以人之爲學。但當求之於內。而程朱格物之說。不免求之於外。遂去朱子之分章。而削其所補之傳。非敢然也。學豈有內外乎。大學古本乃孔門相傳舊本耳。朱子疑其有所脫誤。而改正補緝之。在某則謂其本無脫誤。悉從其舊而已矣。失在於過信孔子則有之。非故去朱子之分章而削其傳也。夫學貴得之心。求之於心而非也。雖其言之出於孔子。不敢以爲是也。而況其未及孔子者乎。求之於心而是也。雖其言之出於庸常。不敢以爲非也。而況其出於孔子者乎。且舊本之傳數千載矣。今讀其文詞。旣明白而可通。論其工夫。又易簡而可入。亦何所按據而斷其此段之必在於彼。彼段之必在於此。與此之如何而缺。彼之如何而補。而遂改正補緝之。無乃重於背朱而輕於叛孔已乎。來敎謂如必以學不資於外求。但當反觀內省以爲務。則正心誠意四字。亦何不盡之有。何必於入門之際。便困以格物一段工夫也。誠然誠然。若語其要。則修身二字亦足矣。何必又言正心。正心二字亦足矣。何必又言誠意。誠意二字亦足矣。何必又言致知。又言格物。惟其工夫之詳密。而要之只是一事。此所以爲精一之學。此正不可不思者也。夫理無內外。性無內外。故學無內外。講習討論。未嘗非內也。反觀內省。未嘗遺外也。夫謂學必資於外求。是以己性爲有外也。是義外也。用智者也。謂反觀內省爲求之於內。是以己性爲有內也。是有我也。自私者也。是皆不知性之無內外也。故曰精義入神。以致用也。利用安身。以崇德也。性之德也。合內外之道也。此可以知格物之學矣。格物者。大學之實下手處。徹首徹尾。自始學至聖人。只此工夫而已。非但入門之際有此一段也。夫正心誠意致知格物。皆所以修身。而格物者其所用力日可見之地。故格物者。格其心之物也。格其意之物也。格其知之物也。正心者。正其物之心也。誠意者。誠其物之意也。致知者。致其物之知也。此豈有內外彼此之分哉。理一而已。以其理之凝聚而言。則謂之性。以其凝聚之主宰而言。則謂之心。以其主宰之發動而言。則謂之意。以其發動之明覺而言。則謂之知。以其明覺之感應而言。則謂之物。故就物而言謂之格。就知而言謂之致。就意而言謂之誠。就心而言謂之正。正者正此也。誠者誠此也。致者致此也。格者格此也。皆所謂窮理以盡性也。天下無性外之理。無性外之物。學之不明。皆由世之儒者認理爲外。認物爲外。而不知義外之說。孟子蓋嘗闢之。乃至襲陷其內而不覺。豈非亦有似是而難明者歟。不可以不察也。凡執事所以致疑於格物之說者。必謂其是內而非外也。必謂其專事於反觀內省之爲而遺棄其講習討論之功也。必謂其一意於綱領本原之約。而脫略於支條節目之詳也。必謂其沈溺於枯槁虛寂之偏而不盡於物理人事之變也。審如是。豈但獲罪於聖門。獲罪於朱子。是邪說誣民叛道亂正人得而誅之也。而況於執事之正直哉。審如是。世之稍明訓詁聞先哲之緒論者皆知其非也。而況執事之高明哉。凡某之所謂格物。其於朱子九條之說皆包羅統括於其中。但爲之有要作用不同正所謂毫釐之差耳。然毫釐之差而千里之謬實起於此。不可不辨。孟子闢楊墨至於無父無君。二子亦當時之賢者。使與孟子並世而生。未必不以之爲賢。墨子兼愛行仁而過耳。楊子爲我行義而過耳。此其爲說亦豈滅理亂常之甚而足以眩天下哉。而其流之弊。孟子至比於禽獸夷狄。所謂以學術殺天下後世也。今世學術之弊其謂之學仁而過者乎。謂之學義而過者乎。抑謂之學不仁不義而過者乎。吾不知其於洪水猛獸何如也。孟子云予豈好辯哉。予不得已也。楊墨之道塞天下。孟子之時天下之尊信楊墨當不下於今日之崇尙朱說而孟子獨以一人呶呶於其間。噫可哀矣。韓氏云。佛老之害甚於楊墨。韓愈之賢不及孟子。孟子不能救之於未壞之先。而韓愈乃欲全之於已壞之後。其亦不量其力且見其身之危莫之救以死也。嗚呼若某者其尤不量其力果見其身之危莫之救以死也矣。夫衆方嘻嘻之中而獨出涕嗟。若舉世恬然以趨。而獨疾首蹙額以爲憂。此其非病狂喪心殆必誠有大苦者隱於其中。而非天下之至仁。其孰能察之。其爲朱子晚年定論。蓋亦不得已而然。中間年歲早晚。誠有所未考。雖不必盡出於晚年。固多出於晚年者矣。然大意在委曲調停以明此學爲重。平生於朱子之說。如神明蓍龜。一旦與之背馳。心誠有所未忍。故不得已而爲此。知我者謂我心憂。不知我者謂我何求。蓋不忍牴牾朱子者。其本心也。不得已而與之牴牾者。道固如是。不直則道不見也。執事所謂決與朱子異者。僕敢自欺其心哉。夫道。天下之公道也。學。天下之公學也。非朱子可得而私也。非孔子可得而私也。天下之公也。公言之而已矣。故言之而是。雖異於己。乃益於己也。言之而非。雖同於己。適損於己也。益於己者。己必喜之。損於己者。己必惡之。然則某今日之論。雖或與朱子異。未必非其所喜也。君子之過。如日月之食。其更也。人皆仰之。而小人之過也必文。某雖不肖。固不敢以小人之心事朱子也。執事所以教反覆數百言。皆以未悉鄙人格物之說。若鄙說一明。則此數百言。皆可以不待辨說而釋然無滯。故今不敢縷縷以滋瑣屑之瀆。然鄙說非面陳口析。斷亦未能了了於紙筆間也。嗟乎。執事所以開導啟迪於我者。可謂懇到詳切矣。人之愛我。寧有如執事者乎。僕雖甚愚下。寧不知所感刻佩服。然而不敢遽舍其中心之誠。然而姑以聽受云者。正不敢有負於深愛。亦思有以報之耳。秋盡東還。必求一面。以卒所請。千萬終教。

教條示龍場諸生

諸生相從於此。甚盛。恐無能爲助也。以四事相規。聊以答諸生之意。一曰立志。二曰勤學。三曰改過。四曰責善。其慎聽毋忽。

立志

志不立。天下無可成之事。雖百工技藝。未有不本於志者。今學者曠廢隳惰。玩歲愒時。而百無所成。皆由於志之未立耳。故立志而聖。則聖矣。立志而賢。則賢矣。志不立。如無舵之舟。無銜之馬。漂蕩奔逸。終亦何所底乎。昔人有言。使爲善而父母怒之。兄弟怨之。宗族鄉黨賤惡之。如此而不爲善可也。爲善則父母愛之。兄弟悅之。宗族鄉黨敬信之。何苦而不爲善爲君子。使爲惡而父母愛之。兄弟悅之。宗族鄉黨敬信之。如此而爲惡可也。爲惡則父母怒之。兄弟怨之。宗族鄉黨賤惡之。何苦而必爲惡爲小人。諸生念此。亦可以知所立志矣。

勤學

已立志爲君子。自當從事於學。凡學之不勤。必其志之尙未篤也。從吾遊者。不以聰慧警捷爲高。而以勤確謙抑爲上。諸生試觀儕輩之中。苟有虛而爲盈。無而爲有。諱己之不能。忌人之有善。自矜自是。大言欺人者。使其人資稟雖甚超邁。儕輩之中。有弗疾惡之者乎。有弗鄙賤之者乎。彼固將以欺人。人果遂爲所欺。有弗竊笑之者乎。苟有謙默自持。無能自處。篤志力行。勤學好問。稱人之善。而咎己之失。從人之長。而明己之短。忠信樂易。表裏一致者。使其人資稟雖甚魯鈍。儕輩之中。有弗稱慕之者乎。彼固以無能自處。而不求上人。人果遂以彼爲無能。有弗敬尚之者乎。諸生觀此。亦可以知所從事於學矣。

改過

夫過者。自大賢所不免。然不害其卒爲大賢者。爲其能改也。故不貴於無過。而貴於能改過。諸生自思平日。亦有缺於廉恥忠信之行者乎。亦有薄於孝友之道。陷於狡詐偸刻之習者乎。諸生殆不至於此。不幸或有之。皆其不知而誤蹈。素無師友之講習規飭也。諸生試內省。萬一有近於是者。固亦不可以不痛自悔咎。然亦不當以此自歉。遂餒於改過從善之心。但能一旦脫然洗滌舊染。雖昔爲寇盜。今日不害爲君子矣。若曰吾昔已如此。今雖改過而從善。將人不信我。且無贖於前過。反懷羞澀凝沮。而甘心於汚濁終焉。則吾亦絕望爾矣。

責善

責善。朋友之道。然須忠告而善道之。悉其忠愛。致其婉曲。使彼聞之而可從。繹之而可改。有所感而無所怒。乃爲善耳。若先暴白其過惡。痛毀極詆。使無所容。彼將發其愧恥憤恨之心。雖欲降以相從。而勢有所不能。是激之而使爲惡矣。故凡訐人之短。攻發人之陰私。以沽直者。皆不可以言責善。雖然。我以是而施於人不可也。人以是而加諸我。凡攻我之失者。皆我師也。安可以不樂受而心感之乎。某於道未有所得。其學鹵莽耳。謬爲諸生相從於此。每終夜以思惡且未免況於過乎人謂事師無犯無隱而遂謂師無可諫非也諫師之道直不至於犯而婉不至於隱耳使吾而是也因得以明其是吾而非也因得以去其非蓋教學相長也諸生責善當自吾始

示弟立志說

予弟守文來學告之以立志守文因請次第其語使得時時觀省且請淺近其辭則易於通曉也因書以與之夫學莫先於立志志之不立猶不種其根而徒事培擁灌溉勞苦無成矣世之所以因循苟且隨俗習非而卒歸於污下者凡以志之弗立也故程子曰有求爲聖人之志然後可與共學人苟誠有求爲聖人之志則必思聖人之所以爲聖人者安在非以其心之純乎天理而無人欲之私歟聖人之所以爲聖人惟以其心之純乎天理而無人欲則我之欲爲聖人亦惟在於此心之純乎天理而無人欲耳欲此心之純乎天理而無人欲則必去人欲而存天理務去人欲而存天理則必求所以去人欲而存天理之方求所以去人欲而存天理之方則必正諸先覺考之古訓而凡所謂學問之功者然後可得而講而亦有所不容已矣夫所謂正諸先覺者既以其人爲先覺而師之矣則當專心致志惟先覺之爲聽言有不合不得棄置必從而思之思之不得又從而辯之務求了釋不敢輒生疑惑故記曰師嚴然後道尊道尊然後民知敬學苟無尊崇篤信之心則必有輕忽慢易之意言之而

聽之不審。猶不聽也。聽之而思之不愼。猶不思也。是則雖曰師之。猶不師也。夫所謂考諸古訓者。聖賢垂訓。莫非教人去人欲而存天理之方。若五經四書是已。吾惟欲去吾之人欲存吾之天理。而不得其方。是以求之於此。則其展卷之際。眞如飢者之於食。求飽而已。病者之於藥。求愈而已。暗者之於燈。求照而已。跛者之於杖。求行而已。曾有徒事記誦講說。以資口耳之弊哉。夫立志亦不易矣。孔子聖人也。猶曰。吾十有五而志于學。三十而立。立者志立也。雖至於不踰矩。亦志之不踰矩也。志豈可易而視哉。夫志氣之帥也。人之命也。木之根也。水之源也。源不濬則流息。根不植則木枯。命不續則人死。志不立則氣昏。是以君子之學。無時無處而不以立志爲事。正目而視之。無他見也。傾耳而聽之。無他聞也。如貓捕鼠。如雞覆卵。精神心思。凝聚融結。而不復知有其他。然後此志常立。神氣淸明。義理昭著。一有私欲。卽便知覺。自然容住不得矣。故凡一毫私欲之萌。只責此志不立。卽私欲便退聽。一毫客氣之動。只責此志不立。卽客氣便消除。或怠心生。責此志。卽不怠。忽心生。責此志。卽不忽。懆心生。責此志。卽不懆。妬心生。責此志。卽不妬。忿心生。責此志。卽不忿。貪心生。責此志。卽不貪。傲心生。責此志。卽不傲。吝心生。責此志。卽不吝。蓋無一息而非立志責志之時。無一事而非立志責志之地。故責志之功。其於去人欲。有如烈火之燎毛。太陽一出。而魍魎潛消也。自古聖賢因時立教。雖若不同。其用功大指無或少異。書謂惟精惟一。易謂敬以直內。義以方外。孔子謂格致誠正。博文約禮。曾子謂忠恕。子思謂尊德性而道問學。孟子謂集義養氣。求其放心。雖若人自爲說。有不可强同者。而求其要領歸宿。合若符契。何者。夫道一而已。道同則心同。心同則學同。其卒不同者。皆邪說也。後世大患。尤在無志。故今以立志爲說。中間字字句句。莫非立志。蓋終身問學之功。只是立得志而已。若以是說而合精一。則字字句句。皆精一之功。以是說而合敬義。則字字句句。皆敬義之功。其諸格致博約忠恕等說。無不脗合。但能實心體之。然後信予言之非妄也。

諭泰和楊茂 其人聾啞。自候門求見。先生以字問。茂以字答。

你口不能言是非。你耳不能聽是非。你心還能知是非否。答曰。知。如此。你口雖不如人。你耳雖不如人。你心還與人一般。茂時首肯拱謝。大凡人只是此心。此心若能存天理。是箇聖賢的心。口雖不能言。耳雖不能聽。也是箇不能言不能聽的聖賢。心若不存天理。是箇禽獸的心。口雖能言。耳雖能聽。也只是箇能言能聽的禽獸。茂時扣胸指天。你如今於父母。但盡你心的孝。於兄長但盡你心的敬。於鄉黨鄰里宗族親戚。但盡你心的謙和恭順。見人怠慢。不要嗔怪。見人財利。不要貪圖。但在裏面行你那是的心。莫行你那非的心。縱使外面人說你是。也不須聽。說你不是。也不須聽。茂時首肯拜謝。你口不能言是非。省了多少閑是非。你耳不能聽是非。省了多少閑是非。凡說是非。便生是非。生煩惱。聽是非。便添是非。添煩惱。你口不能說。你耳不能聽。省了多少閑是非。省了多少閑煩惱。你比別人到快活自在了許多。茂時扣胸指天躃地。我如今教你但終日行你的心。不消口裏說。但終日聽你的心。不消耳裏聽。茂時頓首再拜而已。

客坐私祝

但願温恭直諒之友。來此講學論道。示以孝友謙和之行。德業相勸。過失相規。以教訓我子弟。使毋陷於非僻。不願狂悖惰慢之徒。來此博弈飲酒。長傲飾非。導以驕奢淫蕩之事。誘以貪財黷貨之謀。冥頑無恥。扇惑鼓動。以益我子弟之不肖。嗚呼由前之說。是謂良士。由後之說。是謂凶人。我子弟苟遠良士而近凶人。是謂逆子。戒之戒之。嘉靖丁亥八月。將有兩廣之行。書此以戒我子弟。并以告夫士友之辱臨於斯者。請一覽教之。

書顧維賢卷

維賢以予將遠去。持此卷求書警戒之辭。只此警戒二字。便是予所最丁寧者。今時朋友大患不能立志。是以因循懈弛。散漫度日。若立志則警戒之意。當自有不容已。故警戒者。立志之輔。能警戒則學問思辯之功。切磋琢磨之益。將日新又新。沛然莫之能禦矣。程先生云。學者爲氣所勝。習所奪。只好責志。又云。凡爲詩文亦喪志。又言且省外事。但明乎善。惟盡誠心。其文章雖不中不遠矣。所守不約。泛濫無功。學問之道。四書中備矣。後儒之論。未免互有得失。其得者不能出於四書之外。失者遂有毫釐千里之謬。故莫如專求之四書。四書之言簡實。苟以忠信進德之心求之。亦自明白易見。與不善人居。如入鮑魚之肆。久而不覺其臭。則與之俱化。孔子大聖。尚賴三益之資。致三損之戒。吾儕從事於學。顧隨俗同汙。不思輔仁之友。欲求致道。恐無是理矣。非笑詆毀。聖賢所不免。伊川有涪州之行。孔子尚微服過宋。今日風俗益偷。人心日以淪溺。苟欲自立。違俗拂衆。指摘非笑。紛然而起。勢所必至。亦多由所養未深。高自標榜。所致學者便不當自立門戶。以招謗速毀。亦不當故避非毀。同流合汚。維賢溫雅。朋友中最爲難得。似非微失之弱。恐詆笑之來。不能無動。纔爲所動。卽依阿隱忍。久將淪胥以溺。每到此便須反身痛自切責。爲己之志未能堅定。亦便志氣激昂奮發。但知明己之善。立己之誠。以求快足乎己。豈暇顧人非笑指摘。故學者只須責自家爲己之志未能堅定。志苟堅定。則非笑詆毀。不足動搖。反皆爲砥礪切磋之地矣。今時人多言人之非毀。亦當顧恤。此皆隨俗習非之久。相沿其說。莫知以爲非。不知裏許盡是私意。爲害不小。不可以不察也。

稽山書院尊經閣記

經。常道也。其在於天。謂之命。其賦於人。謂之性。其主於身。謂之心。心也。性也。命也。一也。通人物。達四海。塞天地。亙古今。無有乎弗具。無有乎弗同。無有乎或變者也。是常道也。其應乎感也。則爲惻隱。爲羞惡。爲辭讓。爲是非。其見於事也。則爲父子之親。爲君臣之義。爲夫婦之別。

爲長幼之序。爲朋友之信。是惻隱也。羞惡也。辭讓也。是非也。是親也。義也。序也。別也。信也。一也。皆所謂心也。性也。命也。通人物達四海塞天地亙古今無有乎弗具無有乎弗同無有乎或變者也。是常道也。是常道也。以言其陰陽消息之行焉則謂之易。以言其紀綱政事之施焉則謂之書。以言其歌詠性情之發焉則謂之詩。以言其條理節文之著焉則謂之禮。以言其欣喜和平之生焉則謂之樂。以言其誠僞邪正之辯焉則謂之春秋。是陰陽消息之行也。以至於誠僞邪正之辯也。一也。皆所謂心也。性也。命也。通人物達四海塞天地亙古今無有乎弗具無有乎弗同無有乎或變者也。夫是之謂六經。六經者非他吾心之常道也。故易也者志吾心之陰陽消息者也。書也者志吾心之紀綱政事者也。詩也者志吾心之歌詠性情者也。禮也者志吾心之條理節文者也。樂也者志吾心之欣喜和平者也。春秋也者志吾心之誠僞邪正者也。君子之於六經也。求之吾心之陰陽消息而時行焉。所以尊易也。求之吾心之紀綱政事而時施焉。所以尊書也。求之吾心之歌詠性情而時發焉。所以尊詩也。求之吾心之條理節文而時著焉。所以尊禮也。求之吾心之欣喜和平而時生焉。所以尊樂也。求之吾心之誠僞邪正而時辯焉。所以尊春秋也。蓋昔者聖人之扶人極憂後世而述六經也。猶之富家者之父祖。慮其產業庫藏之積。其子孫者或至於遺忘散失卒困窮而無以自全也。而記籍其家之所有以貽之。使之世守其產業庫藏之積而享用焉。以免於困窮之患。故六經者。吾心之記籍也。而六經之實。則具於吾心。猶之產業庫藏之實積。種種色色。具存於其家。其記籍者。特名狀數目而已。而世之學者。不知求六經之實於吾心。而徒考索於影響之間。牽制於文義之末。硜硜然以爲是六經矣。是猶富家之子孫。不務守視享用其產業庫藏之實積。日遺忘散失。至於窶人丐夫。而猶囂囂然指其記籍曰。斯吾產業庫藏之積也。何以異於是。嗚呼。六經之學。其不明於世。非一朝一夕之故矣。尚功利。崇邪說。是謂亂經。習訓詁。傳記誦。沒溺於淺聞小見。以塗天下之耳目。是謂侮經。侈淫辭。競詭辯。飾姧心盜行。逐世壟斷。而猶自以爲通經。是謂賊經。若是者。是幷其所謂記籍者而割裂棄毀之矣。寧復知所以爲尊經也乎。越城舊有稽山書院。在臥龍西岡。荒廢久矣。郡守渭南南君大吉。既敷政於民。則慨然悼末學之支離。將進之以聖賢之道。於是使山陰令吳君瀛。拓書院而一新之。又爲尊經之閣於其後。曰。經正則庶民興。庶民興斯無邪慝矣。閣成。請予一言。以諗多士。予既不獲辭。則爲記之若是。嗚呼。世之學者。得吾說而求諸其心焉。其亦庶乎知所以爲尊經也矣。

傳習錄十二則

愛因未會先生知行合一之訓。與宗賢惟賢往復辯論。未能決。以問於先生。先生曰。試舉看。愛曰。如今人儘有知得父當孝兄當弟者。卻不能孝不能弟。便是知與行分明是兩件。先生曰。此已被私欲隔斷。不是知行的本體了。未有知而不行者。知而不行。只是未知。聖賢教人知行。正是安復那本體。不是著你只恁的便罷。故大學指箇眞知行與人看。說如好好色。如惡惡臭。見好色屬知。好好色屬行。只見那好色時已自好了。不是見了後又立箇心去好。聞惡臭屬知。惡惡臭屬行。只聞那惡臭時已自惡了。不是聞了後別立箇心去惡。如鼻塞人雖見惡臭在前。鼻中不曾聞得。便亦不甚惡。亦只是不曾知臭。就如稱某人知孝。某人知弟。必是其人已曾行孝行弟。方可稱他知孝知弟。不成只是曉得說些孝弟的話。便可稱爲知孝弟。又如知痛。必已自痛了。方知痛。知寒。必已自寒了。知飢。必已自飢了。知行如何分得開。此便是知行的本體。不曾有私意隔斷的。聖人教人。必要是如此。方可謂之知。不然。只是不曾知。此卻是何等緊切著實的工夫。如今苦苦定要說知行做兩箇。是甚麼意。某要說做一箇是甚麼意。若不知立言宗旨。只管說一箇兩箇。亦有甚用。愛曰。古人說知行做兩箇。亦是要人見箇分曉。一行做知的工夫。一行做行的工夫。卽工夫始有下落。先生曰。此卻失了古人宗旨也。某嘗說知是行的主意。行是知的工夫。知是行之始。行是知之成。若會得時。只說一箇知。已自有行在。只說一箇行。已自有知在。古人所以旣說一箇知。又說一箇行者。只爲世間有一種人。懵懵懂懂的任意去做。全不解思惟省察。也只是箇冥行妄作。所以必說箇知。方纔行得是。又有一種人。茫茫蕩蕩懸空去思索。全不肯著實躬行。也只是箇揣摸影響。所以必說一箇行方纔知得眞。此是古人不得已補偏救弊的說話。若見得這箇意時。卽一言而足。今人卻就將知行分作兩件去做。以爲必先知了。然後能行。我如今且去講習討論做知的工夫。待知得眞了。方去做行的工夫。故遂終身不行。亦遂終身不知。此不是小病痛。其來已非一日矣。某今說箇知行合一。正是對病的藥。又不是某鑿空杜撰。知行本體原是如此。今若知得宗旨時。卽說兩箇亦不妨。亦只是一箇。若不會宗旨。便說一箇亦濟得甚事。只是閒說話。

愛問文中子韓退之。先生曰。退之文人之雄耳。文中子賢儒也。後人徒以文詞之故。推尊退之。其實退之去文中子遠甚。愛問何以有擬經之失。先生曰。擬經恐未可盡非。且說後世儒者著述之意。與擬經如何。愛曰。世儒著述。近名之意不無。然期以明道。擬經純若爲名。先生曰。著述以明道。亦何所效法。曰。孔子刪述六經以明道也。先生曰。然則擬經獨非效法孔子乎。愛曰。著述卽於道有所發明。擬經似徒擬其迹。恐於道無補。先生曰。子以明道者。使其反朴還淳。而見諸行事之實乎。抑將美其言辭。而徒以譊譊於世也。天下之大亂。由虛文勝而實行衰也。使道明於天下。則六經不必述。刪述六經。孔子不得已也。自伏羲畫卦。至於文王周公。其間言易。如連山歸藏之屬。紛紛籍籍。不知其幾。易道大亂。孔子以天下好文之風日盛。知其說之將無紀極。於是取文王周公之說而贊之。以爲惟此爲得其宗。於是紛紛之說盡廢。而天下之言易者始一。書詩禮樂春秋皆然。書自典謨以後。詩自二南以降。如九邱八索。一切淫哇逸蕩之詞。蓋不知其幾千百篇。禮樂之名物度數。至是亦不可勝窮。孔子皆刪削而述正之。然後其說始廢。如書詩禮樂中。孔子何嘗加一語。今之禮記諸說。皆後儒附會而成。已非孔子之舊。至於春秋。雖稱孔子作之。其實皆魯史舊文。所謂筆者筆其舊。所謂削者削其繁。是有減無增。孔子述六經。懼繁文之亂天下。惟簡之而不得。使天下務去其文以求其實。非以文教之也。春秋以後。繁文益廣。天下益亂。始皇焚書得罪。是出於私意。又不合焚六經。若當時志在明道。其諸反經叛理之說。悉取而焚之。亦正暗合刪述之意。自秦漢以降。文又日盛。若欲盡去之。斷不能去。只宜取法孔子。錄其近是者而表章之。則其諸怪悖之說。亦宜漸漸自廢。不知文中子當時擬經之意如何。某切深有取於其事。以為聖人復起。不能易也。天下所以不治。只因文盛實衰。人出己見。新奇相高。以眩俗取譽。徒以亂天下之聰明。塗天下之耳目。使天下靡然。爭務修飾文詞。以求知於世。而不復知有敦本尚實反樸還淳之行。是皆著述者有以啟之。愛曰。著述亦有不可缺者。如春秋一經。若無左傳。恐亦難曉。先生曰。春秋必待傳後明。是歇後謎語矣。聖人何苦為此艱深隱晦之詞。左傳多是魯史舊文。若春秋須此而後明。孔子何必削之。愛曰。伊川亦云。傳是案。經是斷。如書弒某君伐某國。若不明其事。恐亦難斷。先生曰。伊川此言。恐亦是相沿世儒之說。未得聖人作經之意。如書弑君。即弑君便是罪。何必更問其弑君之詳。征伐當自天子出。書伐國。即伐國便是罪。何必更問其伐國之詳。聖人述六經。只是要正人心。只是要存天理。去人欲。於存天理去人欲之事。則嘗言之。或因人請問。各隨分量而說。亦不肯多道。恐人專求之言語。故曰予欲無言。若是一切縱人欲。滅天理的事。又安肯詳以示人。是長亂導奸也。故孟子云。仲尼之門無道桓文之事者。是以後世無傳焉。此便是孔門家法。世儒只講得一箇伯者的學問。所以要知得許多陰謀詭計。純是一片功利的心。與聖人作經的意思正相反。如何思量得通。因嘆曰。此非達天德者未易與言此也。又曰。孔子云。吾猶及史之闕文也。孟子云。盡信書不如無書。吾於武成取二三策而已。孔子刪書。於唐虞夏四五百年間。不過數篇。豈更無一事。而所述止此。聖人之意可知矣。聖人只是要刪去繁文。後儒卻只要添上。愛曰。聖人作經。只是要去人欲。存天理。如五伯以下事。聖人不欲詳以示人。則誠然矣。至如堯舜以前事。如何略不少見。先生曰。羲皇之世。其事闊疏。傳之者鮮矣。此亦可以想見其時全是淳龐樸素。略無文采的氣象。此便是太古之治。非後世可及。愛曰。如三墳之類。亦有傳者。孔子何以刪之。先生曰。縱有傳者。亦於世變漸非所宜。風氣益開。文采日勝。至於周末。雖欲變以夏商之俗。已不可輓。況唐虞乎。又況羲皇之世乎。然其治不同。其道則一。孔子於堯舜則祖述之。於文武則憲章之。文武之法。即是堯舜之道。但因時致治。其設施政令。已自不同。即夏商事業。施之於周。已有不合。故周公思兼三王。其有不合。仰而思之。夜以繼日。況太古之治。豈復能行。斯固聖人之所可略也。又曰專事無爲。不能如三王之因時致治。而必欲行以太古之俗。卽是佛老的學術。因時致治。不能如三王之一本於道。而以功利之心行之。卽是伯者以下事業。後世儒者許多講來講去。只是講得箇伯術。

愛曰。先儒論六經。以春秋爲史。史專記事。恐與五經事體終或稍異。先生曰。以事言謂之史。以道言謂之經。事卽道。道卽事。春秋亦經。五經亦史。易是包犧氏之史。書是堯舜以下史。禮樂是三代史。其事同。其道同。安有所謂異。

又曰。五經亦只是史。史以明善惡。示訓戒。善可爲訓者。時存其迹以示法。惡可爲戒者。存其戒而削其事以杜奸。愛曰。存其迹以示法。亦是存天理之本然。削其事以杜奸。亦是遏人欲於將萌否。先生曰。聖人作經。固無非是此意。然又不必泥著文句。愛又問。惡可爲戒者存其戒而削其事以杜奸。何獨於詩而不刪鄭衞。先儒謂惡者可以懲創人之逸志。然否。先生曰。詩非孔門之舊本矣。孔子云。放鄭聲。鄭聲淫。又曰。惡鄭聲之亂雅樂也。鄭衞之音。亡國之音也。此是孔門家法。孔子所定三百篇。皆所謂雅樂。皆可奏之郊廟。奏之鄉黨。皆所以宣暢和平。涵泳德性。移風易俗。安得有此。是長淫導奸矣。此必秦火之後。世儒附會。以足三百篇之數。蓋淫泆之詞。世俗多所喜傳。如今閭巷皆然。惡者可以懲創人之逸志。是求其說而不得從而爲之辭。

知者行之始。行者知之成。聖學只一箇功夫。知行不可分作兩事。

問知至然後可以言誠意。今天理人欲知之未盡。如何用得克己工夫。先生曰。人若眞實切己用功不已。則於此心天理之精微。日見一日。私欲之細微。亦日見一日。若不用克己工夫。終日只是說話而已。天理終不自見。私欲亦終不自見。如人走路一般。走得一段方認得一段。走到歧路處。有疑便問。問了又走。方漸能到得欲到之處。今人於已知之天理不肯存。已知之人欲不肯去。且只管愁不能盡知。只管閒講。何益之有。且待克得自己無私可克。方愁不能盡知。亦未遲在。

問名物度數。亦須先講求否。先生曰。人只要成就自家心體。則用在其中。如養得心體。果有未發之中。自然有發而中節之和。自然無施不可。苟無是心。雖預先講得世上許多名物度數。與己原不相干。只是裝綴臨時自行不去。亦不是將名物度數全然不理。只要知所先後。則近道。又曰。人要隨才成就。才是其所能爲。如夔之樂。稷之種。是他資性合下便如此。成就之者。亦只是要他心體純乎天理。其運用處皆從天理上發來。然後謂之才。到得純乎天理處。亦能不器。使夔稷易藝而爲。當亦能之。又曰。如素富貴行乎富貴。素患難行乎患難。皆是不器。此惟養得心體正者能之。

蔡希淵問文公大學新本先格致而後誠意工夫似與首章次第相合。若如先生從舊本之說。卽誠意反在格致之前。於此尚未釋然。先生曰。大學工夫卽是明明德。明明德只是箇誠意。誠意的工夫只是格物致知。若以誠意爲主。去用格物致知的工夫。卽工夫始有下落。卽爲善去惡無非是誠意的事。如新本先去窮格事物之理。卽茫茫蕩蕩都無著落處。須用添箇敬字。方才牽扯得向身心上來。然終是沒根源。若須用添箇敬字。緣何孔門倒將一箇最緊要的字落了。直待千餘年後要人來補出。正謂以誠意爲主。卽不須添箇敬字。所以提出箇誠意來說。正是學問的大頭腦處。於此不察。直所謂毫釐之差。千里之謬。大抵中庸工夫只是誠身。誠身之極。便是至誠。大學工夫只是誠意。誠意之極。便是至善。工夫總是一般。今說這裏補箇敬字。那裏補箇誠字。未免畫蛇添足。

有一屬官因久聽講先生之學。曰。此學甚好。只是簿書訟獄繁難。不得爲學。先生聞之曰。我何嘗敎爾離了簿書訟獄懸空講學。爾既有官司之事。便從官司的事上爲學。纔是眞格物。如問一詞訟。不可因其應對無狀。起箇怒心。不可因他言語圓轉。生箇喜心。不可惡其囑託。加意治之。不可因其請求。屈意從之。不可因自己事務煩冗。隨意苟且斷之。不可因旁人譖毀羅織。隨人意思處之。這許多意思皆私。只爾自知。須精細省察克治。惟恐此心有一毫偏倚。杜人是非。這便是格物致知。簿書訟獄之間。無非實學。若離了事物爲學。卻是著空。

朱本思問人有虛靈。方有良知。若草木瓦石之類。亦有良知否。先生曰。人的良知。就是草木瓦石的良知。若草木瓦石無人的良知。不可以爲草木瓦石矣。豈惟草木瓦石爲然。天地無人的良知。亦不可爲天地矣。蓋天地萬物。與人原是一體。其發竅之最精處。是人心一點靈明。風雨露雷日月星辰禽獸草木山川土石。與人原只一體。故五穀禽獸之類。皆可以養人。藥石之類。皆可以療疾。只爲同此一氣。故能相通耳。

問大人與物同體。如何大學又說箇厚薄。先生曰。惟是道理自有厚薄。比如身是一體。把手足捍頭目。豈是偏要薄手足。其道理合如此。禽獸與草木同是愛的。把草木去養禽獸。又忍得。人與禽獸同是愛的。宰禽獸以養親與供祭祀燕賓客。心又忍得。至親與路人同是愛的。如簞食豆羹。得則生。不得則死。不能兩全。寧救至親。不救路人。心又忍得。這是道理合該如此。及至吾身與至親。更不得分別彼此厚薄。蓋以仁民愛物。皆從此出。此處可忍。更無所不忍矣。大學所謂厚薄。是良知上自然的條理。不可踰越。此便謂之義。順這箇條理。便謂之禮。知此條理。便謂之智。終始是這條理。便謂之信。

問古人論性。各有異同。何者乃爲定論。先生曰。性無定體。論亦無定體。有自本體上說者。有自發用上說者。有自源頭上說者。有自流弊處說者。總而言之。只是一箇性。但所見有淺深爾。若執定一邊。便不是了。性之本體。原是無善無惡的。發用上也原是可以爲善。可以爲不善的。其流弊也原是一定善一定惡的。譬如眼有喜時的眼。有怒時的眼。直視就是看的眼。微覷就是覷的眼。總而言之。只是這箇眼。若見怒時眼。就說未嘗有喜的眼。見得看時眼。就說未嘗有覷的眼。皆是執定。就知是錯。孟子說性。直從源頭上說來。亦是說箇大概如此。荀子性惡之說。是從流弊上說來。也未可盡說他不是。只是見得未精耳。衆人則失了心之本體。問孟子從源頭上說性。要人用功在源頭上明徹。荀子從流弊說性。功夫只在末流上救正。便費力了。先生曰。然。

一六八

興圖兵潘鎮団縣

理學治要卷二

宋元以來各家論學名著

邵雍

宋范陽人。字堯夫。讀書蘇門山百源上。北海李之才攝共城令。授以圖書先天象數之學。（宋史儒林傳謂之才學易於穆修。修受之种放。放受之陳摶。）神契妙悟。多所自得。寓洛四十年。富弼。司馬光。呂公著。退居洛中。恆相從遊。程顥兄弟皆以父執事之。雍名其居曰安樂窩。自號安樂先生。卒年六十七。賜謚康節。著有擊壤詩。專以韻語述懷。淺率之中。饒有理趣。為後世理學家所宗。又有皇極經世。舊列儒家。清四庫以其說借易以推衍。而實無關於易。乃改隸術數類。

擊壤集詩四十八首

物理人情自可明。何嘗慼慼問平生。卷舒在我有成算。用捨隨時無定名。滿目雲山俱是樂。一毫榮辱不須驚。侯門見說深如海。三十年來掉臂行。（龍門道中作）

無位立事難。逢時建功易。求全自有毀。舉大須略細。去惡慮傷恩。存惡憂害義。徒有仁者心。殊無仁者意。（答人書言）

年來得疾號詩狂。每度詩狂必命觴。樂道襟懷忘檢束。任真言語省思量。賓朋款密過從久。雲水優閑興味長。始信淵明深意在。北窗當日比羲皇。（後園即事）

仁者難逢思有常。平居愼勿恃無傷。爭先徑路機關惡。退後語言滋味長。爽口物多須作疾。快心事過必爲殃。與其疾後能求藥。不若病前能自防。仁者吟

生平不作皺眉事。天下應無切齒人。斷送落花安用雨。裝添舊物豈須春。幸逢堯舜爲眞主。且放巢由作外臣。六十病夫宜揣分。監司無用苦開陳。詔三下答鄉人不起之意

人生憂不足。足外更何求。吾身雖未足。亦也卻無憂。天和將酒養。眞樂用詩勾。不信年光會。催人早白頭。逍遙吟

物如善得終爲美。事到巧圖安有公。不作風波於世上。自無冰炭到胸中。災殃秋葉霜前墜。富貴春華雨後紅。造化分明人莫會。花榮消得幾何功。安樂窩中自貽

吾常好樂樂。所樂無害義。樂天四時好。樂地百物備。樂人有美行。樂己能樂事。此數樂之外。更樂微微醉。樂樂吟

善惡無佗在所存。小人君子此中分。改圖不害爲君子。迷復終歸作小人。良藥有功方利病。白圭無玷始稱珍。欲成令器須追琢。過失如何不就新。誡子吟

雞職在司晨。犬職在守禦。二者皆有功。一歸於報主。我飢亦享食。我寒亦受衣。如何無纖毫。功德補於時。知幸吟

天意無佗只自然。自然之外更無天。不欺誰怕居暗室。絕利須求在一源。未喫力時猶有說。

到收功處更何言。聖人能事人難繼。無價明珠正在淵。天意吟

爲人能了自家身。千萬人中有一人。雖用知如未知說。在乎行與不行分。該通始謂才中秀。傑出方名席上珍。善惡一何相去遠。也由資性也由勤。教子吟

安有太平人不平。人心平處固無爭。棊中機械不願看。琴裏語言時喜聽。少日挂心唯帝典。老年留意只義經。自知別得收功處。松桂隆冬始見青。

松桂隆冬始見青。蒿萊盛夏亦能榮。光陰去後繩難繫。利害在前人必爭。萬事莫於疑處動。一身常向吉中行。人心相去無多遠。安有太平人不平。以上旋風二首

心安身自安。身安室自寬。心與身俱安。何事能相干。誰謂一身小。其安若泰山。誰謂一室小。寬如天地間。心安吟

何故謂之詩。詩者言其志。既有言成章。遂道心中事。不止鍊其辭。抑亦鍊其意。鍊辭得奇句。鍊意得餘味。論詩吟

人之爲善事。善事義當爲。金石猶能動。鬼神其可欺。事須安義命。言必道肝脾。莫問身之外。人知與不知。爲善吟

欲作一男子。須了四般事。財能使人貪。色能使人嗜。名能使人矜。勢能使人倚。四患既都去。豈在塵埃裏。男子吟

未見希夷眞。未見希夷蹟。止聞希夷名。希夷心未識。
及見希夷蹟。又見希夷眞。始知今與古。天下長有人。
希夷眞可觀。希夷墨可傳。希夷心一片。不可得而言。（以上觀陳希夷先生眞及墨蹟三首）

松桂操行。鶯花文才。江山氣度。風月情懷。借爾面貌。假爾形骸。弄丸餘暇。閑往閑來。（丸謂太極。自作眞贊）

財利爲先。筆舌用事。饑饉相仍。盜賊蜂起。孝悌爲先。日月長久。時和歲豐。延年益壽。（治亂吟）

老者得其養。幼者得其仰。勞者得其餉。死者得其葬。（太平吟）

下有黃泉上有天。人人許住百來年。還知虛過死萬漏。都似不曾生一般。要識明珠須巨海。如求良玉必名山。先能了盡世間事。然後方言出世間。（極論）

安莫安於王政平。樂莫樂於年穀登。王政不平年不登。窩中何由得康寧。（安樂窩銘）

飽食豐衣不易過。日長時節奈愁何。求名少日投宣聖。怕死老年親釋迦。妄欲斷緣緣愈重。徼求去病病還多。長江一片常如練。幸自無風又起波。（學佛吟）

一歲之事愼在春。一日之事愼在晨。一生之事愼在少。一端之事愼在新。（觀事吟）

君子與義。小人與利。與義日興。與利日廢。
君子尙德。小人尙力。尙德樹恩。尙力樹敵。

君子作福。小人作威。作福福至。作威禍隨。

君子樂善。小人樂惡。樂惡惡至。樂善善歸。

君子好譽。小人好毀。好毀人怒。好譽人喜。

君子思興。小人思壞。思興召祥。思壞召怪。

君子好與。小人好求。好與多喜。好求多憂。

君子好生。小人好殺。好生道行。好殺道絕。以上君子吟八首

爽口之物少茹。爽心之行少慮。爽意之言少語。爽身之事少做。爽口吟

不多求故得。不雜學故明。欲得心常明。無過用至誠。至誠吟

平生無苦吟。書翰不求深。行筆因調性。成詩爲寫心。詩揚心造化。筆發性園林。所樂樂吾樂。樂而安有淫。無苦吟

所謂十分人。須有十分眞。非爲能寫字。非謂能爲文。非謂眉目秀。非謂衣服新。欲行人世上。直須先了身。

所謂十分人。須有十分事。事苟不十分。終是未完備。事父盡其心。事兄盡其意。事君盡其忠。事師盡其義。以上十分吟二首

多事招憂。多疑招悶。多與招吝。多取招損。多事吟

君子處身。寧人負己。己無負人。小人處事。寧己負人。無人負己。處身吟

居暗觀明。居靜觀動。居簡觀繁。居輕觀重。所居者寡。所觀則衆。匪居匪觀。衆寡何用。觀物吟

詩者人之志。非詩志莫傳。人和心盡見。天與意相連。論物生新句。評文起雅言。興來如宿構。未始用雕鐫。談詩吟

時難得而易失。心雖悔而何追。不知老之已至。不知志與願違。得失吟

身生天地後。心在天地前。天地自我出。自餘何足言。自餘吟

堯夫非是愛吟詩。詩是堯夫漸老時。每用風騷觀物體。卻因言語漏天機。林間車馬自稀到。塵外盃觴不浪飛。六十一年無事客。堯夫非是愛吟詩。首尾吟

司馬光

陝州夏縣涑水鄉人。字君實。歷仕仁宗英宗至神宗時。以議王安石新法之害。不合。出居洛。哲宗卽位。光入爲相。盡改新法。旋卒。年六十八。贈太師溫國公。諡文正。光學行誠篤。操守廉潔。自謂平生無事不可對人言。爲宋代名臣。純儒之表率。著有溫公易說書儀資治通鑑潛虛傳家集等種。

答劉蒙書

昔張伯松語陳孟公曰。人各有性。長短自裁。子欲爲我。亦不能。吾而效子。亦敗矣。馬文淵戒兄子。欲其效龍伯高之周慎謙儉。不欲其效杜季良。憂人之憂。樂人之樂也。光愚無似。何足以望萬一於古人。然私心所慕者。伯松伯高。而不敢爲孟公季良之行也。況幼時始能言。則

誦儒書習謹敕。長而爲吏。則讀律令。守繩墨。齪齪然爲鄙細之人。側足於庸俗之間。不爲雄俊奇偉之士所齒目。爲日久矣。不意去歲足下自大河之北。洋洋而來。遊於京師。負其千鎰之寶。欲求良工大賈而售之。乃幸顧於陋巷。因得竊讀足下之文。窺足下之志。文甚高。志甚大。語古則浩博而淵微。論今則明切而精至。誠不能不口誇而心服。譬如窶人之子。終日環繞愛玩。咨嗟傳布。訖無一錢敢問其直之高下。亦終於無益而已矣。今者足下忽以親之無以養。兄之無以葬。弟妹嫂姪之無以恤。策馬裁書。千里渡河。指某以爲歸。且曰以鬻一下婢之資五十萬畀之。足以周事。何足下見期待之厚。而不相知之深也。光得不駭且疑乎。方今豪傑之士。內則充朝廷。外則布郡縣。力有餘而人可仰者。爲不少矣。足下莫之取。乃獨左顧而抵於不肖。豈非見期待之厚哉。光雖竊託迹於侍從之臣。月俸不及數萬。爨桂炊玉。晦朔不相續。居京師已十年。囊儲舊物皆竭。安所取五十萬以佐從者之蔬糲乎。夫君子雖樂施予。亦必己有餘。然後能及人。就其有餘。亦當先親而後疏。先舊而後新。光得侍足下裁周歲不得見不過四五。而遽以五十萬奉之。其餘親戚故舊不可勝數。將何以待之乎。光家居食不敢常有肉。衣不敢純衣帛。何敢以五十萬市一婢乎。而足下忽以此責之。豈非不相知之深哉。光視地而後敢行。頓足而後敢立。足下一旦待之爲陳孟公杜季良之徒。光能無駭乎。足下服儒衣。談孔顏之道。啜菽飲水。足以盡歡於親。簞食瓢飲。足以致樂於身。而遑遑焉以貧乏有求於人。光能無疑乎。足下又責以韓退之所爲。若光者何人。敢望韓退之哉。韓退之能爲文。其文爲天下貴。凡當時王公大人廟碑墓碣。靡不請焉。故受其厚謝。隨復散之於親舊。此其所以能行義也。若光者何人。敢望退之哉。光自結髮以來。雖能行無所然。實不敢錙銖妄取於人。此衆人所知也。取之也廉。則其施之人也靳。亦其理宜也。若既求其取之廉。又責其施之厚。是二行者。誠難得而兼矣。足下又欲使光取之於佗人。其尤不可之大也。微生高乞醯於鄰人以應求者。孔子以爲不直。況己不能施而斂之於人。以爲己惠。豈不害於恕乎。足下之命。既不克承。又費辭以釋之。其爲罪尤深。足下所稱韓退之。亦云文章不足以發足下之事業。錢財不足以賄左右之匱急。捆載而往。垂橐而歸。足下亮之而已。

訓儉示康

吾本家寒。世以清白相承。吾性不喜華靡。自爲乳兒。長者加以金銀華美之服。輒羞赧棄去之。二十忝科名。聞喜宴獨不戴花。同年曰。君賜不可違也。乃簪一花。平生衣取蔽寒。食取充腹。亦不敢服垢敝以矯俗干名。但順吾性而已。衆人皆以奢靡爲榮。吾心獨以儉素爲美。人皆嗤吾固陋。吾不以爲病。應之曰。孔子稱與其不遜也寧固。又曰。以約失之者鮮矣。又曰。士志於道。而恥惡衣惡食者。未足與議也。古人以儉爲美德。今人乃以儉相詬病。嘻。異哉。近歲風俗尤爲侈靡。走卒類士服。農夫躡絲履。吾記天聖中。先公爲郡牧判官。客至未嘗不置酒。

或三行五行。多不過七行。酒酤於市。果止於梨栗棗柿之類。殽止於脯醢菜羹。器用甆漆。當時士大夫家皆然。人不相非也。會數而禮勤。物薄而情厚。近日士大夫家酒非內法。果殽非遠方珍異。食非多品。器皿非滿案。不敢會賓友。常數日營聚。然後敢發書。苟或不然。人爭非之。以爲鄙吝。故不隨俗靡者蓋鮮矣。嗟乎風俗頹敝如是。居位者雖不能禁。忍助之乎。昔李文靖公爲相。治居第於封邱門內。廳事前僅容旋馬。或言其太隘。公笑曰。居第當傳子孫。此爲宰相廳事誠隘。爲太祝奉禮廳事已寬矣。參政魯公爲諫官。眞宗遣使急召之。得於酒家。既入。問其所來。以實對。上曰。卿爲清望官。奈何飲於酒肆。對曰。臣家貧。客至無器皿殽果。故就酒家觴之。上以無隱。益重之。張文節爲相。自奉養如爲河陽掌書記時。所親或規之曰。公今受俸不少。而自奉若此。公雖自信清約。外人頗有公孫布被之譏。公宜少從衆。公歎曰。吾今日之俸。雖舉家錦衣玉食。何患不能。顧人之常情。由儉入奢易。由奢入儉難。吾今日之俸豈能常有。身豈能常存。一旦異於今日。家人習奢已久。不能頓儉。必致失所。豈若吾居位去位。身在身亡。常如一日乎。嗚呼。大賢之深謀遠慮。豈庸人所及哉。

呂大鈞　汲郡人。徙藍田。字和叔。嘉祐進士。從張載學。能守其師說。兄弟四人。長大忠。字進伯。次大防。字微仲。皆仕於神宗朝。敢言有爲。三郎大鈞。四大臨。字與叔。先後從張載二程學。兄弟同居。相切磋。論道考禮。冠婚喪祭一本於古。關中化之。

呂氏鄉約 據朱熹增删本照錄

凡鄉之約四。一曰德業相勸。二曰過失相規。三曰禮俗相交。四曰患難相恤。衆推有齒德者一人爲都約正。有學行者二人副之。約中月輪一人爲直月。都副正不與。置三籍。凡願入約者書於一籍。德業可勸者書於一籍。過失可規者書於一籍。直月掌之。月終則以告於約正而授於其次。

德業相勸。

見善必行。　聞過必改。　能治其身。　能治其家。
能事父兄。　能待妻妾。　能教子弟。　能御童僕。
能事長上。　能睦親故。　能擇交遊。　能守廉介。
能廣施惠。　能受寄託。　能救患難。　能導人爲善。
能規人過失。　能爲人謀事。　能爲衆集事。　能解鬬爭。
能決是非。　能興利除害。　能居官舉職。

至於讀書。治田。營家。濟物。畏法令。謹租賦。好禮樂射御書數之類。皆可爲之。非此之類。皆爲無益。

右件德業。同約之人。各自進修。互相勸勉。會集之日。相與推其能者。書於籍。以警勵其不能者。

過失相規。犯義之過六、不修之過五、

酗博鬭訟。酗謂縱酒喧競、博謂賭博財物、鬭謂鬭毆罵詈、訟謂告人罪惡、意在害人、誣賴爭訴、得已不已者、若事干負累、及爲人侵損而訴之者非、

行止踰違。踰禮違法、衆惡皆是、

行不恭遜。侮慢齒德者、持人短長者、恃強陵人者、知過不改、聞諫愈甚者、

言不忠信。或爲人謀事、陷人於惡、或與人要約、退即背之、或妄說事端、熒惑衆聽者、

造言誣毀。誣人過惡、以無爲有、以小爲大、面是背非、或作嘲詠匿名文書、及發揚人之私隱、無狀可求、及喜談人之舊過者、

營私太甚。與人交易、傷於揹克者、專務進取、不恤餘事者、無故而好干求假貸者、受人寄託而有所欺者、○以上犯義之過、

交非其人。所交不限士庶、但凶惡及游惰無行、衆所不齒者、而己朝夕與之遊處、則爲交非其人、若不得已而暫往還者非、

游戲怠惰。游謂無故出入、及謁見人、止務閒適者、戲謂戲笑無度、及意在侵侮、或馳馬擊鞠、而不賭財物者、怠惰謂不修事業、及家事不治、門庭不潔者、

動作無儀。謂進退太疎野、及不恭者、不當言而言、及當言而不言者、衣冠太華飾、及全不完整者、不衣冠而入街市者、

臨事不恪。主事廢忘、期會後時、臨事怠惰者、

用度不節。謂不計有無、過爲多費者、不能安貧、非道營求者、○以上不修之過、

右件過失。同約之人。各自省察。互相規戒。小則密規之。大則衆戒之。不聽。則會集之日。直月告於約正。約正以義理誨諭之。謝過請改。則書於籍以俟。其爭辨不服。與終不能

改者。聽其出約。

禮俗相交。

尊幼輩行。與父同行，及長於己三十歲以上曰尊者，長於己十歲以上，與兄同行曰長者，年上下不滿十歲曰敵者，少於己十歲以下曰少者，少於己二十歲以下曰幼者，○以上凡五等，

造請拜揖。凡少者幼者於尊者長者，歲首冬至四孟月朔，辭見賀謝，皆爲禮見，此外候問起居，質疑白事，及赴請召，皆爲燕見。尊者受謁不報，長者歲首冬至具牓子報之，餘令子弟以己名牓子代行。○凡敵者歲首冬至辭見賀謝相往還。○凡見尊者長者，門外下馬，侯於外次，升堂禮見，四拜，燕見不拜，退則主人送於廡下。○凡見敵者，門外下馬，侯於廡下，禮見則再拜，退則主人請就階上馬。

請召迎送。凡請尊長飲食，親往投書，既來赴，明日親往謝之，召敵者以書簡，明日交使相謝，召少者用客目，明日客親往謝。○凡聚會皆鄉人，則坐以齒，若有親，則別敍，若有他客有爵者，則坐以爵，若特請召，或迎勞出餞，皆以專召者爲上客，如婚禮，則姻家爲上客，皆不以齒爵爲序。○凡有遠出遠歸者，則迎送之，或五里三里，各期會於一處，有飲食則就飲食之，少者以下，侯其既歸，又至其家省之。

慶弔贈遺。凡同約有吉事則慶之，有凶事則弔之，每家只家長一人，與同約者俱往，其書問亦如之。若家長有故，或與所慶弔者不相接，則其次者當之。○凡慶禮如常儀，有贈物，或其家力有不足，則爲之借助器用，及爲營幹。○凡弔禮，初喪未易服，則率同約深衣往哭之，且助其凡百經營之事，主人成服，則相率素服，具酒果食物往奠之，及葬，又相率致賻，侯發引，則素服而送之。○凡喪家不可具酒食衣服以待弔客，弔客亦不可受。

右禮俗相交之事，直月主之，有期日者爲之期日，當糾集者督其違慢。凡不如約者，以告於約正而告之，且書於籍。

患難相恤。

水火。小則遣人救之、甚則親往、多率人救、且弔之、

盜賊。近者同力追捕、有力者爲告之官司、其家貧則爲之助出募賞、

疾病。小則遣人問之、甚則爲訪醫藥、貧則助其養疾之費、

死喪。闕人則助其幹辦、乏財則賻贈借貸、

孤弱。孤遺無依者、若能自贍、則爲之區處、稽其出內、或聞於官司、或擇人教之、及爲求婚姻、貧者協力濟之、無令失所、有侵欺之者、力爲辯理、稍長而放逸不檢、亦防察約束之、無令陷於不義。

誣枉。有爲人誣枉過惡、不能自伸者、勢可以聞於官府、則爲言之、有方略可以救解、則爲解之、或其家因而失所者、衆共以財濟之、

貧乏。有安貧守分、而生計大不足者、衆以財濟之、或爲之假貸置產、以歲月償之、

右患難相恤之事。凡同約者。財物器用車馬人僕。皆有無相假。若不急之用。及有所妨者。則不必借。可借而不借。及踰期不還。及損壞借物者。書於籍。鄰里或有緩急。雖非同約而聞知。亦當救助。或不能救助。則爲之告於同約而謀之。有能如此者。則亦書其善於籍以告鄉人。

李侗　南劍人。字愿中。年二十四。聞郡人羅從彥得河洛之學。遂從受業。朱熹少嘗師之。侗之言曰。學問之道。不在多言。但默坐澄心體認天理。久之則自覺天下之理賅攝洞貫。以次融釋。各有條序。世稱延平先生。卒年七十一。

諡文靖李延平答問及語錄。

謁羅從彥書

侗聞之。天下有三本焉。父生之。師敎之。君治之。闕其一則本不立。古之聖賢。莫不有師。其肄業之勤惰。涉道之淺深。求益之先後。若存若亡。其詳不可得而考。惟洙泗之間。七十二弟子之徒。議論問答。具在方册。有足稽焉。是得夫子而益明矣。孟氏之後。道失其傳。枝分派別。自立門戶。天下眞儒不復見於世。其聚徒成羣。所以相傳授者。句讀文義而已爾。謂之熄焉可也。其惟先生服膺龜山先生之講席有年矣。況嘗及伊川先生之門。得不傳之道於千五百年之後。性明而修。行完而潔。擴之以廣大。體之以仁恕。精深微妙。各極其至。漢唐諸儒無近似者。至於不言而飮人以和。與人並立而使人化。如春風發物。蓋亦莫知其所以然也。凡讀聖賢之書。粗有識見者。孰不願得授經門下。以質所疑。至於異端之人。固當置而勿論也。侗之愚鄙。徒以習舉子業。不得服役於門下。而今日拳拳欲求敎者。以謂所求有大於利祿也。抑侗聞之。道可以治心。猶食之充飽。衣之禦寒也。人有迫於飢寒之患者。皇皇焉爲衣食之謀。造次顚沛。未始忘也。至於心之不治。有沒世不知慮。豈愛心不若口體哉。弗思甚矣。侗不量資質之陋。徒以祖父以儒學起家。不忍墜箕裘之業。孜孜矻矻。爲利祿之學。雖知眞儒有作。聞風而起。固不若先生親炙之得於動靜語默之間。目擊而意全也。今生二十有四歲。茫乎未有所止。燭理未明。而是非無以辨。宅心不廣。而喜怒易以搖。操履不完。而悔吝多。精神不充。而智巧襲揀焉。而不淨守焉。而不敷朝夕恐懼。不啻如飢寒切身者。求充飢禦寒之具也。不然。安敢以不肖之身為先生之累哉

胡宏 崇安人。字仁仲。安國子。幼事楊時侯仲良。而卒傳其父之學。優游衡山下二十餘年。玩心神明。不舍晝夜。張栻師事之。紹興中。以蔭補承務郎。不調。秦檜死。宏被召。以疾辭。著書曰知言。栻謂其言約義精。道學之樞要。制治之蓍龜。有詩文集皇王大紀。學者稱五峯先生。（案胡宏之論心性。在宋代別為一派。不與程門同趣。故朱熹嘗與呂祖謙及宏門人張栻互相辨論。作知言疑義。附於卷後。今采知言。卽以朱熹已作疑義者錄前。無疑義者隸之。俾學者瞭然於當時學派之異同。而考其得失焉。）

知言節錄 附朱熹疑義

天命之謂性。性。天下之大本也。堯舜禹湯文武仲尼六君子。先後相詔。必曰心。而不曰性。何也。曰。心也者。知天地宰萬物以成性者也。六君子盡心者也。故能立天下之大本。人至於今賴焉。不然。異端並作。物從其類而瓜分。孰能一之。

熹謂以成性者也。此句可疑。欲作而統性情也。如何。栻曰。統字亦恐未安。欲作而主性情。如何。

熹謂所改主字極有功。然凡言刪改者。亦且是私竊講貫議論。以為當如此耳。未可遽塗

其本編也。如何。熹按孟子盡心之意。正謂私意脫落。衆理貫通。盡得此心無盡之體。而自其擴充。則可以卽事卽物。而無不盡其全體之用焉爾。但人雖能盡得此體。然存養不熟。而於事物之間。一有所蔽。則或有不得盡其用者。故孟子旣言盡心知性。又言存心養性。蓋欲此體常存。而卽事卽物。各用其極。無有不盡。夫以大學之序言之。則盡心知性者。致知格物之事。存心養性。若誠意正心之事。而夭壽不貳。修身以俟之者。修身以下之事也。此其次序甚明。皆學者之事也。然程子盡心知性。不假存養。其唯聖人乎者。蓋惟聖人則合下盡得此體。而用處自然無所不盡。中間更不須下存養充擴節次功夫。然程子之意。亦指夫始條理者而爲言。非便以盡心二字就功用上說也。今觀此書之言盡心。大抵皆就功用上說。又便以爲聖人之事。竊疑未安。舊說未明、今別改定如此、

祖謙曰。成性固可疑。然今所改定。乃兼性情而言。則與本文設問不相應。來諭以盡心爲集大成者之始條理。則非不可以爲聖人事。但胡子下者也兩字。卻似斷定爾。若言六君子由盡其心。而能立天下之大本。如此。

熹謂論心必兼性情。然後語意完備。若疑與所設問不相應。而者也二字亦有未安。則熹欲別下語云。性固天下之大本。而情亦天下之達道也。二者不能相無。而心也者。知天地宰萬物。而主性情者也。六君子惟盡其心。故能立天下之大本。行天下之達道。人至於今

纇焉云云不知更有病否。若所謂由盡其心者。則詞恐太狹。不見程子所謂不假存養之意。

天理人欲。同體而異用。同行而異情。進修君子。宜深別焉。

熹按此章亦性無善惡之意。與好惡性也一章相類。似恐未安。蓋天理莫知其所始。其在人則生而有之矣。人欲者梏於形。雜於氣。狃於習。亂於情。而後有者也。然既有而人莫之辨也。於是乎有同事而異行者焉。有同行而異情者焉。君子不可以不察也。然非有以立乎其本。則二者之幾。微曖萬變。夫孰能別之。今以天理人欲。混爲一區。恐未允當。

祖謙曰。天理人欲。同體而異用者。卽似未失。蓋降衷秉彝。固純乎天理。及爲物所誘。人欲滋熾。天理泯滅。而實未嘗相離也。同體異用。同行異情。在人識之耳。熹再詳此論。胡子之言。蓋欲人於天理中揀別得人欲。又於人欲中便見得天理。其意甚切。然不免有病者。蓋既謂之同體。則上面便著人欲兩字不得。此是義理本原極精微處。不可少差。試更子細玩索。當見本體實然。只一天理。更無人欲。故聖人只說克己復禮。教人實下工夫。去卻人欲。便是天理。未嘗教人求識天理於人欲汨沒之中也。若不能實下工夫。去卻人欲。則雖就此識得未嘗離之天理。亦安所用乎。

好惡性也。小人好惡以己。君子好惡以道。察乎此。則天理人欲可知。

熹按此章卽性與善惡之意。若果如此。則性但有好惡而無善惡之別矣。君子好惡以道。是性外有道也。察乎此則天理人欲可知。是天理人欲同時並有無先後賓主之別也。然則所謂天生蒸民有物有則民之秉彝好是懿德者果何謂乎。龜山楊子曰天命之謂性。人欲非性也。卻是此語直截而胡子非之誤矣。栻曰好惡性也此一語無害但著下數語。則爲病矣。今欲作好惡性也天理之公也君子者循其性者也小人則以人欲亂之而失其則矣。

熹謂好惡固性之所有。然直謂之性則不可。蓋好惡物也。好善而惡惡物之則也。有物必有則。是所謂形色天性也。今欲語性乃舉物而遺則恐未得爲無害也。

心無不在本天道變化。爲世俗酬酢參天地備萬物人之爲道至大也至善也。放而不知求。耳目聞見爲己蔽父子夫婦爲己累衣裘飲食爲己欲既失其本矣猶皆曰我有知論事之是非方人之短長終不知其陷溺者悲夫故孟子曰學問之道無他求其放心而已矣。

熹按人之爲道至善也。至大也。此說甚善若性果無善惡則何以能若是邪。

栻曰論性而曰善不足以名之誠爲未當如元晦之論也夫其精微純粹正當以至善名之。龜山謂人欲非性也。亦是見得分明故立言直截耳遺書中所謂善固性也惡亦不可不謂之性也。則如之何。譬之水澄清者其本然者也其或渾然則以夫泥滓之雜也方其渾也。亦不可不謂之水也。夫專善而無惡者性也。而其動則爲情。情之發。有正有不正焉。其正者性之常也。而其不正者物欲亂之也。於是而有惡焉。是豈性之本哉。其曰惡亦不可不謂之性者。蓋言其流如此。而性之本然者亦未嘗不在也。故善學者化其滓以澄其初而已。熹詳此論性甚善。但明道所謂惡亦不可不謂之性。是說氣稟之性。觀上下文可見。

熹又看此章云。本天道變化。爲世俗酬酢。疑世俗字有病。猶釋子之謂父母家爲俗家也。改作日用字如何。

熹又細看雖改此字。亦爲未安。蓋此兩句大意自有病。聖人下學而上達。盡日用酬酢之理。而天道變化行乎其中耳。若有心要本天道以應人事。則胸次先橫了一物。臨事之際。著意將來把持作弄。而天人之際。終不合矣。大抵自謝子以來。雖說以洒掃應對爲學。然實有不屑卑近之意。故纔說洒掃應對。便須急作精義入神意思。想像主張。惟恐其滯於小也。如爲朱子發說論語。乃云聖門學者敢以天自處。皆是此個意思。恐不免有病也。

胡子喟然歎曰。至哉。吾觀天地之神道。其時無愆。賦形萬物。無大無細。各足其分。太和保合。變化無窮也。凡人之生。粹然天地之心。道義完具。無適無莫。不可以善惡辨。不可以是非分。無過也。無不及也。此中之所以名也。夫心宰萬物。順之則喜。逆之則怒。感於死則哀。動於生則樂。欲之所起。情亦隨之。心亦放焉。故有私於身。蔽於愛。動於氣。而失之毫釐。謬以千里者矣。衆人昏昏。不自知覺。方且爲善惡亂。方且爲是非惑。惟聖人超拔人羣之上。處見而知隱。由顯而知微。靜與天同德。動與天同道。和順於萬物。渾融於天下。而無所不通。此中和之道所以聖人獨得。民鮮能久者矣。爲君子者奈何。戒謹於隱微。恭敬乎顚沛。勿忘也。勿助長也。則中和自致。天高地下而位定。萬物正其性命而並育。成位乎其中。與天地參矣。

或問性。曰性也者。天地之所以立也。曰然則孟軻氏荀卿氏揚雄氏之以善惡言性也。非歟。曰性也者。天地鬼神之奧也。善不足以言之。況惡乎。或者問曰何謂也。曰宏聞之先君子曰。孟子所以獨出諸儒之表者。以其知性也。宏請曰何謂也。先君子曰孟子道性善云者。歎美之辭也。不與惡對。

或問心有生死乎。曰無死生。曰然則人死。其心安在。曰子既知其死矣。而問安在邪。或曰何謂也。曰夫惟不死。是以知之。又何問焉。或者未達。胡子笑曰。甚哉子之蔽也。子無以形觀心。而以心觀心。則知之矣。

熹按性無善惡。心無死生兩章。似皆有病。性無善惡。前此論之已詳。心無死生。則幾於釋氏輪迴之說矣。天地生物。人得其秀而最靈。所謂心者。乃夫虛靈知覺之性。猶耳目之有見聞耳。在天地則通古今而無成壞。在人間則隨形氣而有始終。知其理一而分殊。則亦何必爲是心無死生之說。以駭學者之聽乎。

栻曰。心無死生章。亦當刪去。

凡天命所有而衆人有之者。聖人皆有之。人以情爲有累也。聖人不去情。人以才爲有害也。聖人不病才。人以欲爲不善也。聖人不絕欲。人以術爲傷德也。聖人不棄術。人以憂爲非達也。聖人不忘憂。人以怨爲非宏也。聖人不釋怨。然則何以別於衆人乎。聖人發而中節。而衆人不中節也。中節者爲是。不中節者爲非。挾是而行則爲正。挾非而行則爲邪。正者爲善。邪者爲惡。而世儒乃以善惡言性。邈乎遼哉。

熹按。聖人發而中節。故爲善。衆人發不中節。故爲惡。世儒乃以善惡言性。邈乎遼哉。此亦性無善惡之意。然不知所中之節。聖人所自爲邪。將性有之邪。謂聖人所自爲。則必無是理。謂性所固有。則性之本善也明矣。

栻曰。所謂世儒。殆指荀揚。荀揚蓋未知孟子所謂善也。此一段大抵意偏而詞雜。當悉刪去。熹詳此段不可盡刪。但自聖人發而中節以下刪去。而以一言斷之云。亦曰天理人欲之不同爾。

栻曰。所謂輕詆世儒之過而不自知其非。恐氣未和而語傷易。析理當極精微。毫釐不可放過。至於尊讓前輩之意。亦不可不存也。

熹觀此論切中淺陋之病。謹已删去訖。

彪居正問心無窮者也。孟子何以言盡其心。曰惟仁者能盡其心。居正問爲仁。曰欲爲仁必先識仁之體。曰其體如何。曰仁之道宏大而親切。知者可以一言盡。不知者雖設千萬言亦不知也。能者可以一事舉。不能者雖指千萬事亦不能也。曰萬物與我爲一。可以爲仁之體乎。曰子以六尺之軀。若何而能與萬物爲一。曰身不能與萬物爲一。心則能矣。曰人心有百病一死。天下之物有一變。萬生子若何而能與之爲一。居正竦然而去。他日某問曰。人之所以不仁者。以放其良心也。以放心求心可乎。曰齊王見牛而不忍殺。此良心之苗裔。因利欲之閒而見者也。一有見焉。操而存之。存而養之。養而充之。以至於大。大而不已。與天地同矣。此心在人。其發見之端不同。要識之而已。

熹按欲爲仁。必先識仁之體。此語大可疑。觀孔子答門人問爲仁者多矣。不過以求仁之方告之。使之從事於此而自得焉爾。初不必使先識仁體也。又以放心求心之問甚切。而所答者反若支離。夫心操存舍亡。閒不容息。知其放而求之。則心在是矣。今於已放之心不可操而復存者。置不復問。乃俟異時見其發於他處。而後從而操之。則夫未見之閒。此心遂成間斷。無復有用功處。及其見而操之。則所操者亦發用之一端耳。於其本源全體。未嘗有一日涵養之功。便欲擴而充之。與天同大。愚竊恐其無是理也。

栻曰。必待識仁之體。而後可以爲仁。不知如何而可以識也。學者致爲仁之功。則仁之體可得而見。識其體矣。則其爲益有所施而無窮矣。然則答爲仁之問。且莫若敬而已矣。

祖謙曰。仁體誠不可遽語。至於答放心求心之問。卻自是一說。蓋所謂心操存舍亡閒不容息。知其放而求之。則心在是矣。者平昔持養之功也。所謂良心之苗裔。因利欲而見一有見焉。操而存之者。隨時體察之功也。二者要不可偏廢。苟以此章欠說涵養一段。未見之間。此心遂成間斷。無復用功是處矣。若曰於已放之心置不復問。乃俟其發見於他處。而後從而操之。語卻似太過。蓋見牛而不忍殺。乃此心之發見。非發見於他處也。又所謂操者亦發用之一端。胡子固曰此良心之苗裔。固欲人因苗裔而識本根。非徒認此發用之一端而已。

熹謂二者誠不可偏廢。然聖門之教。詳於持養而略於體察。與此章之意正相反。學者審之。則其得失可見矣。孟子指齊王愛牛之心。乃其因其所明而導之。非以爲必如此然後可以求仁也。夫必欲因苗裔而識本根。孰若培其本根而聽其枝葉之自茂耶。

天地。聖人之父母。聖人。天地之子也。有父母則有子矣。有子則有父母矣。此萬物之所以著見。道之所以名也。非聖人能名道也。有是道則有是名也。聖人指明其體曰性。指明其用曰心。性不能不動。動則心矣。聖人傳心。敎天下以仁也。

熹按心性體用之云。恐自上蔡謝子失之。此云性不能不動。動則心矣。語尤未安。凡此心字皆欲作情字如何。

栻曰。心性分體用。誠爲有病。此若改作性不能不動。動則情矣。一語亦未安。不若伊川云。自性之有形者謂之心。自性之有動者謂之情。語意精密也。此一段似亦不必存。

熹詳此段誠不必存。然性不能不動。此語卻安。但下句卻有未當爾。今欲存此以下而頗改其語云。性不能不動。動則情矣。心主性情。故聖人教人以仁。所以傳是心而妙性情之德。又按伊川有數語說心字皆分明。此一段卻難曉。不知有形二字合如何說。

誠者命之道乎。中者性之道乎。仁者心之道乎。惟仁者爲能盡性至命。

仁者天地之心也。心不盡用。君子而不仁有矣。

釋氏之學。必欲出死生者。蓋以身爲己私也。天道有消息。故人理有終始。不私其身。以公於天下。四大和合。無非至理。六塵緣影。無非妙用。何事非眞。何物非我。生生不窮。無斷無滅。此道之固然。又豈人之所能爲哉。夫欲以人爲者。吾知其爲邪矣。

法制者。道德之顯爾。道德者。法制之隱爾。天地之心。生生不窮者也。必有春秋冬夏之節。風雨霜露之變。然後生物之功遂。有道德結於民心。而無法制者。爲無用。無用者亡。劉虞之類、有法制繫於民身。而無道德者。爲無體。無體者滅。暴秦之類、是故法立制定。苟非其人。亦不可行也。

聖人尙賢。使知勸敎。不能使民不爭。明善惡之歸。如日月之照白黑。然民猶有惑於欲而陷於惡。故孔子觀上世之化。喟然而嘆曰。甚哉知之難也。雖堯舜之民比屋可封。能使之由而已。亦不能使知也。夫人目於五色。耳於五聲。口於五味。其性固然。非外來也。聖人因其性而導之。由於至善。故民之化之也易。老子曰。不見可欲。使心不亂。夫可欲。天下之公欲也。而可蔽之。使不見乎。天地之生生萬物。聖人之生生萬民。固其理也。老聃用其道。計其成。而以不爭行之。是舞智尙術。求怙天下之權。以自私也。其去王事遠矣。

氣主乎性。性主乎心。心純則性定而氣正。氣正則動而不差。動而有差者。心未純也。告子不知心。而以義爲外。無主於中。而主於言。言有不勝。則惑矣。而心有不動乎。北宮黝孟施舍以氣爲本。以果爲行。一身之氣。有時而衰。而心有不動乎。曾子孟子之勇。原於心。在身爲道。處物爲義。氣與道義同流。融合於視聽言動之閒。可謂盡性者矣。

有德而富貴者。乘富貴之勢以利物。無德而富貴者。乘富貴之勢以殘身。富貴。人之所大欲。貧賤。人之所大惡。然因貧賤而修益者多。因富貴而不失於昏淫者寡。則富貴也有時而不若貧賤矣。

學欲博不欲雜。守欲約不欲陋。雜似博。陋似約。學者不可不察也。

荀子曰。有治人。無治法。竊譬之。欲撥亂反之正者。如越江湖。法則舟也。人則操舟者也。若舟破楫壞。確有若神之技。人人知其弗能濟矣。故乘大亂之時。必變法。法不變而能成治功者。未之有也。

欲撥亂興志者。當正大綱。知大綱。然後本可正而末可定。大綱不知。雖或善於條目。有一時之功。終必於大綱不正之處而生大亂。然大綱無定體。各隨其時。故魯莊公之大綱在於復讐也。衞國之大綱在於正名也。讐不復。名不正。雖有仲尼之德。亦不能聽魯衞之政矣。

人之於天地。有感必應。猶心之於身。疾痛必知焉。

天下莫大於心。患在不能推之爾。莫久於性。患在不能順之爾。莫成於命。患在不能信之爾。不能推。故人物內外不能一也。不能順。故死生晝夜不能通也。不能信。故富貴貧賤不能安也。

大哉性乎。萬理具焉。天地由此而立矣。世儒之言性者。類指一理而言之爾。未有見天命之全體者也。

萬物不同理。死生不同狀。必窮理。然後能一貫也。知生。然後能知死也。人事之不息。天命之無息也。人生在勤。勤則身修家齊國治天下平。雖然。動於道義。則剛健而日新。故身修家齊國治天下平也。勤於利欲。則放肆而日怠。終不能保其身。禹湯文武。丹朱桀紂。可以爲鑒戒矣。貴爲天子。富有天下。尙不能保其身。而況公卿大夫士庶人乎。

學。卽行也。非禮勿視聽言動。學也。行之也。行之行之。而又行之。習之不已。理與神會。能無悅
乎。學。行之上也。言之次也。敎人又其次也。是以識前言往行。爲學而已。揚雄何其陋之甚也。
此大駁也。非小疵也。

張栻　綿竹人。遷居衡陽。字敬夫。累官戶部侍郎右文殿修撰。卒年四十八。謚宣。栻穎悟夙成。長師胡宏。以古聖賢自期。尤嚴於義利之辨。學者稱南軒先生。有南軒易說。癸巳論語解。癸巳孟子說。南軒集。

孟子講義序

學者潛心孔孟。必得其門而入。愚以爲莫先於義利之辨。蓋聖學無所爲而然也。無所爲而然者。命之所以不已。性之所以不偏。而敎之所以無窮也。凡有所爲而然者。皆人欲之私。而非天理之所存。此義利之分也。自未嘗省察者言之。終日之間。鮮不爲利矣。非特名位貨殖而後爲利也。斯須之頃。意之所向。一涉於有所爲。雖有淺深之不同。而其徇己自私則一而已。如孟子所謂內交要譽惡其聲之類是也。是心日滋。則善端遏塞。欲邇聖賢之門牆以求自得。豈非卻行以望及前人乎。使談高說妙。不過渺茫臆度。譬猶無根之木。無源之水。其何益乎。學者當立志以爲先。持敬以爲本。而精察於動靜之間。毫釐之差。審其爲霄壤之判。則有以用吾力矣。學然後知不足。平時未覺吾利欲之多也。灼然有見於義利之辨。將日救過不暇。由是而不舍。則趣益深。理益明。而不可以已也。孔子曰。古之學者爲己。今之學者爲人。

爲人者。無適而非利。爲己者。無適而非義。曰利。雖在己之事。亦爲人也。曰義。則施諸人者。亦莫非爲己也。嗟乎。義利之辨大矣。豈特學者治己之所當先。施之天下國家一也。王者所以建立邦本。垂裕無疆。以義故也。而伯者所以陷溺人心。貽毒後世。以利故也。孟子當戰國橫流之時。發揮天理。遏止人欲。深切著明。撥亂反正之大綱也。其微辭奧義。備載七篇之書。如某者。雖日服膺。而學力未充。何足以窺究萬一。試以所見與諸君共講之。願無忽。深思焉。

陸九韶　金溪人。字子美。與弟九齡九淵相爲師友。嘗講學於梭山。因號梭山居士。其學以切於日用爲要。凡言行。夜必書之。淸李紱志學編曰。梭山老圃集四十卷。見宋史藝文志。明季內閣書目尙有之。今購求不可得。祇從其家譜錄出居家正本制用四篇。而修身齊家之要已大備矣。按此四篇今象山全集亦附載有之。

居家正本上篇

古者民生八歲。入小學。學禮樂射御書數。至十五歲。則各因其材而歸之四民。故爲農工商賈者。亦得入小學。七年而後就其業。其秀異者。入大學而爲士。敎之德行。凡小學大學之敎。俱不在言語文字。故民皆有實行而無詐僞。自井田廢壞。民無所養。幼者無小學之敎。長者無大學之師。有國者設科取士。其始也投名自薦。其終也糊名考校。禮義廉恥。絕滅盡矣。學校之養士。非養之也。賊夫人之子也。父母之敎子。非敎之也。是驅而入爭奪傾險之域也。愚謂人之愛子。但當敎之以孝悌忠信。所讀須先六經語孟。通曉大義。明父子君臣夫婦昆弟朋友之節。知正心修身齊家治國平天下之道。以事父母。以和兄弟。以睦族黨。以交朋友。以接鄰里。使不得罪於尊卑上下之際。次讀史以知歷代興衰。究觀皇帝王霸與秦漢以來爲國者規模措置之方。此皆非難事。功效逐日可見。惟患不爲耳。世之教子者不知務此。惟教以科舉之業。志在於薦舉登科。難莫難於此者。試觀一縣之間。應舉者幾人。而與薦者有幾。至於及第。尤其希罕。蓋是有命焉。非偶然也。此孟子所謂求在外者。得之有命是也。至於止欲通經知古今。修身爲孝弟忠信之人。特恐人不爲耳。此孟子所謂求則得之。求在我者也。此有何難。而人不爲耶。況既通經知古今。而欲應今之科舉。亦無難者。若命應仕宦。必得之矣。而又道德仁義在我。以之事君臨民。皆合義理。豈不榮哉。

居家正本下篇

人孰不愛家。愛子孫。愛身。然不克明愛之之道。故終焉適以損之。請試言其略。一家之事。貴於安寧和睦悠久也。其道在於孝弟謙遜。重仁義而輕名利。夫然後安寧和睦可安而享也。今則不然。所謂遜讓仁義之道。口未嘗言之。朝夕之所從事者。名利也。寢食之所思者。名利也。相聚而講究者。取名利之方也。言及於名利。則洋洋然有喜色。言及於孝弟仁義。則淡然無味而思臥。幸其時數之遇。則躍躍以喜。小有阻意。則躁悶若無容矣。如其時數不偶。則朝夕憂煎。怨天尤人。至於父子相夷。兄弟叛散。良可憫也。豈非愛之適以損之乎。夫謀利而遂者不百一。謀名而遂者不千一。今處世不能百年。而乃徼倖於不百一不千一之事。豈不癡甚矣哉。就使遂志臨政。不明仁義之道。亦何足爲門戶之光耶。愚深思熟慮之日久矣。而不敢出諸口。今老矣。恐一旦先朝露而滅。不及與鄉曲父兄子弟語及於此。懷不滿之意於冥冥之中。無益也。故輒冒言之。幸垂聽而擇焉。夫事有本末。知愚賢不肖者本。貧富貴賤者末也。得其本則末隨。趨其末則本末俱廢。此理之必然也。何謂得其本則末隨。今行孝弟本仁義。則爲賢爲知。賢知之人。衆所尊仰。簞瓢爲奉。陋巷爲居。己固有以自樂。而人不敢以貧賤而輕之。豈非得其本而末自隨之乎。夫慕爵位。貪財利。則非賢非知。非賢非知之人。人所鄙賤。雖紆靑紫。懷金玉。其胸中未必通曉義理。亦無以自樂。而人亦莫不鄙賤之。豈非趨其末而本末俱廢乎。況貧富貴賤。自有定分。富貴未必得。則將隕穫而無以自處矣。斯言往往招人怒罵。然愚謂或有信之者。其爲益不細。雖怒罵有所不恤也。況相信者稍衆。則賢才自此而盛。又非小補矣。

居家制用上篇

古之爲國者。冢宰制國用。必於歲之杪。五穀皆入。然後制國用。用地大小。視年之豐耗。三年耕必有一年之食。九年耕必有三年之食。以三十年之通。制國用。雖有凶旱水溢。民無菜色。國既若是。家亦宜然。故凡家有田疇。足以贍給者。亦當量入以爲出。然後用度有準。豐儉得中。怨讟不生。子孫可守。今以田疇所收。除租稅及種蓄糞治之外。所有若干。以十分均之。留三分爲水旱不測之備。一分爲祭祀之分。六分分十二月之用。取一月合用之數。約爲三十分。日用其一。可餘而不可盡用。至七分爲得中。不及五分爲太嗇。其所餘者。別置簿收管。以爲伏臘裘葛。修葺牆屋。醫藥賓客。弔喪問疾。時節饋送。又有餘則以周給鄰族之貧弱者。賢士之困窮者。佃人之飢寒者。過往之無聊者。毋以妄施僧道。蓋僧道本是蠹民。況今之僧道。無不豐足。施之適足以濟其嗜欲。長其過惡。而費農夫血汗勤勞所得之物。未必不增吾冥罪。果何福之有哉。其田疇不多。日用不能有餘。則一味節嗇。裘葛取諸蠶績。牆屋取諸蓄養。雜糧蔬果。皆以助用。不可侵過次日之物。一日侵過。無時可補。則便有破家之漸。當謹戒之。其有田少而用廣者。但當淸心儉素。經營足食之路。於接待賓客。弔喪問疾。時節饋送聚會飲食之事。一切不講。免至干求親舊。以滋過失。責望故素。以生怨尤。負諱通借。以招恥辱。家居如此。方爲稱宜。而遠吝侈之咎。積是成俗。豈惟一家不憂水旱之災。雖一縣一郡通天下皆無憂矣。其利豈不溥哉

居家制用下篇

居家之病有七。曰笑。曰遊。曰飲食。曰土木。曰爭訟。曰玩好。曰惰慢。有一於此。皆能破家。其次貧薄而務周旋。豐餘而尙鄙嗇。事雖不同。其終之害。或無以異。但有遲速之間耳。夫豐餘而

不用者。疑若無害也。然已既豐餘。則人望以周濟。今乃恝然。必失人之情。既失人情。則人不佑。人惟恐其無隙。苟有隙可乘。則爭媒蘗之。雖其子孫亦懷不滿之意。一旦入手。若決隄破防矣。前所言存留十之三者。爲豐餘之多者制也。苟所餘不能三分。則存二分亦可。又不能二分。則存一分亦可。又不能一分。則宜撙節用度。以存贏餘。然後家可長久。不然。一旦有意外之事。必遂破家矣。前所謂一切不講者。非絕其事也。謂不能以貨財爲禮耳。如弔喪則以先往後罷爲助。賓客則樵蘇供爨。清談而已。至如奉親最急也。啜菽飲水。盡其歡。斯之謂孝。祭祀最嚴也。蔬食菜羹。足以致其敬。凡事皆然。則人固不我責。而我亦何歉焉。如此則禮不廢。而財不匱矣。前所言以其六分爲十二月之用。以一月合用之數。約爲三十分者。非謂必於其日用盡。但約見每月每日之大概。其間用度。自爲贏縮。惟是不可先次侵過。恐難追補。宜先餘而後用。以無貽鄙嗇之譏。世所謂用度有何窮盡。蓋是未嘗立法。所以豐儉皆無準。則好豐者妄用以破家。好儉者多藏以斂怨。無法可依。必至於此。愚今考古經國之制。爲居家之法。隨貲產之多寡。制用度之豐儉。合用萬錢者。用萬錢。不謂之侈。合用百錢者。用百錢。不謂之吝。是取中可久之制也。

陳亮　永康人。字同甫。才氣超邁。喜談兵。志存經濟。隆興初。上中興論五首。不報。淳熙中。更名同。詣闕上書。極言時事。帝將官之。亮即渡江而歸。光宗策進士。問禮樂刑政之要。亮以君道師道對。御筆擢爲第一。授簽書建康府判官。末之官。卒亮嘗自言其文研窮義理之精微。辨析古今之異同。於諸儒或有所愧。至堂堂之陣。正正之旗。推倒一世之智勇。開拓萬古之心胸。自謂差有一日之長。著有龍川集三十卷。

與朱元晦秘書書

比者匆匆奉狀。聊以致其平時所欲言者耳。非敢與長者辨。乃承諄復下諭。所宜再拜受教。而紙末之論。尤使人惻然有感。自當一切不論。然其間亦有不可不言者。如亮之本意。豈敢求多於儒先。蓋將發其所未備。以窒後世英雄豪傑之口而奪之氣。使知千塗萬轍。卒走聖人樣子。不得而來諭謂亮推尊漢唐以爲與三代不異。貶抑三代以爲與漢唐不殊。如此則不獨不察其心。亦併與其言不察矣。某大槩以爲三代做得盡者也。漢唐做不到盡者也。故曰。心之用有不盡而無常泯。法之文有不備而無常廢。惟其做得盡。故當其盛時。三光全而寒暑平。無一物之不得其生。無一人之不遂其性。惟其做不到盡。故雖其盛時。三光明矣。而不保其常全。寒暑運矣。而不保其常平。物得其生。而亦有時而夭閼者。人遂其性。亦有時而乖戾者。本末感應。只是一理。使其田地根本無有是處。安得有來論之所謂小康者乎。只曰獲禽之多。而不曰隨種而收。恐未免於偏矣。孔子之稱管仲曰。桓公九合諸侯。不以兵車。管仲之力也。如其仁。如其仁。又曰。一匡天下。民到於今受其賜。微管仲。吾其被髮左衽矣。說者以爲孔氏之門。五尺童子。皆羞稱五伯。孟子力論伯者以力假仁。而夫子稱之如此。所謂如其仁者。蓋曰似之而非也。觀其語脈。決不如說者所云。故伊川所謂如其仁者。稱其有仁之功用也。仁人明其道。不計其功。夫子亦計人之功乎。若如伊川所云。則亦近於來諭所謂喜獲禽之多矣。功用與心不相應。則伊川所論心跡元不曾判者。今亦有時而判乎。聖人之於天下。大其眼以觀之。平其心以參酌之。不使當道有棄物。而道旁有不厭於心者。九轉丹砂點鐵成金。不應學力到後。反以銀為鐵也。前書所謂攙金銀銅鐵鎔作一器者。蓋措辭之失耳。王通有言。皇墳帝典。吾不得而識矣。不以三代之法統天下。終危邦也。如不得已。其兩漢之制乎。不以兩漢之制輔天下者。誠亂也已。仲淹取其以仁義公恕統天下。而祕書必謂其假仁借義以行之。心有時而泯可也。而謂千五百年常泯可乎。法有時而廢可也。而謂千五百年常廢可乎。至於全體只在利欲上之語。竊恐待漢唐之君太淺狹。而世之君子有不厭於心者矣。匡章通國皆稱其不孝。而孟子獨禮貌之者。眼目既高。於駁雜中有以得其眞心故也。波流奔迸。利欲萬端。宛轉於其中。而能察其眞心之所在者。此君子之道。所以為可貴耳。若於萬慮不作。全體潔白。而曰眞心在焉者。此始學之事耳。一生辛勤於堯舜相傳之心法。不能點鐵成金。而不免以銀為鐵。使千五百年之間成一大空闕。人道泯息而不害天地之常運。而我獨卓然而有見。無乃甚高而孤乎。宜亮之不能心服也。來書所謂天地無心而人有欲。是以天地之運行無窮。而在人者有時而不相似。又謂心則欲其常不泯。而不恃其不常泯。法則欲其常不廢而不恃其不常廢此常言也而謂指其須臾之間偶未泯滅底道理。以爲只此便可與堯舜三代並隆而不察其所以爲之田地根本無有是處者不知高祖太宗。何以自別於魏宋二武哉來書又謂立心之本當以盡者爲法不當以不盡者爲准此亦名言也而謂漢唐不無愧於三代之盛時便以爲欺罔者不知千五百年之間以何爲眞心乎亮輩根本工夫自有欠闕來諭誠不誣矣至於畔去繩墨脫略規矩無乃通國皆稱其不孝而因謂之不孝乎此夷齊所以蒙頭塞眼柳下惠所以降志辱身不敢望一人之或知者。非敢以淺待人也勢當如此耳亮不敢有望於一世之儒先所深恨者言以人而廢道以人而屈使後世之君子不免哭途窮於千五百年之間亮雖死而目不瞑矣。

程端蒙　董銖　端蒙德興人一作鄱陽人字正思朱熹門人當時禁爲洛學端蒙持書上諫議大夫王月然責之著有性理字訓毓蒙明訓　銖德興人字叔重亦熹門人有性理註解易書註人稱槃澗先生二人嘗共推其師鹿洞揭示之意而作學則其條文頗簡明切實爲初學入德之門

學則

凡學於此者。必嚴朔望之儀。

其日昧爽。值日一人主擊板。始擊。咸起盥漱總櫛衣冠。再擊。皆著深衣。或涼衫升堂師長率弟子詣先聖像前再拜焚香訖又再拜退師長西南嚮立諸生之長者率以次東北嚮再拜。師長立而扶之。長者一人前致辭。訖。又再拜。師長入於室。諸生以次環立。再拜。退各就案。

謹晨昏之令。

常日擊板如前。再擊。諸生升堂序立。俟師長出戶立定。皆揖。次分兩序相揖而退。至夜將寢。擊板會揖如朝禮。會講。會食。會茶。亦擊板如前。朝揖會講以深衣或涼衫。餘以道服褙子。

居處必恭。

居有常處。序坐以齒。凡坐必直身正體。毋箕踞傾倚。交脛搖足。寢必後長者。既寢勿言。當晝勿寢。

步立必正。

行必徐。立必拱。必後長者。毋背所尊。毋踐閾。毋跛倚。

視聽必端。

毋淫視。毋傾聽。

言語必謹。

致詳審。重然諾。肅聲氣。毋輕。毋誕。毋戲謔諠譁。毋論及鄉里人物長短。及市井鄙俚無益之談。

容貌必莊。

必端嚴凝重。毋輕易放肆。毋粗豪很傲。毋輕有喜怒。

衣冠必整。

毋爲詭異華靡。毋致垢敝簡率。雖燕處不得裸袒露頂。雖盛暑不得輒去鞋襪。

飲食必節。

毋求飽。毋貪味。食必以時。毋恥惡食。非節假及尊命。不得飲酒。飲不過三爵。勿至醉。

出入必省。

非尊長呼喚。師長使令。及己有急幹。不得輒出學門。出必告。反必面。出不易方。入不踰期。

讀書必專一。

必正心肅容。記徧數。徧數已足。而未成誦。必須成誦。徧數未足。雖已成誦。必滿徧數。一書已熟。方讀一書。毋務泛觀。毋務强記。非聖賢之書勿讀。無益之文勿觀。

寫字必楷敬。

勿草。勿攲傾。

几案必整齊。

位置有倫。簡帙不亂。書篋衣笥。必謹扃鑰。

堂室必潔淨。

逐日值日。再擊板如前。以水灑堂上。良久。以帚埽去塵埃。以巾拭几案。其餘悉令齋僕埽拭之。別有汚穢。悉令埽除。不拘早晚。

相呼必以齒。

年長倍者以丈。十年長者以兄。年相若以字。勿以爾汝。書問稱謂。亦如之。

接見必有定。

凡客請見師長。坐定。值日擊板。諸生如其服。升堂序揖。立侍。師長命之退則退。若客於諸生中有自欲相見者。則見師長畢。就其位見之。非其類者。勿與親狎。

修業有餘功。遊藝以適性。

彈琴習射投壺。各有儀矩。非時勿弄。博弈鄙事。不宜親學。

使人莊以恕。而必專所聽。

擇謹愿勤力者。莊以臨之。恕以待之。有小過者。訶之。甚則白於師長懲之。不悛。衆稟師長遣之。不許直行己意。苟日從事於斯。而不敢忽。則入德之方。庶乎其近之矣。

眞德秀　宋城人。字景元。後更景希。理宗時。拜參知政事。立朝有直聲。卒年五十八。謚文忠。學者稱西山先生。其學以朱熹爲宗。頗多發明。自韓侂胄立僞學之名。以錮善類。其後正學得以復顯者。德秀之力也。（寧宗時。韓侂胄秉政。欲除異己。以快己私。因目道學爲僞學。乃禁用僞學之黨。削朱熹官。貶蔡元定於道州。朝廷正士一空。旋因衆議沸騰。恐不免報復。乃弛其禁）著有大學衍義讀書記心經西山文集

大學衍義序

臣始讀大學之書。見其自格物致知誠意正心修身齊家至於治國平天下。其本末有序。其先後有倫。蓋嘗撫卷三歎曰。爲人君者不可以不知大學。爲人臣者不可以不知大學。爲人君而不知大學。無以淸出治之源。爲人臣而不知大學。無以盡正君之法。既又考觀在昔帝王之治。未有不本之身而達之天下者。然後知此書所陳。寔百聖傳心之要典。而非孔氏之私言也。三代而下。此學失傳。其書雖存。槩以傳記目之而已。求治者既莫之或考。言治者亦不以望其君。獨唐韓愈李翺嘗舉其說。見於原道復性之篇。而立朝論議。曾弗之及。蓋自秦漢以後。尊信此書者。惟愈及翺。而亦未知其爲聖學之淵源。治道之根柢也。況其他乎。臣嘗妄謂大學一書。君天下者之律令格例也。本之則必治。違之則必亂。近世大儒朱熹。嘗爲章句或問。以析其義。寧皇之初。入侍經帷。又嘗以此書進講。願治之君。儻取其書玩而繹之。則凡帝王爲治之序。爲學之本。洞然於胸次矣。臣不侫。竊思所以羽翼是書者。故剟取經文二百有五字。載於是編。而先之以堯典臯謨伊訓與思齊之詩。家人之卦。者見前聖之規橅不

異乎此也。繼之以子思孟子荀況董仲舒揚雄周敦頤之說者。見後賢之議論不能外乎此也。（以上論帝王爲治之序、）堯舜禹湯文武之學。純乎此者也。商高宗周成王之學。庶幾乎此者也。漢唐賢君之所謂學。已不能無悖乎此矣。而漢孝元以下數君之學。或以技藝。或以文辭。則甚繆乎此者也。（以上論帝王爲學之本、）上下數千載間。治亂存亡。皆繇是出。臣故斷然以爲君天下之律令格例也。雖然。人君之學。必知其要。然後有以爲用力之地。蓋明道術。辨人材。審治體。察民情者。人君格物致知之要也。（明道術之目有四、曰天性人心之善、曰天理人倫之正、曰吾道異端之分、曰王道霸術之異、辨人材之目亦有四、曰聖賢觀人之法、曰帝王知人之事、曰姦雄竊國之術、曰憸邪罔上之情、審治體之目有二、曰德刑先後之分、曰義利重輕之別、察民情之目亦有二、曰生靈繫背之由、曰田里戚休之實、）崇敬畏。戒逸欲者。誠意正身之要也。（崇敬畏之目有六、曰修己之敬、曰事天之敬、曰臨民之敬、曰治事之敬、曰操存省察之功、曰規儆箴誡之助、戒逸欲之目有五、曰沈湎之戒、曰荒淫之戒、曰盤游之戒、曰奢侈之戒、而先之以總論者、所以兼戒四者之失也、）謹言行。正威儀者。修身之要也。（一事無其目、）重妃匹。嚴內治。定國本。教戚屬者。齊家之要也。（重妃匹之目有四、曰謹選立之道、曰賴規儆之益、曰明嫡媵之辨、曰懲廢奪之失、嚴內治之目有四、曰宮闈內外之分、曰宮闈預政之戒、曰內臣忠謹之福、曰內臣預政之禍、定國本之目有四、曰建立之計宜蚤、曰諭教之法宜豫、曰嫡庶之分宜辨、曰廢奪之失宜監、教戚屬之目有二、曰外家謙謹之福、曰外家驕溢之禍、）四者之道得。則治國平天下在其中矣。每條之中。首以聖賢之明訓。參以前古之事蹟。得失之鑑。炳焉可觀。昔時入侍邇英。蓋嘗有志乎是。比年以來。屏居無事。迺得紬閱經傳。彙而輯之。畎畝微忠。朝思暮繹。所得惟此。秘之巾衍。以俟時而獻焉。其書之指。皆本大學。前列二者之綱。後分四者之目。所以推衍大學之義也。故題之曰大學衍義云。

程端禮

元慶元人。字敬叔。從史蒙卿遊。（蒙卿、鄞人、字景正、號果齋、宗朱熹之學、）傳朱熹明體達用之旨。官衢州路教授、嘗因輔廣、（廣、慶源人、字漢卿、師事呂祖謙朱熹、）所輯朱子讀書法而增修之著讀書分年日程。國子監取以頒示郡縣。有畏齋集。

集慶路江東書院講義

端禮竊聞之。朱子曰。爲學之道。莫先於窮理。窮理之要。必在於讀書。讀書之法。莫貴乎循序而致精。而致精之本。則又在於居敬而持志。此不易之理也。其門人與私淑之徒。會稡朱子平日之訓。而節取其要。定爲讀書法六條。曰循序漸進。曰熟讀精思。曰虛心涵泳。曰切己體察。曰著緊用力。曰居敬持志。其所謂循序漸進者。朱子曰。以二書言之。則通一書而後及一書。以一書言之。篇章句字。首尾次第。亦各有序。而不可亂也。量力所至而謹守之。字求其訓。句索其旨。未得乎前。則不敢求乎後。未通乎此。則不敢志乎彼。如是則志定理明。而無疏易陵躐之患矣。若奔程趁限。一向攢看了。則看猶不看也。近方覺此病痛不是小事。元來道學不明。不是上面欠工夫。乃是下面無根腳。其循序漸進之說如此。所謂熟讀精思者。朱子曰。荀子說誦數以貫之。見得古人誦書。亦記徧數。乃知橫渠教人讀書必須成誦。眞道學第一義。徧數已足而未成誦。必欲成誦。徧數未足。雖已成誦。必滿徧數。但百徧時自是強五十徧時。二百徧時自是強一百徧時。今所以記不得說不去。心下若存若亡。皆是不精不熟之患。

今人所以不如古人處。只爭這些子。學者觀書。讀得正文。記得註解。成誦精熟。註中訓釋文意事物名件。發明相穿紐處。一一認得。如自己做出來底。一般方能玩味反覆。向上有通透處。若不如此。只是虛設議論。非爲己之學也。其熟讀精思之說如此。所謂虛心涵泳者。朱子曰。莊子說吾與之虛而委蛇。既虛了。又要隨他曲折去。讀書須是虛心方得。聖賢說一字是一字。自家只平著心去秤停他。都使不得一毫杜撰。學者看文字。不必自立說。只記前賢與諸家說便了。今人讀書。多是心下先有箇意思了。卻將聖賢言語來湊他底意思。其有不合便穿鑿之使合。其虛心涵泳之說如此。所謂切己體察者。朱子曰。入道之門。是將自箇己身入那道理中去。漸漸相親。與己爲一。而今人道在這裏。自家在外。元不相干。學者讀書。須要將聖賢言語。體之於身。如克己復禮。如出門如見大賓等事。須就自家身上體覆。我實能克己復禮。主敬行恕否。件件如此。方有益。其切己體察之說如此。所謂著緊用力者。朱子曰。寬著期限。緊著課程。爲學要剛毅果決。悠悠不濟事。且如發憤忘食。樂以忘憂。是甚麼精神。甚麼骨肋。今之學者。全不曾發憤。直要抖擻精神。如救火治病。然如撐上水船。一篙不可放緩。其著緊用力之說如此。所謂居敬持志者。朱子曰。程先生云。涵養須用敬。進學則在致知。此最精要。方無事時。敬以自持。凡心不可放入無何有之鄉。須是收斂在此。及應事時。敬於應事。讀書時。敬於讀書。便自然該貫動靜。心無不在。今學者說書。多是捻合來說。卻不詳密活熟此病不是說書上病。乃是心上病。蓋心不專靜純一。故思慮不精明。須要養得虛明專靜。使道理從裏面流出方好。其居敬持志之說如此。愚按此六件者。乃朱子教人讀書之要。故其誨學者告君上舉不出此。而自謂其爲平日艱難已試之效者也。竊嘗論之。自孔子有博學於文。約之以禮。亦可以弗畔矣夫之訓。以顏子之善學。其贊孔子循循善誘。亦不過曰博我以文。約我以禮而已。是孔子之教。顏子之學。不越乎博文約禮二事。豈非以學者捨是無以爲用力之地歟。蓋盈天地間萬物萬事。莫非文也。其文出於聖人之手而存之於書者。載道爲尤顯。故觀孔子責子路何必讀書。然後爲學之語。可爲深戒。豈非讀書爲博文之大而急者歟。朱子曰。約禮則只是這些子。博文各有次序。當以大而急者爲先。蓋謂是也。然則博文豈可不以讀書爲先。而讀書又豈可不守朱子之法。朱子平日教人。千言萬語。總而言之。不越乎此六條。而六條者總而言之。又不越乎熟讀精思。切己體察之兩條。蓋熟讀精思。卽博文之功。而切己體察。卽約禮之事。然則欲學顏子之學者。豈可不由是而求之哉。今幸其說具存。學者讀書。能循是六者。以實用其力。則何道之不可進。何聖賢之不可爲。使朱子復生。身登其門。耳聞其誨。未必若是之詳且要也。學者可不自知其幸歟。世之讀書。其怠忽間斷者。固不足論。其終日勤勞。貪多務廣。終身無得者。蓋以讀之不知法故也。惟精廬初建。端禮荒陋匪材。夫豈其任。承乏之初。敢以朱子讀書法。首與同志講之。期相與確守焉。以求共學之益。使他日義精仁熟。賢材輩出。則朱子之訓不爲虛語。精廬不爲虛設。顧不美歟。

吳澄　元崇仁人。字幼清。用力聖賢之學。以興起斯文爲己任。至大初爲國子監司業。四方之士負笈從學者以千數。暇即著書。於易書春秋禮記各有纂言。著學基學統二篇。又校正老莊太玄經皇極經世樂律八陣圖葬書。所居草屋。程鉅夫題曰草廬。故世稱草廬先生。卒年八十五。謚文正。案有元一代。先後名儒宗朱者有姚樞許衡金履祥等。宗陸者有陳苑趙偕等。惟澄不主一家。所學尤博。論者以爲駕姚許諸子而上之。

尊德性道問學齋記

天之所以生人。人之所以爲人。以此德性也。然自孟氏以來。聖傳不嗣。學士靡宗。誰復知此哉。漢唐千餘年間。儒者各矜所長。奮迅馳騖。而自不知其缺。董韓二子。依稀數語近之。而原本竟昧昧也。則亦漢唐之儒而已矣。宋初如胡如孫。首明聖經以立師教。一時號爲有體有用之學。卓行異材之士多出其門。不爲無補於人心世道。然稽其所極。度越董韓者無幾。是何也。於所謂德性。未嘗知所以用其力也。逮夫周程張邵興。始能上通孟氏而爲一。程氏四傳而至朱。文義之精密。句談而字議。又孟氏以來所未有者。而其學徒往往滯於此而溺其心。夫既以世儒記誦詞章爲俗學矣。而其爲學亦未離乎言語文字之末。甚至專守一藝而不復旁通它書。掇拾腐說而不能自遣一辭。反俾記誦之徒嗤其陋。詞章之徒譏其拙。此則嘉定以後朱門末學之弊。而未有能救之者也。夫所貴乎聖人之學。以能全天之所與我爾。

天之與我德性是也。是爲仁義禮智之根株。是爲形質血氣之主宰。舍此而他求所學。果何學哉。假而行如司馬文正公。才如諸葛忠武侯。亦不免爲習不著行不察。亦不過爲資器之超於人。而謂有得於聖學。則未也。況止於訓詁之精。講說之密。如北溪之陳。雙峰之饒。則與彼記誦詞章之俗學。相去何能以寸哉。漢唐之儒無責焉。聖學大明於宋代。而踵其後者如此。可歎已。清江皮公字其子曰昭德。其師名其讀書之齋曰學從吾遊。請以尊德性道問學更其扁名。合父師所命而一之。噫。父所命。天所命也。學者學此而已。抑子之學詞章則云至矣。記誦則云富矣。雖然。德性無預也。姑置是。澄也。鑽研於文義。毫分縷析。每猶以陳爲未精。饒爲未密也。墮此科臼之中。垂四十年。而始覺其非。因子之請。惕然於歲月之已逝。今之語子。其敢以昔之自誤者而誤子也哉。自今以往。一日之內。子而亥。一月之內。朔而晦。一歲之內。春而冬。常見吾德性之昭昭。如天之運轉。如日月之往來。不使有須臾之間斷。則於尊之之道。殆庶幾乎。於此有未能。則問於人。學於己。而必欲其至。若其用力之方。非言之可喻。亦味於中庸首篇訂頑終篇而自悟可也。夫如是。齊於賢。躋於聖。如種之有穫。可必其然也。願與子偕之。若夫爲是標榜。務以新美其名。而不務允蹈其實。是乃近代假託欺誑之儒。所以誤天下。誤國家。而自誤其身。使異己之人得以藉口而斥之爲僞學者。其弊又浮於末學之外。而子不爲是也。

文正公此記。自敍用功得失。悔悟深切。有志於聖學者。反覆此篇。門徑了然矣。

方孝孺　明寧海人。字希直。一字希古。從宋濂遊。宗朱子之學。闢異端。名其室曰正學。建文時爲侍講學士。燕王入南京。召使草卽位詔。孝孺衰絰至。號哭徹殿陛。終不從。被殺。時年四十有六。有侯成集。希古堂稿。福王時追謚文正。

求古齋記

生乎古者。豈皆善人乎。生乎今者。豈皆不善人乎。使生乎古者皆善人。則舍今而求古可也。使今之人亦有善焉者。安得遽舍之而不求。而必務於古乎。今而視乎百歲之前。古也。生乎百歲之前者自視。則今矣。遠而千載之上。古也。千載之上之人自視。則亦今矣。孔子以爲古者。三代之盛。而其時之人。視三皇二帝。則又爲古矣。三皇二帝。三代以爲古。而其時亦嘗以爲今矣。然則今與古何定名乎。隨人號之耳。今與古無定名。安知今之非古。古之非今耶。安得謂古之人皆善。而今之人皆不善乎。故遺今而專乎古。則其失爲固。遺古而務乎今。則其失爲妄。固與妄。其失一也。君子不貴也。君子之學。取其善。不究其人。師其道。不計其時。善誠足稱也。其人雖非聖賢。不知其爲不可也。取其善而已。道誠足師也。其人雖生於吾同時。居與吾同巷。不以其易見而遺之也。師其道而已。天下之善一也。古與今之道均也。何以其人與時論之耶。苟必惟古之求也。則孔子於禮。不問於老聃。必求周公而問之。琴不問於師襄。

必求師曠而問之。官不問於鄭子。必求古之命官者而問之。求其人而不可得。則卒無所聞矣。必得聖人而後取其言。則荷蕢丈人之語。孔子必將掩耳而過之。與時人歌。必默然而不和之。滄浪之孺子。耦耕之隱者。必鄙之以爲老農小子而不聽之。七十子之流。必不與之往復答問而以道告之。何以爲聖人乎。善學聖人者。古之善吾學之。今之善吾亦學之。今之不善。吾惡之。古之不善。吾亦惡之。古之事合乎道。固將取以爲法也。如使不若後世之美。則舍古而取後世可也。後世之不近乎道者。固所棄也。如古之不合乎道者。安得以其古而取之乎。曰然則孔子何以好乎古而取之也。曰吾之言固孔子求古之謂。善學者之求古。猶良匠之求木焉。木之生乎山。有千歲者矣。有百歲者矣。使生乎千歲者而材。固取之也。使不若百歲之材。豈以歷年多而取之乎。二帝之略。古於殷也。伏羲氏之建時。古於夏也。黃帝之冕。古於周也。孔子不取其古之甚者。而取乎三代。何歟。惟其善而已。孟子不取夏之貢。而取殷之助。武成之書。取其二三策。曾謂孟子非好古者乎。聖賢之於古。固如此也。使聖賢生乎今之世。其所去取。又可知也。慈溪孫君元禮。篤學而愼行。取孔子求古之語。名其讀書之齋。予喜其異世俗之學也。推其說以告之。使自擇焉。

家人箴十五首 並序

論治者常大天下而小一家。然政行乎天下者。世未嘗乏。而教洽乎家人者。自昔以爲難。豈小者固難而大者反易哉。蓋骨肉之間恩勝而禮不行。勢近而法莫舉。自非有德而躬化。發言制行有以信服乎人。則其難誠有甚於治民者。是以聖人之道必察乎物理。誠其念慮以正其心。然後推之修身。身既修矣然後推之齊家。家既可齊而不優於爲國與天下者無有也。故家人者君子之所盡心而治天下之準也。安可忽哉。余病乎德無以刑乎家。然念古之人自修有箴戒之義。因爲箴以攻己缺。且與有志者共勉焉。

正倫

人有常倫而汝不循。斯爲匪人。天使之然。而汝舍旃。斯爲悖天。天乎汝棄。人乎汝異。曷不思耶。天以汝爲人而忍自絕爲禽獸之歸耶。

重祀

身烏乎生。祖考之遺。汝哺汝歠。祖考之貲。此而可忘。孰不可爲。尙嚴享祀。式敬且時。

謹禮

縱肆怠忽。人喜其佚。孰知佚者。禍所自出。率禮無愆。人苦其難。孰知難者。所以爲安。嗟時之人。惟佚之務。尊卑無節。上下失度。謂禮爲僞。謂敬不足行。悖理越倫。卒取禍刑。遜讓之性。天實錫汝。汝手汝足。能俯與拜。跽曷爲自賊。恣傲不恭。人或不汝誅。天寧汝容。彼有國與民。無禮猶敗。矧予眇微。奚恃弗戒。由道在己。豈誠難耶。敬茲天秩。以保室家。

務學

無學之人。謂學爲可後。苟爲不學。流爲禽獸。吾之所受上帝之衷。學以明之。與天地通。堯舜之仁。顏孟之智。聖賢盛德。學焉則至。夫學可以爲聖賢。侔天地。而不學不免與禽獸爲歸。烏可不擇所之乎。噫。

篤行

位不若人。愧恥以求。行不合道。恬不加修。汝德之涼。僥倖高位。祇爲賤辱。嚋汝之貴。孝弟乎家。義讓乎鄉。使汝無位。誰不汝臧。古人之學。修己而已。未至聖賢。終身不止。是以其道碩大光明。化行邦國。萬世作程。汝曷弗效。易自滿足。無以過人。人寧汝服。及今尚少。不勇於爲。迨其將老。雖悔何追。

自省

言恆患不能信。行恆患不能善。學恆患不能正。慮恆患不能遠。改過患不能勇。臨事患不能辨。制義患乎巽儒。御人患乎剛褊。汝之所患。豈特此耶。夫焉可以不勉。

絕私

厚己薄人。固爲自私。厚人薄己。亦匪其宜。太公之道。物我同視。循道而行。安有彼此。親而宜惡。愛之爲偏。疏而有善。我何惡焉。愛惡無他。一裁以義。加以絲毫。則爲人僞。天之恆理。各有當然。孰能無私。忘己順天。

崇畏

有所畏者。其家必齊。無所畏者。必怠而睽。嚴厥父兄。相率以聽。小大祇肅。靡敢驕橫。於道爲順。順足致和。始若難能。有美實多。人各自賢。縱私殖利。不一其心。禍敗立至。君子崇畏。畏心畏天。畏己有過。畏人之言。所畏者多。故卒安肆。小人不然。終履憂畏。汝今奚擇。以保其身。無謂無傷。陷於小人。

懲忿

人言相忤。遽慍以怒。汝之怒人。彼寧不惡。惡能興禍。怒實招之。當忿之發。宜忍以思。彼言誠當。雖忤爲益。忤我何傷。適見其直。言而不當。乃彼之狂。狂而能容。我道之光。君子之怒。審乎義理。不深責人。以厚處己。故無怨惡。身名不隳。輕忿易忤。小人之爲。人之所慕。實在君子。考其所由。君子鮮矣。言出乎汝。烏可自爲。以道制欲。毋縱汝私。

戒惰

惟古之人。既爲聖賢。猶不敢息。嘵今之人。安於卑陋。自以爲德。舒舒其學。肆肆其行。日月邁矣。將何成名。昔有未至。人憫汝少。壯不自強。忽其既耄。於乎汝乎。進乎止乎。天實望汝。云何而忍無聞以沒齒乎。

審聽

聽言之法。平心易氣。既究其詳。當察其意。善也吾從。否也舍之。勿輕於信。勿逆於疑。近習小夫。閨閣嬖女。爲讒爲佞。類不足取。不幸聽之。爲患實深。宜力拒絕。杜其邪心。世之昏庸。多惑乎此。人告以善。反謂非是。家國之亡。匪天引人。尙審爾聽。以正厥身。

謹習

引卑趨高。歲月劬勞。習乎汙下。不日而化。惟重惟默。守身之則。惟詐惟佻。致患之招。嗟嗟小子。以患爲美。側媚傾邪。矯飾誕詭。告以禮義。謂人已欺。安於不善。莫覺其非。彼之不善爲徒孔多。懼其化汝。不愼如何。

擇術

古之爲家者。汲汲於禮義。禮義可求而得。守之無不利也。今之爲家者。汲汲於財利。財利求未必得。而有之不足恃也。舍可得而不求。求其不足恃者。而以不得爲憂。咄嗟乎。若人吾於汝也奚尤。

慮遠

無先己私而後天下之慮。無重外物而忘天爵之貴。無以耳目之娛而爲腹心之蠹。無苟一時之安。而招終身之累。難操而易縱者情也。難完而易毀者名也。貧賤而不可無者志節之貞也。富貴而不可有者。意氣之盈也。

慎言

義所當出。默也爲失。非所宜言。言也爲愆。愆失奚自。不學所致。二者孰得。寧過於默。聖於鄉黨。言若不能。作法萬年。世守爲經。多言違道。適貽身害。不忍須臾。爲禍爲敗。莫大之惡。一語可成。小忿不思。罪如丘陵。造怨興戎。招尤速咎。孰爲之端。鮮不自口。是以吉人。必寡其辭。捷給便佞。鄙夫之爲。汝今欲言。先質乎理。於理或乖。慎弗啟齒。當言則發。無縱誕詭。匪善曷陳。匪義曷謀。善言取辱。則非汝羞。

薛瑄　明河津人字德溫號敬軒永樂進士。英宗朝累官至禮部侍郎。兼翰林院學士。入閣預機務。尋致仕。卒年七十三。謚文清。其學一本程朱。以復性爲主。不侈談著作。嘗言樂有雅鄭。書亦有之。聖賢之書雅也。嗜者常少。以其味之淡也。百家小說鄭也。嗜者常多。以其味之甘也。淡則人心平而天理存。甘則人心迷而人欲肆。著有讀書錄續錄。即本斯旨。皆躬行心得之言。爲明代理學家之名著。坊刻有薛子道論。題爲瑄撰。實乃後人自其讀書錄中摘出別立一名。非瑄本有二書也。

讀書錄三十七則

人心有一息之怠。便與天地之化不相似。

萬物不能礙天之大。萬事不能礙心之虛。

修德行義之外。當一聽於天。若計較利達。日夜思慮萬端。而所思慮者又未必遂。徒自勞擾。祇見其不知命也

萬起萬滅之私亂吾心久矣。今當悉皆埽去。以全吾湛然之性。工夫切要在夙夜飲食男女衣服動靜語默應事接物之間。於此事事皆合天則。則道不外是矣。

人知天下事皆分內事。則不以功能誇人矣。天無不包。地無不載。君子法之。人有負才能而見於辭貌者。其小也可知矣。

中夜以思。只公之一字。乃見克己之效驗。

人所以千病萬病。只爲有己。爲有己。故計較萬端。惟欲己富。惟欲己貴。惟欲己安。惟欲己樂。惟欲己生。惟欲己壽。而人之貧賤危苦死亡。一切不恤。由是生意不屬。天理滅絕。雖曰有人之形。其實與禽獸奚以異。若能克去有己之病。廓然大公。富貴貧賤安樂生壽。皆與人共之。則生意貫徹。彼此各得分願。而天理之盛。便是與萬物爲一體矣。

張南軒無所爲而爲之之言。其義甚大。蓋無所爲而爲之者。皆天理。有所爲而爲之者。皆人欲。如日月間大事小事。只道我合當如此作。作了心下平平如無事一般。便是無所爲而爲。若有一毫求知求利之意。雖作得十分中理。十分事業。總是人欲之私。與聖人之心。絕不相似。

爲學能使理勝氣。則可以變化氣質之性。而及天地之性。若氣勝理。則不能矣。人之威儀。須臾不可不嚴整。蓋有物有則也。挺持剛介之志。常存。則有以起偸惰而勝人欲。一有頽靡不立之志。則甘爲小人。流於卑汚之中。而不能振拔矣。

志固難持。氣亦難養。主敬可以持志。少慾可以養氣。

心如鏡。敬如磨鏡。鏡纔磨。則塵垢去而光彩發。心纔敬。則人欲消而天理明。

千古爲學要法。無過於敬。敬則心有主。而諸事可爲。

常人見貴人則加敬。見敵己者則敬稍衰。於下人則慢之而已。聖人於上下人己之間。皆一誠敬之心。

古人衣冠偉博。皆所以莊其外而肅其內。後人服一切簡便短窄之衣。起居動靜。惟務安適。外無所嚴。內無所肅。鮮不習而爲輕佻浮薄者。

錦衣玉食。古人謂惟辟可以有此。以其功在天下。而分所當然也。世有一介之士。得志一時。卽侈用無節。甚至袓衣皆綾綺之類。宜其顚覆之無日。此嘗目覩其事。可爲貪侈之戒。

戲謔甚。則氣蕩而心亦爲所移。不戲謔。亦存心養氣之一端。

輕言戲謔。最害事。蓋言不妄發。則言出而人信之。苟輕言戲謔。後雖有誠實之言。人亦弗之信矣。

凡與人言。卽當思其事之可否。可則諾。不可則無諾。若不思可否而輕諾之。事或不可行。則必不能踐厥言矣。有子曰。信近於義。言可復也。意蓋如此。

大丈夫心事。當如青天白日。使人得而見之可也。

酒色之類。使人志氣昏酣荒耗。傷生敗德。莫此爲甚。俗以爲樂。余不知果何樂也。惟心清慾寡。則氣平體胖。樂可知矣。

讀書不體貼向自家身心上作工夫。雖盡讀古今天下之書。無益也。

將聖賢言語。作一場話說。學者之通患。

作詩作文寫字。皆非本領工夫。惟於身心上用力最要。身心之功有餘力。游焉可也。

萬金之富。不以易吾一日讀書之樂也。

凡讀書思索之久。覺有倦意。當斂襟正坐。澄定此心。少時再思。則心清而義理自見。

凡國家禮文制度法律條例之類。皆能熟觀而深考之。則有以酬應世務而不戾乎時宜。

有欲則人得而中之。惟無欲則彼無自而入。

心不可有一毫之偏向。有則人必窺而知之。余嘗使一走卒。見其頗敏捷。使之稍勤。下人卽有趨重之意。余遂逐去之。此雖小事。以此知當官者當正大明白。不可有一毫之偏向。

立法之初。貴乎參酌事情。必輕重得宜。可行而無弊者。則播告之。既立之後。謹守勿失。信如四時。堅如金石。則民知所畏而不敢犯矣。或立法之初。不能參酌事情。輕重不倫。遽施於下。既而見其有不可行者。復遂廢格。則後有良法。人將視爲不信之具矣。令何自而行。禁何自而止乎。法者。因天理。順人情。而爲之防範禁制也。當以公平正大之心。制其輕重之宜。不可因一時之喜怒而立法。若然。則不得其平者多矣。正以立心。廉以律己。忠以事君。恭以事長。信以接物。寬以待下。敬以處事。居官之七要也。不欺君。不賣法。不害民。此作官持己之三要也。作事快心。必愼其悔。蓋消息循環。自然之理。持之有道。則雖亢而非滿矣。士之氣節。全在上之人獎激。獎激則氣節盛。苟樂輭熟之士。而惡剛正之人。則人務容身。而氣節消矣。爲官者切不可厭煩惡事。苟視民之寃抑。一切不理。曰我務省事。則民不得其死者多矣。可不戒哉。

羅欽順

明泰和人。字允升。號整庵。弘治進士。世宗立。擢吏部尚書。時張璁桂萼以議禮驟貴。樹黨屏逐正人。欽順恥與同列。乃辭不拜。里居二十餘年。潛心格物致知之學。著困學記。辨析精審。卒年八十三。謚文莊。

與王陽明書

昨拜書後一日。始獲奉領所惠大學古本朱子晚年定論二編。珍感珍感。某無似。往在南都。嘗蒙誨益。第苦多病。怯於話言。未克傾吐所懷以求歸於一。是恆用爲歉。去年夏。士友有以傳習錄見示者。亟讀一過。則凡向日所聞。往往具在。而他所未聞者尙多。乃今又獲幷讀二書。何其幸也。顧惟不敏。再三尋繹。終未能得其旨歸。而向日有疑。嘗以面請而未決者。復叢集而不可解。深惟執事所以惠教之意。將不徒然。輒敢一二條陳。仰煩開示。率爾之罪。度弘度之能容也。竊詳大學古本之復。蓋以人之爲學。但當求之於內。而程朱格物之說。不免求之於外。聖人之意。殆不其然。於是遂去朱子之分章。而削其所補之傳。直以支離目之。曾無所用夫當仁之讓。可謂勇矣。竊惟聖門設教。文行兼資。博學於文。厥有明訓。顏淵稱夫子之善誘。亦曰博我以文。文果內耶外耶。是固無難辨者。凡程朱之所爲說。有戾於此者乎。如必以學不資於外求。但當反觀內省以爲務。則正心誠意四字。亦何不盡之有。何必於入門之際。便困以格物一段工夫也。顧經既有此文。理當尊信。又不容不有以處之。則從而爲之訓曰。物者意之用也。格者正也。正其不正以歸於正也。其爲訓如此。要使之內而不外。以會歸一處。亦嘗就以此訓推之。如曰意用於事親。卽事親之事而格之。正其事親之事之不正者以歸於正。而必盡夫天理。蓋猶未及知字。已見其繳繞迂曲而難明矣。審如所訓。茲惟大學之始。苟能卽事卽物。正其不正以歸於正。而皆盡夫天理。則心亦既正矣。意亦既誠矣。繼此誠意正心之目無乃重復堆疊而無用乎。大哉乾元。萬物資始。至哉坤元。萬物資生。凡吾之有此身。與夫萬物之爲萬物。孰非出於乾坤。其理固皆乾坤之理也。自我而觀物。固物也。以理觀之。我亦物也。渾然一致而已。夫何分於內外乎。所貴乎格物者。欲卽其分之殊。而有見乎理之一。無彼無此。無欠無餘。而實有所統會。夫然後謂之知至。亦卽所謂知止。而大本於是乎可立。達道於是乎可行。自誠正以至於治平。庶乎可以一以貫之。而無遺矣。然學者之資稟不齊。工夫不等。其能格與否。或淺或深。或遲或速。詎容以一言盡哉。惟是聖門大學之敎。其道則無以易此。學者所當由之以入。不可誣也。外此或誇多而鬬靡。則溺於外而遺其內。或厭繁而喜徑。則局於內而遺其外。溺於外而遺其內。俗學是已。局於內而遺其外。禪學是已。凡爲禪學之至者。必自以爲明心見性。然於天人物我。未有不二之者。是可謂之有眞見乎。使其見之果眞。則極天下之至賾而不可惡。一毛一髮皆吾體也。又安肯叛君父捐妻子。以自陷於禽獸之域哉。今欲援俗學之溺。而未有以深杜禪學之萌。使夫有志於學聖賢者。將或昧於所從。恐不可不過爲之慮也。又詳朱子定論之編。蓋以其中歲以前所見未眞。爰及晚年。始克有悟。乃於其論學書尺三數十卷之內。摘此三十餘條。其意皆主於向裏者。以爲得於既悟之餘。而斷其爲定論。斯其所擇。宜亦精矣。第不知所謂晚年者。斷以何年爲定。羸軀病暑。未暇詳考。偶考得何叔京氏卒於淳熙乙未。時朱子年方四十有六。爾後二年丁酉。而論孟集註或問始成。今有取於答何書者四通。以爲晚年定論。至於集註或問則以爲中年未定之說。竊恐考之欠詳而立論之太果也。又所取答黃直卿一書。監本止云此是向來差誤別無定本二字。今所編刻增此二字。當別有據。而序中又變定字爲舊字。卻未詳本字同所指否。朱子有答呂東萊一書。嘗及定本之說。然非指集註或問也。凡此愚皆不能無疑。顧猶未足深論。竊以執事天資絕出。而日新不已。向來恍若有悟之後。自以爲證諸五經四子。沛然若決江河而放諸海。又以爲精明的確。洞然無復可疑。某固信其非虛語也。然又以爲獨於朱子之說有相牴牾。揆之於理。容有是耶。他說姑未敢請。嘗讀朱子文集其第三十二卷。皆與張南軒答問書。內第四書亦自以爲其於實體似益精明。因復取凡聖賢之書。以及近世諸老先生之遺語而讀驗之。則又無一不合。蓋平日所疑而未白者。今皆不待安排。往往自見灑落處。與執事之所以自序者。無一語不相似也。書中發其所見不爲不明。而卷末一書。提綱振領。尤爲詳盡。竊以爲千聖相傳之心學。殆無以出此矣。不知何故獨不爲執事所取。無亦偶然也耶。若以此二書爲然。則論孟集註學庸章句或問不容別有一般道理。雖或其間小有出入。自不妨隨處明辨也。如其以爲未合。則是執事精明之見。決與朱子異矣。凡此三十餘條者。不過姑取之以證成高論。而所謂先得我心之所同然者。安知不有毫釐之不同者爲祟於其間。以成牴牾之大隙哉。恐不可不詳推其所以然也。又執事於朱子後。特推草廬吳氏以爲見之尤眞而取其一說以附於三十餘條之後。竊以草廬晚年所見端的與否良未易知蓋吾儒昭昭之云釋氏亦每言之毫釐之差正在於此。卽草廬所見果有合於吾之所謂昭昭者安知非其四十年間鑽研文義之效殆所謂眞積力久而豁然貫通者也。蓋雖以明道先生之高明純粹又早獲親炙於濂溪以發其吟風弄月之趣亦必反求諸六經而後得之。但其所稟鄰於生知聞一以知十。與他人極力於鑽研者不同耳。又安得以前日之鑽研文義而非而以墮此科臼爲悔夫得魚忘筌得兔忘蹄可也矜魚兔之獲而反追咎筌蹄以爲多事。其可乎哉。然世之徒事鑽研而不知反說約者則不可不深有儆於斯言也。抑草廬既有見夫所謂昭昭者。又以不使有須臾之間斷爲庶幾乎尊之之道其亦然矣。而下文乃云。於此有未能則問於人學於己而必欲其至夫其須臾之間。間斷與否。豈他人之所能與。且既知所以尊之之道在此。一有間斷。則繼續之而已。又安得以爲未能而別有所謂學哉。是則見道固難。而體道尤難道誠未易明。而學誠不可不講。恐未可安於所見而遂以爲極則也。某非知道者。然黽勉以求之亦有年矣。寢尋衰晚茫無所得乃欲與一代之英論學。多見其不知量也。雖然執事平日相與之意良不薄矣。雖則駑鈍心誠感慕而樂求教焉。一得之愚用悉陳之而不敢隱其他節目所欲言者頗多。筆硯久疏收拾不上。然其大要亦略可覩矣。伏惟經略之暇。試一觀焉。還賜一言以決其可否幸甚。

又與王陽明書 戊子冬

側聞旌麾伊邇。計不日當臨敝邑。甚欲一瞻德範。以慰多年渴仰之懷。奈病骨支離。艱於遠出。咫尺千里。悵惘曷勝。伏惟亮察。去年嘗辱手書。預訂文會。殆有意乎左提右挈。相與偕之大道。爲愛良厚。感戢無已。但無若區區之固滯何。夫固滯者未免於循常。而高明者恆妙於獨得。竊恐異同之論。有非一會晤間之所能決也。然病既有妨。盛意何可虛辱。輒以近來鄙說數段。奉塵尊覽。及嘗反覆高論。有不能無疑者。亦條爲一段。具如別幅。固知未能仰契尊旨。將不免爲覆瓿之具。亦姑效其愚而已。雖然。愚者千慮。容有一得。先睽後合。倘不能無望於高明。伏希裁擇。幸甚。

物者意之用也。格者正也。正其不正以歸於正也。此執事格物之訓也。向蒙惠教有云。格物者格其心之物也。格其意之物也。格其知之物也。正心者正其物之心也。誠意者誠其物之意也。致知者致其物之知也。自有大學以來。無此議論。此高明獨得之妙。夫豈淺陋之所能窺也耶。然誨諭之勤。兩端既竭。固嘗反覆推尋。不敢忽也。夫謂格其心之物。格其意之物。格其知之物。凡其爲物也三。謂正其物之心。誠其物之意。致其物之知。其爲物也一而已矣。就三物而論。以程子格物之訓推之。猶可通也。以執事格物之訓推之。不可通也。就一物而論則所謂物者果何物耶。如必以爲意之用。雖極安排之巧。終無可通之日。此愚之所不能無疑者一也。又執事嘗謂意在於事親。卽事親是一物。意在於事君。卽事君是一物。諸如此類。不妨說得行矣。有如論語川上之歎。中庸鳶飛魚躍之旨。皆聖賢吃緊爲人處。學者如未能深達其義。未可謂之知學也。試以吾意著於川之流。鳶之飛。魚之躍。若之何正其不正以歸於正耶。此愚之所不能無疑者二也。又執事答人論學書有云。吾心之良知。卽所謂天理也。致吾心良知之天理於事事物物。則事事物物皆得其理矣。致吾心之良知者。致知也。事事物物各得其理者。格物也。審如所言。則大學當云格物在致知。不當云致知在格物。當云知至而后物格。不當云物格而后知至矣。且既言精察此心之天理。以致其本然之良知。又言正惟致其良知。以精察此心之天理。然則天理也。良知也。果一乎。果非一乎。察也。致也。果孰先乎。孰後乎。此愚之所不能無疑者三也。初作此書、將以復陽明往年講學之約、書未及寄、而陽明下世矣、惜哉、鄙說數段、皆記中語也、念非一家私議、因錄之、

胡直　明泰和人。字正甫。號廬山。嘉靖進士。官至福建按察使。萬曆中卒。直少攻古文詞。後從歐陽德及羅洪先遊。以王守仁爲宗。嘗與門人講學螺水上。有胡子衡齊衡廬精舍藏稿。（淸四庫子部儒家存目胡子衡齊提要略曰。大要以理在心。而不在天地萬物。意在疏通守仁之旨。然守仁本謂我與天地萬物一氣流通。無有礙隔。故人心之理。卽天地萬物之理。而直乃謂吾心所以造天地萬物。匪是則黝沒荒忽。而天地萬物息矣。是竟指天地萬物爲無理。與守仁亦不相合。未免太失之高遠云云。）

六錮 節錄

弟子曰。日旦平先生之語理。弟子已冰化矣。然而世儒之訓。熟爛乎耳目。徽纆乎腑臟。辟諸層崖陰黯。非太陽爲之曲照。莫能覩也。溝澮積潦。非霖雨爲之終日。莫能滌也。蓋二三子之錮於中者有六。請竟宣之。以寥承學。胡子曰。何哉六錮。曰世儒之所爲爭而未肯降者。則虛實也。天人也。心性也。體用也。循序與格物也。此六者彼方挾以攻我。我又安能令彼之有入者。夫彼之挾以攻我者。非其故爲也。彼固有似是而難明者。以錮於中也。而近儒者語之未竟。則是我固未盡於彼。而欲彼之有入於我。無異乎其矐然明而濛然塞也。胡子曰。然

然則何謂虛實之錮。曰昔者世儒立教。以萬理爲實。是天地實天地。萬物實萬物。父子實父子。君臣實君臣。夫唯其實而後天下不以幻視。若唯求理於心。則將幻天地萬物於無何有矣。又何有於父子君臣哉。此與釋氏所稱三界惟心。山河大地皆妙明心中物。又何以殊也。胡子曰。然非也。夫萬理之實。豈端在物哉。其謂實理。卽實心是也。孟子曰。萬物皆備於我。而下文卽繼之曰。反身而誠。樂莫大焉。若實理皆在於物。則萬物奚與於我。又奚能反身以求誠哉。何則。人心唯誠。則其視天地也實天地。視萬物也實萬物。父子之親。君臣之義。不可解於心者。皆實理也。若人心一僞。彼且視父子君臣浮浮然也。其極至弑父與君而弗之忌。彼烏覩父子君臣之爲實理哉。彼其視天地萬物夢夢然也。其極至褻天瀆地而弗之顧。彼烏

親天地萬物之爲實理哉。故曰不誠無物者此也。子欲求實理乎。孩提之愛親敬長。則實理較著焉。今人乍見孺子入井有怵惕惻隱之心。則實理較著焉。見牛觳觫而不速殺。則實理較著焉。豈當求實理於親長孺子以逮牛羊哉。故理莫實於盡心。而莫幻於索物。而世儒者自幻視其本實之心。而反瞿瞿焉獵獵焉索理以求理。認外以爲實。曾不知其所索而認者。乃其口吻之爲名也。楮墨之爲書也。影響之爲傳也。意念之爲執也。而自謂實也。而實固不居乎此也。是所謂以幻求幻。其幻不可以究竟矣。而强以爲實。而不亦左乎。若夫釋氏所稱三界惟心。山河大地爲妙明心中物。其言雖少偏。而亦不至大繆。蓋釋氏者雖知天地萬物之不外乎心。而卒至於逃倫棄物。若是異者。非心之不實也。則不盡心之過也。蓋釋氏主在出世。故其學止於明心。明心則雖照乎天地萬物。而終歸於無有。吾儒主在經世。故其學貴盡心。盡心則能察乎天地萬物。而常處之有則。是吾儒與釋氏異者。則盡心與不盡心之分也。所謂毫釐千里者此也。而奚以罪心哉。今夫心之能察物。猶水之能流。火之能炎也。苟有人焉。潴水不流。而欲其常澄。宿火不炎。而欲其常熖。亦豈水火之罪哉。而世乃獨以虛幻不實歸罪於人心。則又烏取實哉。雖然。使世儒誠有得於盡心之旨。則實者未嘗不虛。而虛者乃所爲實也。實無不虛。費而隱也。無聲無臭。是也。虛無不實。微之顯也。三千三百是也。其究一也。而世儒未達也。

何謂心性之錮。曰。先儒以爲心者止於知覺而知覺所具之理爲性。故其言曰。能覺者心。所覺者理。意者覺虛而理實。則心虛而性實。此心性大較也。故心性雖不可離。而尤不可混。其果然歟。胡子曰。然。非也。夫先儒以知覺爲心。以實理爲性。固可謂不混矣。然以理爲在物。則性亦當爲在物。是性雖不與心混。而不免與物淆矣。其可通乎。曰。先儒有言。性者心之理。又曰。心統性情。則未嘗不以性具於心者也。獨未認知覺爲性耳。曰。若是則先儒之語理與性也。一以爲在物。一以爲在心。是在物在心。其各相半焉已矣。其又可通乎。曰。然則子將奚析曰。心性奚能析。嘗試譬之。心猶之火。性猶之明。有一星之火。卽有一星之明。明不在火之表。性猶火之明。情猶明之光。有一星之明。卽有一星之光。光不在明之後。故謂火與明與光異號則可。謂爲異物則不可也。謂心與性與情異文則可。謂爲異體則不可也。子不見性之文從心從生。夫人心惟覺則生。弗覺則弗生。惟生則理。弗生則弗理。假令捧土揭木。儼若其形蒙以袞舃。載以軒冕。立傅而告之曰。是爲父子之親。君臣之義。蓋塊如也。而況物理何哉。以土木無覺故也。是以舍人心之覺。則無性矣。又焉有理哉。是故蘊而仁義禮智藏焉。始非有物焉以分貯於中也。則覺爲之宰也。感之惻隱羞惡辭讓是非形焉。亦非有物焉以分布於外也。則覺爲之運也。方其宰也。而無不運。雖天下之至虛而無不實也。方其運也。而無不宰。雖天下之至實而無不虛也。故覺卽性。非覺之外有性也。性卽理。非性之外有理也。又烏有夫覺虛理實心虛性實之謂哉。夫覺何以若是至哉。帝降之衷。天命之性。靈而能生。生而能理故也。是故帝堯之謂欽明。帝舜之謂濬哲。文王之謂緝熙。太甲之謂明命。成王之謂光明。伊尹之謂先覺。大學之謂明德。衛武之謂有覺德行。程伯子之謂明覺自然。紫陽夫子亦謂之本體之明。疇非是也。曩子所謂五倫五教五事三物九德四術五禮六樂六府三事九疇九經。以迨天地萬物無有端崖。疇非是也。然則所覺者。卽能覺者爲之也。向無能覺者。則亦捧土揭木已爾。亦烏有夫所覺者哉。曰。先儒文言覺於理則爲道心。覺於欲則爲人心。今先生以覺語性。安知不覺於欲而爲人心歟。曰。審如先儒之言。是烏足以言覺。古者醫書以手足痿痺爲不仁。言弗覺也。誠覺則痛癢流行。而仁理在其中矣。豈覺之外而別有痛癢。別有仁理哉。是故覺卽道心。亦非覺之外而別有道心也。人惟蔽其本覺而後爲多欲。爲人心。當其爲多欲。爲人心。則雖有聞見知識辨別物理。亦均爲痿痺而已。而奚其覺。然則謂覺爲覺於欲者非也。曰。釋氏以作用爲性。若是胡以異也。曰。吾儒之語性。有專以體言者。記所謂生而靜者是也。有專以用言者。孟子所謂惻隱羞惡辭讓是非是也。若獨以作用罪釋氏。則孟子亦失矣。此未可以正其非。夫覺性者。儒釋一也。而所以異者。則盡與未盡絲分也。吾嘗比釋氏於宿火瀦水。而水火奚罪哉。今奈何嫌於覺性之相近。乃至駢拇物理以相別也。可乎。昔漢廷欲盡誅中常侍。而濫及於無鬚者。他凡無鬚者懼及己也。乃皆畫鬚以自別。今之儒者懼近釋氏。而必求物理以自別。是亦畫鬣者之自爲贅也。豈不過甚矣哉。曰。子固合心性而一之矣。然夫子稱回曰其心三月不違仁。孟子又以芻豢喻理義。若是乎析也。何哉。曰。世儒之藉口也久矣。甚哉其泥文牽義之無瘳也。信如世儒之疑。則仁亦爲在物矣。顏子又安得輓在物之仁而不違於心哉。不知仁人心也。心存則仁自不違。非心外索仁也。顏子雖大賢。或不能盡存於三月之后。夫子所以稱而激之。豈謂仁與心爲二物哉。若夫理義芻豢人孰不知。孟子之取辟也。豈誠以理義之在物哉。世儒外理而物之。而義又可外乎。甚哉泥文牽義之莫瘳也。子姑反觀。無滯嘐囈。惑也終身。

何謂循序之錮。曰。古者學不躐等。敎不淩節。貴有序也。否則欲益而賊之者至矣。以孔子上聖。猶曰下學而上達。其敎人也。曰中人以上可以語上。中人以下不可以語上。是孔子且不能躐等而學。淩節而敎。而況衆人乎。故古之小學。必習於少儀曲禮。學於詩書禮樂。未有先從事心性也。今子嘐嘐然唯心性之務。先靈覺之獨切。吾恐先後序紊。而中下者惘然弗之入矣。然則書所稱學於古訓。易所言多識蓄德。則又何也。胡子曰。然非也。不聞大學之敎曰。物有本末。事有終始。知所先後。則近道矣。古人以先本後末。先始後終爲序。未聞先末與終之爲序也。猶之種樹。必先植其根。而爲之培灌。積日而累月焉。然後其枝幹葉葩。從而敷茂。其爲序何漸也。猶之治水。必先濬其源。而爲之疏決。積日而累月焉。然後江淮河漢。從而涵浸。其爲序何漸也。心性者。學之根與源也。古之大學。欲明明德於天下國家者。乃推極其本。曰先修其身。而修身先正心。正心先誠意。誠意先致知。而知卽性也。然則君子曷嘗不務先於心性哉。其爲序亦何異於植根濬源。而積日累月者之爲漸也。世儒乃反以先本爲非。必欲窮索物理。而豫求於末終。又何異種樹者先求其葩葉。導水者先事於江河。非獨淩節躐等。亦將莫究其所底矣。是不爲紊也。孰紊哉。夫本末非二物也。立本固以豐末。而顚末未有能生本者也。若孔子所謂語上語下。下學上達。要亦本末之間。均有上下。非謂以本爲上。以末爲下也。蓋自用力者而言謂之下。自得力者而言謂之上。孔子告顏淵仲弓。則并其得力者而語之。是所謂可語上者也。告樊遲司馬牛。則止曰恭忠敬曰訒言。而未嘗及得力之事。是所謂不可語上者也。然仁卽心也。性也。恭忠敬訒言卽存心也。養性也。孔門曷嘗不以心性教。亦曷嘗不以心性學哉。蓋心性自不離乎言行。而言行固皆出乎心性。第曰心性本也。而未可後焉爾。非離言行爲心性者也。小學者習於少儀曲禮。治於詩書禮樂。皆將以收攝其心。磨礱其性。禁於未然。而非專求其文義已也。故曲禮發篇曰毋不敬。風雅大旨曰思無邪。孔子敎弟子入孝出弟。謹信親仁。最先而學文特餘力耳。然則聖人敎學先後之序。蓋可覩已。豈嘗以先末爲序哉。且學於古訓者。其孰爲古歟。蓋莫古於精一執中之學。而人君尤務先焉。人君者雖未可以廢書。然一日二日萬幾。若必如經生學究以討求乎物理。其勢不可得矣。堯舜之智。不能徧物。況後世乎。經曰。自天子至於庶人。壹是皆以修身爲本。若以理爲在物。從物物而索之。則上必不能通於天子。下必不能通於庶人。又奚足以言理。若夫前言往行。亦莫非自古人心性出也。故君子多識前言往行。專以蓄德。非曰泛然馳騖物理者倫也。昔者謝顯道舉史不遺一字。程伯子譏之曰。玩物喪志。然則古人之學古多識。又可覩已。亦豈以先末爲序哉。而世儒迄不自知其爲紊也。嗟嗟。

何謂格物之錮。曰。弟子荷明訓。內反諸心。外印諸經。其於致知之旨。瞭矣。何則。知也者。卽經文所謂明德是已。致知者。卽經文所謂明明德是已。以是知東越致良知之訓。雖孔曾復生無以易也。然東越訓格物曰正其不正以歸於正。則似與正心義相涉。引初學者猝難了也。蓋嘗聞之。倉頡觀鳥跡而作字。奚仲觀轉蓬而造車。中古聖人。仰觀俯察。制器尙象。莫不取諸物。觀冠員象天。履方傚地。聘取圭璋。樂徵律呂。婚陳鴻雁。贄用雉羔。授時假諸璿璣。考祥驗諸蓍龜。三公擬自三台。五等法乎五行。帝堯之十二章。咸有取義。故曰。天生神物。聖人則之。天地變化。聖人效之。天垂象。見吉凶。聖人象之。河出圖。洛出書。聖人則之。聖人者。雖未嘗索物求理。亦鮮不因物觸心哉。然則致吾良知而無遺物。豈亦其旨與。胡子曰。然。非也。夫以經訓經。則經可明。移經就己。則義益晦。世儒以至訓格矣。乃轉而爲窮。以物語物矣。乃增而爲理。是正所謂移經以就己。經安得不晦焉。經上文不曰物有本末。而下文卽以格物應。是寧有二物哉。格有通之義。致知在格物者。蓋言古人之致其良知。雖曰循吾覺性。無感不應。而猶懼其泛也。則恆在於通物之本末。而無以末先其本。夫是則其本卽格物而致知之功不雜施矣。故其下文曰。壹是皆以修身爲本。其本亂而末治者否矣。其卒語曰。此謂知本。此謂知之至也。吁。亦明甚矣。異時夫子曰。反求諸其身。孟子曰。反求諸己。又曰。萬物皆備。反身而誠。皆格物疏義也。括而言之。曰知本而已。夫致知非遺本也。而其求端用力。孳孳反顧。尤在於本而後能不泛也。而末學者未嘗一力其本。乃先以窮索物理爲事。濫焉浩焉。如賈舶之無所歸。不倒置而拂經也哉。彼既倒置矣。而猶自以爲知序。不尤倒乎。而子又以制字造車。仰觀俯察。制器尙象者言之。是特以語聖王開物成務之故。而無裨於學者求端用力之方。此正謂先末後本。先終後始。其於大學之道。不尤倒而重傷乎。曰。格物則然。窮理何居。曰。窮之義盡也。極也。而非謂窮索也。易繫曰。窮神知化。夫神不可致思。矧可索乎。故窮神有極神之義焉。窮理則亦然矣。記曰。窮人欲。滅天理。得非謂極欲而滅理者耶。誠使極天理則滅人欲矣。窮理者。卽極夫天理之謂也。豈在物哉。是卽所謂致知所謂明明德。故程伯子曰。才窮理。卽盡性至命。更無次第。不可以窮理屬知之事。而世之言窮索物理者遠哉。曰。先儒曰。理有所當然。所以然。此非獨自人身。雖一草一木。亦皆有之。曰。一草一木。則烏覩乎所當然所以然者哉。儒者豈不曰。草木之生有時。而形有定。此所謂理也。然而有春花產乎冬。實樗質生乎人面仆而髭伐而血者。何哉。人曰此草妖木怪也。然謂有怪理。可乎。彼其所當然所以然則奚以窮也。豈不曰天淸地寧日晨月夕此所謂理也。然而有裂陷朓朒仄慝暈珥晝星而夜日烏夾而蜺貫其極則有雙月兩日日中見人馬戰鬬之異又有山移數里而蟲魚猝生雨毛隕石穴犬井羊之殊者。何哉。人曰此變象也。然謂有變理。可乎。彼其所當然所以然則奚以窮也。豈不曰大德受命作善降祥此所謂理也。然而孔子旅人下惠三黜顏回夭折。仲弓癩死者何哉。人曰此異數也而謂有異理。可乎。彼其所當然所以然則奚以窮也。曰弟子聞諸陰陽人物之失傳洪範者皆歸咎於人事。乃至春秋以降明王不作則何疑於尼惠之不遇。曰若是則理之在人不在物也益瞭矣。知本之學可後乎哉。

呂坤　明寧陵人。字叔簡。號心吾。萬歷進士。歷官內外。留意風敎。主持正義。爲小人所不容。致仕。卒年八十三。坤少時資質魯鈍。讀書不能成誦。繼乃澄心體認。久之了悟。其學不語精微。不談高遠。所著文字皆切近淺顯以躬行實踐爲本。（案淸陳宏謨有養正訓俗等遺規五種。所收此類文字甚多。學者可取備參閱）著有呻吟語閨範實政錄去僞齋文集。

好人歌

天地生萬物。惟人最爲貴。人中有好人。更出人中類。好人先忠信。好人重孝弟。好人知廉恥。好人守禮義。好人不縱酒。好人不戀妓。好人不賭錢。好人不倘氣。好人不仗富。好人不倚勢。

好人不欠糧。好人不侵地。好人不敎唆。好人不妬忌。好人不說謊。好人不謔戲。好人沒閒言。

好人不謗議。好人沒歹朋。好人沒浪會。好人不村野。好人不狂悖。好人不懶惰。好人不妄費。

好人不輕浮。好人不華麗。好人不邋遢。好人不蹺蹊。好人不强梁。好人不暗昧。好人救患難。

好人施恩惠。好人行方便。好人讓便宜。惡人罵。好人不答對。惡人打。好人只躲避。

不論大小人。好人不得罪。不論大小事。好人合天理。富人做好人。陰功及後世。貴人做好人。

鄉黨不咒詈。貧人做好人。說甚干頃地。賤人做好人。不數王侯貴。少年做好人。德望等前輩。

老年做好人。遮盡一生罪。弱漢做好人。强人自羞愧。惡人做好人。聲名重十倍。好人鄉邦寶。

好人家國瑞。好人動鬼神。好人感天地。不枉做場人。替天出口氣。吁嗟乎百年。一去永不還。

休做惡人流世間。

爲善記

問吉凶於卜筮者。惑也。善則吉。不善則凶。登泰山。造浮圖。衣冠土木。諂事神鬼者。褻也。善則福。不善則毀。雖然此理也。聖人敎人不得已之說也。至其自爲則不然。善者皆凶。而君子不敢避。善以趨吉。善者皆禍。而君子不敢違。善以要譽。父慈子孝。兄愛弟敬。夫義婦順。家人和。姻族睦。不傷人。不害物。安常處順。以求無負於民彝。如斯而已矣。其吉也。福也。譽也。君子之爲善。自若也。反是。君子之爲善。亦自若也。吾爲所當爲。如飢之食。渴之飮耳。吾不爲所不爲。

如飢不食堇。渴不飲鴆。耳吉凶禍福毀譽。聽其自來也。於我何與焉。

黃宗羲　清餘姚人。字太冲。號梨洲。明將亡。奔走營救。卒無功。入清。隱居敎授。數徵不起。其學推本姚江。而綜會諸家。博考經史。力矯王學末流之弊。嘗言讀書不多。無以證理之變化。多而不求諸心。則爲俗學。晚年著明夷待訪錄。以箕子自比。其議論縱橫透闢。顧炎武極歎服之。卒年四十六。門人追謚曰文孝。學者稱南雷先生。又有南雷文定。明儒學案等書。

原君

有生之初。人各自私也。人各自利也。天下有公利而莫或興之。有公害而莫或除之。有人者出。不以一己之利爲利。而使天下受其利。不以一己之害爲害。而使天下釋其害。此其人之勤勞。必千萬於天下之人。夫以千萬倍之勤勞。而己又不享其利。必非天下之人情所欲居也。故古之人君。量而不欲入者。許由務光是也。入而又去之者。堯舜是也。初不欲入而不得去者。禹是也。豈古之人有所異哉。好逸惡勞。亦猶夫人之情也。後之爲人君者不然。以爲天下利害之權。皆出於我。我以天下之利盡歸於己。以天下之害盡歸於人。亦無不可。使天下之人不敢自私。不敢自利。以我之大私爲天下之公。始而慚焉。久而安焉。視天下爲莫大之產業。傳之子孫。受享無窮。漢高祖所謂某業所就。孰與仲多者。其逐利之情。不覺見之於辭矣。此無他。古者以天下爲主。君爲客。凡君之所畢世而經營者。爲天下也。今也以君爲主。天下爲客。凡天下之無地而得安寧者。爲君也。是以其未得之也。屠毒天下之肝腦。離散天下之子女。以博我一人之產業。曾不慘然。曰我固爲子孫創業也。其既得之也。敲剝天下之骨髓。離散天下之子女。以奉我一人之淫樂。視爲當然。曰此我產業之花息也。然則爲天下之大害者。君而已矣。向使無君。人各得自私也。人各得自利也。嗚呼。豈設君之道固如是乎。古者天下之人愛戴其君。比之如父。擬之如天。誠不爲過也。今也天下之人怨惡其君。視之如寇讎。名之爲獨夫。固其所也。而小儒規規焉以君臣之義無所逃於天地之間。至桀紂之暴。猶謂湯武不當誅之。而妄傳伯夷叔齊無稽之事。乃兆人萬姓崩潰之血肉。曾不異夫腐鼠。豈天地之大。於兆人萬姓之中。獨私其一人一姓乎。是故武王聖人也。孟子之言。聖人之言也。後世之君。欲以如父如天之空名。禁人之窺伺者。皆不便於其言。至廢孟子而不立。非導源於小儒乎。雖然。使後之爲君者。果能保此產業。傳之無窮。亦無怪乎其私之也。既以產業視之。人之欲得產業。誰不如我。攝緘縢。固扃鐍。一人之智力。不足以勝天下欲得之者之衆。遠者數世。近者及身。其血肉之崩潰。在其子孫矣。昔人願世世無生帝王家。而毅宗之語公主。則曰若何爲生我家。痛哉斯言。回思創業時。其欲得天下之心。有不廢然摧阻者乎。是故明乎爲君之職分。則唐虞之世。人人能讓。許由務光非絕塵也。不明乎爲君之職分。則市井之間。人人可欲。許由務光所以曠後世而不聞也。然君之職分難明。以俄頃淫樂不易無窮之悲。雖愚者亦明之矣。

原臣

有人焉。視於無形。聽於無聲。以事其君。可謂之臣乎。曰。否。殺其身以事其君。可謂之臣乎。曰。
否。夫視於無形。聽於無聲。資於事父也。殺其身者。無私之極則也。而猶不足以當之。則臣道
如何而後可。曰。緣夫天下之大。非一人之所能治。而分治之以羣工。故我之出而仕也。爲天
下。非爲君也。爲萬民。非爲一姓也。吾以天下萬民起見。非其道。卽君以形聲强我。未之敢從
也。況於無形無聲乎。非其道。卽立身於朝。未之敢許也。況於殺其身乎。不然。而以君之一身
一姓起見。君有無形無聲之嗜慾。吾從而視之聽之。此宦官宮妾之心也。君爲己死而爲己
亡。吾從而死之亡之。此其私暱者之事也。是乃臣不臣之辨也。世之爲臣者昧於此義。以謂
臣爲君而設者也。君分吾以天下而後治之。君授吾以人民而後牧之。視天下人民爲人君
囊中之私物。今以四方之勞擾。民生之憔悴。足以危吾君也。不得不講治之牧之之術。苟無
係於社稷之存亡。則四方之勞擾。民生之憔悴。雖有誠臣。亦以爲纖芥之疾也。夫古之爲臣
於此乎。於彼乎。蓋天下之治亂。不在一姓之興亡。而在萬民之憂樂。是故桀紂乃所以爲治
也。秦政蒙古之興。乃所以爲亂也。晉宋齊梁之興亡。無與於治亂者也。爲臣者輕視斯民之
水火。卽能輔君而興。從君而亡。其於臣道固未嘗不背也。夫治天下。猶曳木然。前者唱邪。後

者唱許。君與臣共曳木之人也。若手不執紼。足不履地。曳木者唯娛笑於曳木者之前。從曳木者以爲良。而曳木之職荒矣。嗟乎。後世驕君自恣。不以天下萬民爲事。其所求乎草野者。不過欲得奔走服役之人。乃使草野之應於上者。亦不出夫奔走服役。一時免於飢寒。遂感在上之知遇。不復計其禮之備與不備。躋之僕妾之間而以爲當然。萬曆初。神宗之待張居正。其禮稍優。此於古之師傅。未能百一。當時論者駭然居正之受無人臣之禮。夫居正之罪。正坐不能以師傅自待。聽指使於僕妾。而責之反是。何也。是則耳目浸淫於流俗之所謂臣者以爲鵠矣。又豈知臣之與君。名異而實同耶。或曰。子不與臣並稱乎。曰。非也。父子一氣。子分父之身而爲身。故孝子雖異身。而能日近其氣。久之無不通矣。不孝之子。分身而後。日遠日疏。久之而氣不相似矣。君臣之名。從天下而有之者也。吾無天下之責。則吾在君爲路人。出而仕於君也。不以天下爲事。則君之僕妾也。以天下爲事。則君之師友也。夫然謂之臣。其名累變。夫父子固不可變者也。

原法

三代以上有法。三代以下無法。何以言之。二帝三王知天下之不可以無養也。爲之授田以耕之。知天下之不可無衣也。爲之授地以桑麻。知天下之不可無教也。爲之學校以興之。爲之婚姻之禮以防其淫。爲之卒乘之賦以防其亂。此三代以上之法也。固未嘗爲一己立也。後之人主。既得天下。惟恐其祚命之不長也。子孫之不能保有也。思患於未然以爲之法。
然則其所謂法者。一家之法。而非天下之法也。是故秦變封建而爲郡縣。以郡縣得私於我
也。漢建庶孼。以其可以藩屏於我也。宋解方鎭之兵。以方鎭之不利於我也。此其法何曾有
一毫爲天下之心哉。而亦可謂之治乎。三代之法。藏天下於天下者也。山澤之利。不必其盡
取。刑賞之權。不疑其旁落。貴不在朝廷也。賤不在草莽也。在後世方議其法之疏。而天下之
人。不見上之可欲。不見下之可惡。法愈疏而亂愈不作。所謂無法之法也。後世之法。藏天下
於筐篋者也。利不欲其遺於下。福必欲其歛於上。用一人焉則疑其自私。而又用一人以制
其私。行一事焉。則慮其可欺。而又設一事以防其欺。天下之人。共知其筐篋之所在。吾亦鰓
鰓然日爲筐篋之是虞。故其法不得不密。法愈密而天下之亂。卽生於其中。所謂非法之法
也。論者謂一代有一代之法。子孫以法祖爲孝。夫非法之法。前王不勝其利欲之私以創之。
後王或不勝其利欲之私以壞之。壞之者固足以害天下。其創之者亦未始非害天下者也。
乃必欲周旋於此膠彼漆之中。以博憲章之餘名。此俗儒之剿說也。卽論者謂天下之治亂。
不繫於法之存亡。夫古今之變。至秦而一盡。至元而又一盡。經此二盡之後。古聖之所惻隱
愛人而經營者。蕩然無見。苟非爲之遠思深覽。一一通變。以復井田封建學校卒乘之舊。雖
小小更革。生民之戚戚終無已時也。卽論者謂有治人無治法。吾以謂有治法而後有治人。

自非法之法桎梏天下人之手足。卽有能治之人。終不勝其牽輓嫌疑之顧盼。有所設施。亦就其分之所得。安於苟簡。而不能有度外之功名。使先王之法。而在莫不有法外之意存乎其間。其人是也。則可以無不行之意。其人非也。亦不至於深刻羅網。反害天下。故曰有治法而後有治人。

顧炎武　清崑山人。初名絳。字寧人。號亭林。明諸生。奉母遺命。不事二姓。入清後。周遊四方。載書自隨。康熙間。薦應鴻博。修明史。皆不就。後卒於華陰。年七十。其學主於博文有恥。不悅以理學立名。嘗謂經學。卽理學。其非王學尤甚。又長於考證。爲清代漢學家所宗。著有日知錄。音學五書。天下郡國利病書。詩文集數十種。

與友人論學書

比往來南北。頗承友朋推一日之長。問道於盲。竊歎夫百餘年以來之爲學者。往往言心言性。而茫乎不得其解也。命與仁。夫子之所罕言也。性與天道。子貢之所未得聞也。性命之理。著之易傳。未嘗數以語人。其答問士也。則曰行己有恥。其爲學。則曰好古敏求。其與門弟子言。舉堯舜相傳所謂危微精一之說。一切不道。而但曰允執其中。四海困窮。天祿永終。嗚呼。聖人之所以爲學者。何其平易而可循也。故曰下學而上達。顏子之幾乎聖也。猶曰博我以文。其告哀公也。明善之功。先之以博學。自曾子而下。篤實無若子夏。而其言仁也。則曰博學而篤志。切問而近思。今之君子則不然。聚賓客門人之學者數十百人。譬諸草木。區以別矣。

而一皆與之言心言性。舍多學而識以求一貫之方。置四海之困窮不言。而終日講危微精一之說。是必其道之高於夫子。而其門弟子之賢於子貢。祧東魯而直接二帝之心傳者也。我弗敢知也。孟子一書。言心言性。亦諄諄矣。乃至萬章公孫丑陳代陳臻周霄彭更之所問。與孟子之所答者。常在乎出處去就辭受取與之間。以伊尹之元聖。堯舜其君其民之盛德大功。而其本乃在乎千駟一介之不視不取。伯夷伊尹之不同於孔子也。而其同者。則以行一不義。殺一不辜。而得天下不為。是故性也命也天也。夫子之所罕言。而今之君子之所恆言也。出處去就辭受取與之辨。孔子孟子之所恆言。而今之君子所罕言也。謂忠與清之未至於仁。而不知不忠與清而可以言仁者。未之有也。謂不忮不求之不足以盡道。而不知終身於忮且求。而可以言道者。未之有也。我弗敢知也。愚所謂聖人之道者如之何。曰博學於文。曰行己有恥。自一身以至於天下國家。皆學之事也。自子臣弟友以至出入往來辭受取與之間。皆有恥之事也。恥之於人大矣。不恥惡衣惡食。而恥匹夫匹婦之不被其澤。故曰萬物皆備於我矣。反身而誠。嗚呼。士而不先言恥。則為無本之人。非好古而多聞。則為空虛之學。以無本之人而講空虛之學。吾見其日從事於聖人而去之彌遠也。雖然。非愚之所敢言也。且以區區之見。私諸同志而求起予。

張爾岐　清濟陽人。字稷若。號蒿庵。明諸生。清時隱居教授。恪守程朱之說。篤志力行。卓然經師。尤精三禮。顧炎武自以爲不如卒。年六十六。著有儀禮鄭注句讀周易說略春秋傳義蒿庵集蒿庵閒話。

辨志

人之生也。未始有異也。而卒至於大異者。何也。人生而呱呱以啼。啞啞以笑。蠕蠕以動。惕惕以息。無以異也。出而就傅。朝授之讀。暮課之義。同一聖人之易書詩禮春秋也。及其既成。或爲百世之人焉。或爲天下之人焉。或爲一國一鄉之人焉。其劣者爲一室之人七尺之人焉。至於最劣。則爲不具之人。異類之人焉。言爲世法。動爲世表。存則儀其人。沒則傳其書。流風餘澤。久而愈新者。百世之人也。功在生民。業隆匡濟。身存則天下賴之以安。身亡則天下莫知所恃者。天下之人也。恩施沾乎一域。行能表乎一方。業未大光。立身無負者。一國一鄉之人也。若夫智慮不離乎鍾釜。慈愛不外乎妻子。則一室之人而已。耽口體之養。徇耳目之娛。膜外概置。不通痾癢者。則七尺之人而已。篤於所嗜。瞀亂荒遺。則不具之人。因而敗度滅義。爲民蠹害者。則爲異類之人也。豈有生之始。遽不同如此哉。抑且有驅迫限制爲之區別致然哉。習爲之耳。習之不同。志爲之耳。志在乎此。則習在乎此矣。志在乎彼。則習在乎彼矣。子曰。苟志於仁矣。無惡也。言志之不可不定也。故志乎道義。未有入於貨利者也。志乎貨利。未有幸而爲道義者也。志乎道義。則每進而上。志乎貨利。則每趨而下。其端甚微。其效甚巨。近在胸臆之間。而遠周天地之內。定之一息之頃。而著之百年之久。志之爲物。往而必達。圖而必成。及其既達。則不可以返也。及其既成。則不可以改也。世之誦周公孔子之言。通其義以售於世者。項相望也。周公孔子之遺教。未聞有見諸行事。被於上下者。豈少而習之長而忘之歟。無亦誦周公孔子。志不在周公孔子也。志不在周公孔子。則所志必貨利矣。以志在貨利之人。而乘富貴之資。制斯人之命。吾懟民生之日蹙也。今夫種之播於地也。種粱菽則粱菽矣。種烏附則烏附矣。雨露之滋。壅培之力。各視所種以成效也。粱菽成則人賴其養。烏附成。則人被其毒。學不正志。而勤其佔畢。廣其聞見。美其文辭。以售於世。則所學於古之人者。皆其毒人自利之藉也。嗚呼。學者一日之志。天下治亂之原。生人憂樂之本矣。學記曰。凡學官先事。士先志。故未官者。必使正其志。教而不知先志。學而不知尙志。欲天下治隆而俗美。何繇得哉。故人之漫無所志。安坐飽食而已者。自棄者也。舍其道義。而汲汲貨利。不知自返者。將致毒於人以賊其身者也。自棄不可也。毒人而以賊其身。愈不可也。且也志在道義。未有不得乎道義者也。窮與達均得焉。志在貨利。未必貨利之果得也。而道義已坐失矣。人茍審乎內與外之分。必得與不必得之數。亦可以定所志哉。

答顧寧人書

辱惠教言。訓勵諄切。多所獎牖。且示以康成泰山徂徠三先生之遺烈。而期之修述。此豈猥陋敢希萬一。雖然自有識來。於六經亦常稍涉其流矣。見諸儒先之言經者。後先繼出。注疏之典核。程朱之深醇。語詳而擇精。似已各極其至。學者苟能席其成業。尊所聞而行所知。上者可至於聖賢。下者亦足以效一官。濟一隅。名一善而無難。私謂士生今日。欲倡正學於天下。似不必多所著述。正當以篤志力行爲先務耳。不識高明以爲何如。論學書粹然儒者之言。特拈博學行己二事。以爲學鵠。確當不易。眞足砭好高無實之病。行己有恥一語。更覺切至。學之眞僞。祇以行己爲斷。行己果有恥也。博學固以考辨得失。卽言心言性。亦非鑿語。行己未必果有恥也。言心言性。固恍惚無據。卽博學亦未免玩物喪志之失。此愚見所以於二語中。更服此語之有裨世教也。爾岐老矣。於博學已無及。敢不益勵其恥。以終餘年乎。在愚見。又有欲質者。性命之理。夫子固未嘗輕以示人。其所與門弟子詳言而諄復者。何一非性命之顯設散見者歟。苟於博學有恥。眞實踐履。自當因標見本。合散知總。心性天命。將有不待言而庶幾一遇者。故性命之理。騰說不可也。未始不可默喩。侈於人不可也。未始不可驗諸己。强探力索於一日不可也。未始不可優裕漸漬以俟自悟。如謂於學人分上。了無交涉。是將格盡天下之理。而反遺身以內之理也。恐其知有所未至。則行亦有所未盡。將令異學之直指本體。反得誇耀所長。誘吾黨以去。此又留心世教者之所當慮也。寡昧之質。樂求師資。不敢苟異。亦不敢苟同。惟幸裁正。拙作本欲請教。既承近日不作文字。遂亦不敢復以此等相瀆。所以然者。欲先生永不破除此戒耳。獨中庸論一篇。似與論學書旨有偶似者。謹錄奉覽。倘肯一涉筆。繩削乎。

陸世儀　清太倉人。字道威。明諸生。嘗從劉宗周學。博洽無所不通。窮居教授。明亡。拓地十畝。築亭其中。自號曰桴亭。不通賓客。其學主敦守禮法。不虛談誠敬之旨。與陸隴其並稱二陸。年六十二卒。門人私謚曰尊道先生。亦曰文潛先生。有思辨錄。桴亭全集等種。

論讀書

古之學聖賢易。今之學聖賢難。只如讀書一節。書籍之多。千倍於古。學者苟欲學爲聖賢。非博學不可。然苟欲博學。則此汗牛充棟者將何如耶。偶思得一讀書法。將所讀之書。分爲三節。自五歲至十五爲一節。十年誦讀。自十五歲至二十五爲一節。十年講貫。自二十五至三十五爲一節。十年涉獵。使學有漸次。書分緩急。庶幾學者可由此而程工。朝廷亦可因之而試士矣。所當讀之書。約略開後。

十年誦讀

小學　四書　五經　周禮　太極通書西銘　綱目　古文　古詩　各家歌訣

十年講貫

四書　五經　周禮　性理　綱目　本朝事實　本朝典禮　本朝律令　文獻通考

大學衍義　天文書　地理書　水利農田書　兵法書　古文　古詩

十年涉獵

四書　五經　周禮　諸儒語錄　二十一史　本朝實錄及典禮律令諸書　諸家經濟類書　諸家天文　諸家地理　諸家水利農田書　諸家兵法　諸家古文　諸家詩

以上諸書。力能兼者兼之。力不能兼。則略其涉獵。而專其講貫。又不然。則去其詩文。其於經濟中或專習一家。其餘則斷斷在所必讀。庶學者俱爲有體有用之士。今天下之精神。皆耗於帖括矣。誰肯爲眞讀書人。而國家又安得收讀書之益哉。

張履祥　清桐鄉人。字考夫。明諸生。從劉宗周聞愼獨之學。晚年專意程朱。立身端直。躬習農事。學者稱楊園先生。卒年六十四。有楊園全書。

與何商隱書

論語一書。謹言愼行爲多。不亟亟於頭腦也。顏子所述善誘之功。則曰博文約禮而已。他日所請爲仁之目。則曰非禮勿視聽言動而已。竊謂此卽所謂約禮之實也。博文約禮。三千之徒。莫不從事於此。非獨爲顏子致也。曾子所示一貫之指。則曰忠恕而已。子思受曾子之學者也。中庸所述。與論語曾子之言。如合符節。故曰忠恕違道不遠。孟子傳子思之學者也。其言曰。居仁由義。曰求放心。其曰持其志無暴其氣者。卽求放心之謂也。求放心。則中庸戒愼恐懼之謂。而論語曰省其身。如臨深淵。如履薄冰之指也。仁義二字。論語未嘗並舉。見於易傳則有曰立人之道曰仁與義。見於中庸則曰。仁者人也。親親爲大。義者宜也。尊賢爲大。則亦夫子之言也。至云反身而誠。樂莫大焉。强恕而行。求仁莫近。則與曾子子思先後一轍矣。三代以下。在濂溪則曰主靜立人極。在關中則曰知禮成性。在程門則曰敬義夾持。曰存心致知。曰理一而分殊。在朱子則曰居敬窮理。要而論之。豈有異指哉。居敬所以存心也。窮理所以致知也。惟居敬故能直其內。惟窮理故能方其外。惟內之直。故能立天下之大本。惟外之方。故能行天下之達道。然居敬窮理。又非截然有兩種功夫也。博學審問愼思明辨。是爲窮理。其不敢苟且以從事。或勤始而怠終。及參以二三。卽爲居敬。故又曰學者用功當在分殊上。其曰知禮成性。卽約之以禮之謂。親親之殺。尊賢之等。皆天理也。故曰禮所生也。三百三千。皆所從出也。所謂分殊也。其曰主靜立極者。定之以中正仁義而已也。仁義而不軌以中正。則仁之或流於兼愛。義之或流於爲我。而人極不立矣。禮以敬爲本。則自無非僻之干。人欲退而天理還矣。欲退理還。則終日言。言其所當言。終日行。行其所無事而靜矣。故又曰無欲故靜。然則茂叔子厚。雖不言主敬。而敬在其中矣。由是而上質之鄒魯。豈不同條而共貫哉。象山敎人以擴充四端。以孩提知愛。稍長知敬。爲人皆堯舜。學者先立乎大。則小者不能奪。未嘗非孟子之指。但孟子之言心有等有殺之心也。故曰老吾老以及人之老。恩及禽獸。功不至百姓。以爲失權度之甚。又曰。聖人人倫之至。遵先王之法而過者。未之有也。象山信其心。知而謂本四端以行。卽堯舜所行不過是。夫惻隱而無權度則其弊恆至摩頂放踵而爲之。羞惡而無權度則其弊恆至拔一毛而不爲。故窮理爲要也。苟理明而義精。則或出或處。或默或語。皆將合乎規矩方圓之至。而時措之宜矣。象山黜窮理爲非是。欲舍規矩而自爲方圓也。正使離婁公輸子復生。有難任其目力者矣。知其理之一而不知其分之殊。所由流入於二氏。而其勢不可以止也。若下此以佛老之眞。剽吾儒之似。以文其奸言。遂其無忌憚者。又無論已。近世學者祖尙其說。以爲捷徑。稍及格物窮理。則謂之支離煩碎。夫惡支離則好直捷。厭煩碎則樂徑省。世儒動稱孟子直捷簡易。夫動容周旋中禮者。盛德之至。義路也。禮門也。君子能由是路。出入是門。非孟子之言乎。抑何不思之甚也。然則吾人學問舍居仁由義四字。更無所謂學問。吾人功夫舍居敬窮理四字。更無所謂功夫。凡先儒之言。若志伊尹之所志。學顏子之所學。若爲天地立心。爲生民立命。若以興起斯文爲己任。種種道術。舉不外是矣。夫居敬窮理之方。朱子以其躬行心得者。諄復言之。至詳至備矣。吾人遵而守之。日夕從事於此。則亦可以有獲矣。入門而升堂。升堂而入室。循之有其階。導之有其相也。或者信之不篤。不免徙倚於歧途。志之不勇。不免徘徊於方軌。以至日暮途遠。進退失據耳。今以朋儕中攸好之深。矣志之固。如仁兄者。蓋已不多矣。生平所致力於六行之修者。豈非仁義之事。其事之克修。豈非本於仁義之心哉。本仁義之心。以力行仁義之事。所以立人之道者。豈有他哉。而更欲頭腦之是求。古人騎驢覓驢之喻。是之謂矣。特患居敬之不熟。則有或得或失之憂。窮理之未精。則有或然或不然之慮。要亦無它道也。有不熟則勉進於熟而已。有未精則勉求其精而已。易曰。三人行則損一人。一人行則得其友。言致一也。九州萬國而統於一王。千流萬派而歸於一海。故曰禮儀三百。威儀三千。無一而非仁也。仁人心也義人路也。源深則流長。根凝則實茂。清明在躬。則志氣如神。平日功夫。惟在涵養其本原。以爲制事酬物之主爾矣。朋友講習養也。獨居思索亦養也。讀書考究養也。飲食動作亦養也念茲在茲。釋茲在茲。如伏雌之抱卵。其退不舍。其進不銳。如日月之貞恆。修其疆畔。時其耔耘。如農夫之力穡。而後可致其精也。而後可幾於熟也。必若先儒云。滿腔子皆惻隱之心。盎然若太和元氣之流行於天地之間。必若先儒云。在我之權度。精切不差。截然如萬物之各正其性命。子思所云擇善固執。孟子所云深造自得。其或以此也。與夫學問者。將以盡性命之理也。苟不本於天之所賦。物之所受。非學問之正也。安可使之有兩截乎。事物者。身心之準則也。苟事至物來。而處之不當其分。正身心之病也。安可視之爲兩途乎。自世儒以在物爲理。處物爲義之言爲不然。而體用內外始判而二之矣。自世儒不明於動靜不失其時之義。而以墮黜聰明爲靜。不明於心存斯是敬之義。而但以嚴威儼恪爲敬。而人倫庶物之外。

若別有一種學問矣。夫事物之不能不日至者。勢也。迎之非也。拒之亦非也。以其皆不免於自私而用智也。非順應之道也。無事則讀書。讀書者所以維持此心而不使其或怠也。非以務博也。默坐則思索。思索者所以檢點其身而不使其有闕也。非以耽寂也。事至則氾應。氾應者所以推行天理於事事物物而不使其有過有不及也。非以外馳也。無衆寡。無小大。無敢慢。則一矣。無有事無事。無有人無人。無敢慢。則一矣。一則窮通一矣。壽殀亦一矣。死生亦一矣。然則仁兄所憂心之粗而氣之昏者。或恐不一之故。未必皆不能讀書之故也。上蔡誦史。不遺一字。程子責其玩物喪志。上蔡面赤。程子曰。此即是惻隱之心。由是思之。讀書只是功夫之一種。非不能讀書便無功夫也。但擇善之功。惟讀書爲得益之易。故以爲先務耳。然即讀書而論。亦不可以不一矣。耳目一。則心志專而義理純熟。雜則意分而氣散。即日力亦有所不給矣。夫數學至康節。非小道矣。程子已能得其概。然不以學。後竟忘之。曰吾所知者。惠迪從逆而已。吾人聰明不逮古人遠甚。約之使歸於一。猶懼不克遂其初志。況敢旁搜而遐覽乎。夫孟子之言暴其氣者。非獨應事酬物言語動作之間。與夫喜怒哀樂之感也。書亦一物也。讀之亦一事也。物至而人化物。滅天理而窮人欲。惟讀書亦有之。故敬之道不可須臾舍也。顏子惟敬之純熟。故有不善未嘗不知。知之未嘗復行。孟子之睟面盎背。四體不言而喻。此物此志也。

朱用純　清崑山人字致一。明諸生父集璜殉國難死。用純慕王裒攀柏之義。自號柏廬其學恪守程朱。知行並進。而一以主敬爲要。或欲以鴻博薦固辭乃免。卒年七十一。所著有愧訥集其治家格言一篇辭義淺近婦孺傳誦。世有以爲宋朱子所作者誤也。

治家格言

黎明卽起。灑埽庭除。要內外整潔。旣昏便息。關鎖門戶。必親自檢點。一粥一飯。當思來處不易。半絲半縷。恆念物力維艱。宜未雨而綢繆。毋臨渴而掘井。自奉必須儉約。燕客切勿留連。器具質而潔。瓦缶勝金玉。飲食約而精。園蔬愈珍羞。勿營華屋。勿謀良田。三姑六婆。實淫盜之媒。婢美妾嬌。非閨房之福。奴僕勿用俊美。妻妾切忌豔妝。祖宗雖遠。祭祀不可不誠。子孫雖愚。經書不可不讀。居身務期質樸。訓子要有義方。勿貪意外之財。莫飲過量之酒。與肩挑貿易。毋佔便宜。見貧苦親鄰。須加溫恤。刻薄成家。理無久享。倫常乖舛。立見消亡。兄弟叔姪。須分多潤寡。長幼內外。宜辭嚴法肅。聽婦言。乖骨肉。豈是丈夫。重貲財。薄父母。不成人子。嫁女擇佳壻。毋索重聘。娶婦求淑女。勿計厚奩。見富貴而生諂容者。最可恥。見貧窮而作驕態者。賤莫甚。居家戒爭訟。訟則終凶。處世戒多言。言多必失。毋恃勢力而陵逼孤寡。勿貪口腹而恣殺牲禽。乖僻自是。悔誤必多。頹惰自甘。家道難成。狎暱惡少。久必受其累。屈志老成。急則可相倚。輕聽發言。安知非人之譖愬。當忍耐三思。因事相爭。安知非我之不是。須平心再想施惠無念。受恩莫忘。凡事當留餘地。得意不宜再往。人有喜慶。不可生妒忌心。人有禍患。不可生喜幸心。善欲人見。不是眞善。惡恐人知。便是大惡。見色而起淫心。報在妻女。匿怨而用暗箭。禍延子孫。家門和順。雖饔飧不繼。亦有餘歡。國課早完。卽囊橐無餘。自得至樂。讀書志在聖賢。非徒科第。爲官心存君國。豈計身家。守分安命。順時聽天。爲人若此。庶乎近焉。

王夫之　清衡陽人。字而農。號薑齋。明崇禎舉人。入清浪遊不仕。後愈隱晦。最後歸衡陽築室石船山。杜門著書。其論學以漢儒爲門戶。宋五子爲堂奧。尤神契張載正蒙之說。所著有船山全書。凡三百二十四卷。

俟解七則

讀史亦博文之事。而程子斥謝上蔡爲玩物喪志。所惡於喪志者。玩也。玩者。喜而弄之之謂。如史記項羽本紀。及竇嬰灌夫傳之類。淋漓痛快。讀者流連不舍。則有代爲悲喜。神飛魂蕩。而不自持。於斯時也。其素所志尙者。不知何往。此之謂喪志。以其志氣橫發。無益於身心也。豈獨讀史爲然哉。經亦有可玩者。玩之亦有所喪。如玩七月之詩。則且沈溺於婦子生計鹽米布帛之中。玩東山之詩。則且淫泆於室家嚅唲。寒溫拊摩之內。春秋傳此類尤衆。故必約之以禮。皆以肅然之心臨之。一節一目。一字一句。皆引歸身心。求合於所志之大者。則博可弗畔。而禮無不在矣。近世有千百年眼。史懷。史取。諸書。及屠緯眞鴻苞。陳仲淳古文品外錄之類。要以供人之玩。而李贄藏書。爲害尤烈。有志者勿惑焉。斯可與於博文之學。

人之所以異於禽獸者。君子存之則小人去之矣。不言小人而言庶民。害不在小人。而在庶民也。小人之爲禽獸。人得而誅之。庶民之爲禽獸。不但不可勝誅。且無能知其爲惡者。不但不知其爲惡。且樂得而稱之。相與崇尚而不敢踰越。學者但取十姓百家之言行而勘之。其異於禽獸者。百不得一也。營營終日。生與死俱者何事。一人倡之。千百人和之。若將不及者何心。芳春晝永。燕飛鶯語。見爲佳麗。清秋之夕。鶡啼蛩吟。見爲孤清。乃其所以然者。求食求匹偶。求安居。不則相鬭已耳。不則畏死而震慴已耳。庶民之終日營營。有不如此者乎。二氣五行。摶合靈妙。使我爲人而異於彼。抑不絕吾有生之情。而或同於彼。乃迷其所同而失其所異。以負天地之至仁。以自負其生。此君子所以憂勤惕厲而不容已也。庶民者流俗也。流俗者禽獸也。明倫察物。居仁繇義。四者禽獸之所不得與。壁立萬仞。止爭一線。可弗懼哉。

堂堂巍巍。壁立萬仞。心氣自爾和平。如彊壯有力者。雖負重任行赤日中。自能不喘。力大氣必和也。毋以簞豆竿牘爲恩怨。毋以婦人稚子之啼笑。田夫市販之毀譽爲得失。以之守身。以之事親。以之活人。焉往而生不平之氣哉。故曰未有小人而仁者也。卑下之必生於慘刻也。學道節修之士。自命爲豪傑。於此亦割捨不下。奚足以與於仁。王龍溪家爲火焚。其往來書牘。言之不置。平生講良知至此。躁氣浮動。其所謂良知者。非良知也。夫子廐焚。不問馬。故之惻怛心。專注於人。人幸無傷。則太和自在聖人胞中。以之事親則底豫。以之立身則浩然以之治人則天下歸之。此之謂良知。

吝似儉。鄙似勤。懦似愼。吝者貪而無已。何儉之有。鄙者銷磨歲月精力於農圃簞豆之中。而荒廢其與生俱生之理。何勤之有。懦者畏禍而避之。躬陷於大惡而不恤。何愼之有。儉者節其耳目口體之欲。節己而不節人。勤者不使此心昏昧偸安於近小。心專而志致。愼者畏其身入於非道。以守死持之而不爲禍福利害所亂。能儉能勤能愼。可以爲豪傑矣。莊生非知道者。且曰人莫悲於心死。而身死次之。吝也鄙也懦也。皆以死其心者也。

王介甫以經義易詩賦。其意良善。欲使天下之爲士者。習於聖賢之言。雖未深造。而心目之間。常有此理。作鏡中之影。以自知妍媸而飾之。自王守溪以弱肉彊食之句。爲邱瓊山所賞拔。而其所爲呼應開合裁翦整齊之法。羣相奉爲大家。不知天地間要此文字何爲。士風日流於靡。蓋此作之俑也。子曰。辭達而已矣。有意不達。達而不已。拙也。無意可達。惟言是飾。是謂言不繇衷。王守溪。薛方山之經義。何大復。王元美之詩。皆無意可達者也。爲士於今日不能不以此爲事。能達其意。如顧涇陽可矣。黃石齋之文狂。黃蘊生之文猾。殆其次乎。

侮聖人之言。小人之大惡也。自蘇明允以斗筲之識。將孟子支分條合。附會其雕蟲之技。孫月峯於國風。考工記。檀弓。公羊。穀梁。效其尤。而以纖巧拈弄之。皆所謂侮聖人之言也。然侮其詞。猶不敢侮其義。至姚江之學出。更橫拈聖言之近似者。摘一句一字以爲要妙。竄入其禪宗。尤爲無忌憚之至。讀五經四書。但平平讀去。涵泳中自有無窮之妙。心平則敬。氣平則靜。眞如父母師保之臨其上。而何敢侮之有。

陶淵明讀書。但觀大意。蓋自漢以後。注疏家瑣瑣訓詁。爲無益之長言。如昔人所誚曰若稽古四字。釋至萬餘言。如此者。不得遂之以汎濫失歸。陶公善於取舍。而當時小儒。驚爲迴異。乃此語流傳。遂爲慵惰疏狂者之口實。韓退之謂爾雅注蟲魚。爲非磊落人。而其識荀揚擇不精。語不詳。則自矜磊落者。必至之病。讀書者以對父母師保之心臨之。一謦欬一欠伸。皆不敢忽。而加以視於無形。聽於無聲之情。將順於意言之表。方可謂畏聖人之言。以疏慵之才而效陶公。自命爲磊落。此之謂自暴。

湯斌　清睢州人。字孔伯。一字荊峴。號潛菴。順治進士。累擢江蘇巡撫。澄清吏治。口碑載道。官至工部尚書。卒年六十一。謚文正。斌受業於容城孫奇逢。其論學頗宗陽明。而能持朱陸之平。以刻厲實行講求日用爲主。有洛學篇睢州志湯子遺書明史稿等種。

理學宗傳序

天之所以賦人者無二理。聖人之所以承天者無二學。蓋天命流行。化育萬物。秀而靈者爲人。本性之中。五常備具。其見於外也。見親則知孝。見長則知弟。見可矜之事則惻隱。見可恥之事則羞惡。不學不慮之良。人固無異於聖人也。惟聖人爲能體察天理之本然。而朝乾夕惕。自强不息。極之盡性至命。而操持不越日用飲食之間。顯之事親從兄。而精微遂至窮神知化之際。蓋其知明處當。乃吾性中自有之才。能參天贊化。亦吾性中自有之功用。止如其本性之分量。而非有加於毫末也。堯舜禹之相授受。曰人心惟危。道心惟微。惟精惟一。允執厥中。其爲教之目。曰父子有親。君臣有義。夫婦有別。長幼有序。朋友有信。此聖學之淵源。王道之根柢也。由湯文武周公孔子。以至顏曾思孟。成己成物。止有此道。在上在下。止有此學。秦漢而後。道喪文敝。賴江都文中昌黎。衍其端緒。至濂溪周子。崛起舂陵。直接鄒魯。程張邵朱諸儒。中所自得。道合心符。鍼芥不爽。蓋道之大原出於天。天不變。道亦不變。苟得其本心之同然。則千百世之上。千百世之下。固無異親授受於一堂者矣。如高曾祖禰與嫡子嫡孫。精氣貫通。譜帙昭然。而旁流支派。雖貴盛於一時。而不敢與大宗相抗。蓋誠有不可紊者在也。近世學者。或專記誦而遺德性。或重超悟而略躬行。又有爲儒佛合一之說者。不知佛氏之言心言性。似與吾儒相近。而外人倫遺事物。其心起於自私自利。而其道不可以治天下國家。吾儒之道。本格致誠正以爲修。而合家國天下以爲學。體用一原。顯微無間。豈佛氏所可比而同之乎。容城孫先生集理學宗傳一書。自濂溪以下十一子爲正宗。後列漢隋唐儒考。宋元儒考。明儒考。端緒稍異者。爲補遺。其大意在明天人之歸。儒釋之辨。蓋吾儒傳心之要典也。八十年中。躬行心得。悉見於此。斌謝病歸田。從學先生之門。受而讀之。其折衷去取。

精義微言。幸承面誨而得有聞焉。先生命斌爲序。斌何言哉。惟曰天下同志讀是書者。無徒作書觀也。止由此以復天之所與我者耳。吾之身天實生之。無一體之不備。吾之性天實命之。無一理之不全。吾性實與萬物爲一體。而民胞物與。不能渾合而無間焉。吾性未盡也。吾性實與堯舜同量。而明物察倫。不能細大克全焉。吾性未盡也。吾性實與天地合德。而戒愼恐懼。不能如乾健不息焉。吾性未盡也。誠由濂洛關閩以上達孔顏曾孟。由孔顏曾孟而證諸堯舜湯文。得其所以同者。返而求之人倫日用之間。實能省察克治。體驗擴充。使此心渾然天理。而返諸純粹至善之初焉。則寂然不動。感而遂通。中和可以位育。而大本達道在我矣。不然。徒取先儒因時補救之言。較短絜長。橫分畛域。不幾負先生論定之苦心乎。斌惟與天下學者共勉之而已矣。

答陸稼書書

先生正學清德。僕私心嚮慕久矣。承手教及大作。仰見崇正道闢邪說至意。嘉惠良深。敬謝敬謝。來諭云。孔孟之道。至朱子而大明。學者但患其不行。不患其不明。但當求入其堂奧。不當又自闢門戶。此不易之定論也。再讀學術辨云。天下有立教之弊。有末學之弊。又云。涇陽景逸未能盡脫姚江之藩籬。皆極精當。非先生體認功深。何能言之鑿鑿如此。獨謂僕不欲學者詆毀先儒。是誠有之。然有說焉。僕少無師承。長而荒廢。茫無所知。竊嘗汎濫諸家。妄有論說。其後學稍進。心稍細。甚悔之。反復審擇。知程朱爲吾儒之正宗。欲求孔孟之道而不由程朱。猶航斷港絕潢而望至於海也。必不可得矣。故所學雖未能望程朱之門牆。而不敢有他途之歸。若夫姚江之學。嘉隆以來。幾徧天下。近年有一二巨公倡言排之。不遺餘力。姚江之學遂衰。可謂有功於程朱矣。然海內學術澆漓日甚。其故何與。蓋天下相尚以僞久矣。巨公倡之於上。隨聲附和者多。更有沈溺利慾之場。毀棄坊隅。節行虧喪者。亦皆著書鏤板。肆口譏彈。曰吾以趨時局也。亦有心未究程朱之理。目不見姚江之書。連篇累牘。無一字發明學術。但抉摘其居鄉居家隱微之私。以自居衛道闢邪之功。夫訐以爲直。聖賢惡之。惟學術所關。不容不辨。如孟子所謂不得已者可也。今舍其學術而毀其功業。更舍其功業而訐其隱私。豈非以學術精微。未嘗探討。功業昭著。未易詆諆。而發隱微無據之私。可以自快其筆舌。此其用心亦欠光明矣。在當年桂文襄之流。不過同時忌其功名。今何爲也。責人者貴服人之心。自古講學。未有如今之專以謾罵爲能者也。或曰孟子嘗闢楊墨矣。楊墨何至無父無君。孟子必究其流弊而極言之。此聖賢衛道之苦心也。何怪今之君子與夫陽明之果爲楊墨否。姑未暇論。竊以謂孟子得孔子之心傳者。以其知言養氣性善盡心之學爲能發明聖人之蘊也。蓋有所以爲孟子者。而後能闢楊墨熄邪說閑先聖之道。若學術不足繼孔子。而徒日告於人。曰楊墨無父無君也。率獸食人也。恐無以服楊墨之心。而熄其方張之焰矣。

孟子曰。今之與楊墨辨者。如追放豚。旣入其苙。又從而招之。則知當日之與楊墨辨者。亦不乏人矣。今無片言隻字之存。則其不足爲輕重可知也。然則楊墨之道。不傳於今者。獨賴有孟子耳。今不務爲孟子之知言養氣崇仁義賤功利。而但與如追放豚之流相頡頏焉。其亦不自重也已。來諭云陽明嘗比朱子於洪水猛獸。是詆毁先儒。莫陽明若也。今亦黜夫毁先儒者耳。庸何傷。竊謂陽明之詆朱子也。陽明之大罪過也。於朱子何損。今人功業文章。未能望陽明之萬一。而止效法其罪過。如兩口角罵。何益之有。恐朱子亦不樂有此報復矣。故僕之不敢詆斥陽明者。非篤信陽明之學也。非博長厚之譽也。以爲欲明程朱之道者。當心程朱之心。學程朱之學。窮理必極其精。居敬必極其至。喜怒哀樂。必求中節。視聽言動。必求合禮。子臣弟友。必求盡分。久之人心咸孚。聲應自衆。卽篤信陽明者。亦曉然知聖學之有眞也。而翻然從之。若曰能謾罵者。卽程朱之徒。則毁棄坊隅。節行虧喪者。但能鼓其狂舌。皆將俎豆洙泗之堂矣。非僕之所敢信也。僕年已衰暮。學不加進。實深自愧。惟願默自體勘。求不愧先賢。或天稍假以年。果有所見。然後徐出數言。以就正海內君子。未晚。此時正未敢漫然附和也。今天下眞爲程朱之學者。舍先生其誰歸。故僕將奉大敎爲指南焉。道本無窮。學貴心得。胸中欲請敎者甚多。容專圖晤求先生盡敎之。

陸隴其　淸平湖人。字稼書。康熙進士。先後官嘉定靈壽知縣。惠政頗多。卒年六十三。謚淸獻。其學以居敬窮理爲主。推尊程朱。而力闢王陽明。顧涇陽。謂爲禪學之流。敗壞天下之人心風俗。其言不無偏激。然論者以爲程朱之統。自明薛瑄後。獨隴其爲得其傳。所著曰四書大全困勉錄。松陽講義。三魚堂文集等種。

學術辨上

漢唐之儒。崇正學者。尊孔孟而已。孔孟之道尊。則百家之言熄。自唐以後。異端曲學。知儒者之尊孔孟也。於是皆託於孔孟。以自行其說。我曰孔孟。彼亦曰孔孟。而學者遂莫從而辨其是非。程朱出而崇正闢邪。然後孔孟之道復明。而天下尊之。自宋以來。異端曲學。知儒者之尊程朱也。於是又託於程朱。以自行其說。我曰程朱。彼亦曰程朱。學者又莫從而辨其是非。程朱言天理。則亦言天理。天理之名同。而其所指則霄壤矣。程朱言至善。則亦言至善。至善之名同。而其所指則冰炭矣。程朱言靜言敬。則亦言靜亦言敬。靜敬之名同。至所以爲靜敬。則適越而北轅矣。程朱之言。有可假借者。則曰程朱固若是也。有不可假借者。則曰此其中年未定之論也。黑白淆而雅鄭混。雖有好古篤志之君子。力扶正學。亦止知其顯叛程朱之非。至其陽尊而陰篡之者。則固不得而盡絕矣。蓋其弊在宋元之際。卽有之。而莫甚於明之中葉。自陽明王氏倡爲良知之說。以禪之實。而託儒之名。且輯朱子晚年定論一書。以明己之學與朱子未嘗異。龍溪。心齋。近溪。海門之徒。從而衍之。王氏之學徧天下。幾以爲聖人復起。而古先聖賢下學上達之遺法。滅裂無餘。學術壞而風俗隨之。其弊也至於蕩軼禮法。蔑視倫常。天下之人恣睢橫肆。不復自安於規矩繩墨之內。而百病交作。於是涇陽景逸起而救之。痛言王氏之弊。使天下學者復尋程朱之遺規。向之邪說詖行。爲之稍變。然至於本源之際。所謂陽尊而陰篡之者。猶未能盡絕之也。治病而不能盡絕其根。則其病有時而復作。故至於啟禎之際。風俗愈壞。禮義掃地。以至於不可收拾。其所從來非一日矣。故愚以爲明之天下。不亡於寇盜。不亡於朋黨。而亡於學術。學術之壞。所以釀成寇盜朋黨之禍也。今之說者。猶曰陽明與程朱同師孔孟。同言仁義。雖意見稍異。然皆聖人之徒也。何必力排而深拒之乎。夫使其自外於孔孟。自外於仁義。則天下之人皆知其非。又奚待吾之辨。惟其似孔孟而非孔孟。似仁義而非仁義。所謂失之毫釐。差以千里。此其所以不容不辨耳。或又曰陽明之流弊。非陽明之過也。學陽明之過耳。程朱之學。豈獨無流弊乎。今之學程朱者。未必皆如敬軒敬齋月川之絲毫無疚也。其流入於偏執固滯。以至僨事者亦有矣。則亦將歸罪程朱乎。是又不然。夫天下有立教之弊。有末學之弊。末學之弊。如源淸而流濁也。立教之弊。如源濁而流亦濁也。學程朱而偏執固滯。是末學之弊也。若夫陽明之所以爲教。則其源先已病矣。是豈可徒咎末學哉。

學術辨中

陽明以禪之實而託於儒。其流害固不可勝言矣。然其所以爲禪者如之何。曰明乎心性之辨則知禪矣。知禪則知陽明矣。今夫人之生也。氣聚而成形。而氣之精英。又聚而爲心。是心也。神明不測。變化無方。要之亦氣也。其中所具之理則性也。故程子曰。性卽理也。邵子曰。心者性之郛郭。朱子曰。靈處是心不是性。是心也者。性之所寓而非卽性也。性也者。寓於心而非卽心也。先儒辨之亦至明矣。若夫禪者。則以知覺爲性。而以知覺之發動者爲心。故彼之所謂性。則吾之所謂心也。彼之所謂心。則吾之所謂意也。其所以滅彝倫離仁義張皇詭怪。而自放於準繩之外者。皆由不知有性。而以知覺當之耳。何則。旣以知覺爲性。則其所欲保養而勿失者。惟是而已。一切人倫庶物之理。皆足以爲我之障。而惟恐其或累。宜其盡舉而棄之也。陽明言性無善無惡。蓋亦指知覺爲性也。其所謂良知。所謂天理。所謂至善。莫非指此而已。故其言曰。佛氏本來面目。卽我們所謂良知。又曰。良知卽天理。又曰。無善無惡。乃所謂至善。雖其縱橫變幻。不可究詰。而其大旨亦可睹矣。充其說。則人倫庶物。固於我何有。而特以束縛於聖人之敎。未敢肆然決裂也。則又爲之說曰。良知苟存。自能酬酢萬變。非若禪家之遺棄事物也。其爲說則然。然學者苟無格物窮理之功。而欲持此心之知覺。以自試於萬變。其所見爲是者。果是而見爲非者。果非乎。又況其心本以爲人倫庶物。初無與於我。不得已而應之。以不得已而應之之心。而處夫未嘗窮究之事。其不至於顚倒錯謬者幾希。其倡之者。雖不敢自居於禪。陰合而陽離。其繼起者。則直以禪自任。不復有所忌憚。此陽明之學。

所以爲禍於天下也。涇陽景逸深懲其弊。知夫知覺之非性。而無善無惡不可以言性。其所以排擊陽明者。亦可謂得其本矣。然其學也專以靜坐爲主。則其所重仍在知覺。雖云事物之理。乃吾性所固有。而亦當窮究。然既偏重於靜。則窮之未必能盡其精微。而不免於過不及。是故以理爲外而欲以心籠罩之者。陽明之學也。以理爲內而欲以心籠罩之者。高顧之學也。陽明之病在認心爲性。高顧之病在惡動求靜。我觀高子之論學也。言一貫。則以爲是入門之學。言盡心。則以爲盡心然後知性。言格物。則曰知本之謂物格。與程朱之論往往齟齬而不合者。無他蓋欲以靜坐爲主。則凡先儒致知窮理存心養性之法。不得不爲之變易夫靜坐之說。雖程朱亦有之。不過欲使學者動靜交養。無頃刻之離耳。非如高子困學記中所言。必欲澄神默坐。使呈露面目。然後有以爲下手之地也。由是觀之。則高顧之學。雖箴砭陽明。多切中其病。至於本源之地。仍不能出其範圍。豈非陽明之說浸淫於人心。雖有大賢不免猶蹈其弊乎。吾嘗推求其故。天下學者所以樂趨於陽明而不可遏者有二。一則爲其學者可以縱肆自適。非若程朱之履繩蹈矩。不可假借也。一則其學專以知覺爲主。謂人身有生死。而知覺無生死。故其視天下一切皆幻。而惟此爲眞。故不賢者既樂其縱肆。而賢者又思求其無生死者。此所以羣趨而不能舍。嗚呼。縱肆之不可易明也。至於無生死之說。則眞禪家之妄耳。學者取程朱陰陽屈伸往來之論。潛心熟玩焉。其理亦彰彰矣。奈何不此之學而彼之是惑乎。

學術辨下

自陽明之學興。從其學者。流蕩放佚。固有之矣。亦往往有大賢君子。出於其間。其功業足以潤澤生民。其名節足以維持風俗。今曰陽明之學。非正學也。然則彼皆非歟。若夫明之末季潰敗不振。蓋氣運使然。豈盡學術之故也。明之衰。可以咎陽明。則宋之衰。亦將咎程朱周之衰。亦將咎孔孟乎。是又不然。周宋之衰。孔孟程朱之道不行也。明之衰。陽明之道行也。自嘉隆以來。秉國鈞作民牧者。孰非浸淫於其教者乎。始也倡之於下。繼也遂持之於上。始也為議論。為聲氣。繼也遂為政事。為風俗。禮法於是而弛。名教於是而輕。政刑於是而紊。僻邪詭異之行。於是而生。縱肆輕狂之習。於是而成。雖曰喪亂之故。不由於此。吾不信也。若其間大賢君子。學問雖偏。而人品卓然者。則又有故。蓋天下有天資之病。有學術之病。有天資僻而學術正者。有學術僻而天資美者。恆視其勝負之數。以為其人之高下。如柴之愚。參之魯。師之辟。由之喭。卒為聖門高弟。此以學術勝其天資者也。如唐之顏魯公。宋之富鄭公。趙清獻。皆溺於神仙浮屠之說。而志行端方。功業顯赫。為唐宋名臣。此以天資勝其學術者也。人見顏富諸公之志行功業。則以為神仙浮屠之無損於人如此。且以為諸公之得力於神仙浮屠如此。是何異見氣盛之人。冒風寒而不病。而謂不病之得力於風寒。善飲之人。多飲而惺然。而謂惺然之得力於多飲。豈其然乎。今自陽明之教盛行。天下靡然從之。其天資純粹。不勝其學術之僻。流蕩忘返者不知凡幾矣。間有卓越之士。雖從其學而修身勵行不愧古人。是非其學之無弊也。蓋其天資之美。而學術不能盡蔽之。亦如顏富諸公學於神仙浮屠而其人其行則非神仙浮屠之可及也。是故不得因其學而棄其人。亦豈可因其人而遂不敢議其學哉。且人但見顏富之品行卓犖。而不知向使其不溺於異學。則其所成就。豈特如此而已。但見明季諸儒爲王氏之學者。亦有大賢君子出其間。而不知向使其悉遵程朱遺法。不談良知。不言無善無惡。不指心爲性。不偏於靜坐。不以一貫盡心爲入門。不以物格爲知本。則其造詣亦豈僅如是而已耶。譬諸日月之蝕。然不知其所虧之已多。而但指其僅存之光。以爲蝕之無傷於光。豈不誤乎。嗚呼。正學不明。人才陷溺。中人以下。既汨沒而不出。而大賢者。亦不能自盡其才。可勝歎哉。

顏元　清博野人。字易直。一字渾然。號習齋。明末。父戍遼東。沒於關外。元家貧百計覓骨歸葬。世稱孝子。順治中補諸生。後棄去。主講肥鄉之漳南書院。爲立規制。有文事武備經史藝能等科。嘗曰。堯舜之道在六府三事。周禮教士以三物。孔子以四教。非主靜專誦讀。流爲禪宗俗學者所可依託。故於宋明理學各家之說。皆在排斥之列。卒年七十。有存性存學存治存人四編。後德清戴望輯爲顏氏學記。

明親

大學首四句。吾奉爲古聖眞傳。所學無二理。亦無二事。祇此仁義禮智之德。子臣弟友之行。詩書禮樂之文。以之修身。則爲明德。以之齊治。則爲親民。明矣而未親。親矣而未止至善。吾不敢謂之道也。親矣而未明。明矣而未止至善。吾亦不敢謂之道也。親而未明者。卽謂之親非大學之親也。然旣用其功於民。皆可曰親。其親而未明者。漢高帝與唐太宗之類也。其親且明而未止至善者。漢之孝文光武之流也。凡如此者。皆宋明以來儒者所共見。皆謂之非道者也。其明而未親。明且親而未止至善者。則儒者未之言也。非不肯言也。非不敢言也。堯舜不作。孔孟不生。人無從證其爲道者。一二聰明特傑者出。於道略有所見。粗有所行。遽自謂眞孔孟矣。一時共尊爲孔孟焉。嗣起者以爲我苟得如先儒足矣。是以或學訓解纂集。或學靜坐讀書。或學直捷頓悟。至所見所爲彷彿於前人而不大殊。則將就冒認。人已皆以爲大儒矣。可以承先啟後矣。或獨見歧異。恍惚道體。則輒稱發先儒所未發。得孔顏樂處矣。又孰知其非大學之道乎。此所以皆未之言也。天下人未之言。數百年以來之人未之言。吾獨於程朱陸王之外。別有大學之道焉。豈不犯天下之惡而受天下僇乎。然吾之所懼有甚於此者。以爲眞學不明。則生民將永被毒禍。而終此天地不得被吾道之澤。異端永爲鼎峙。而終此天地。不能還三代之舊。是以冒死言之。望有志繼開者之一轉也。夫明而未親。卽謂之明非大學之明。然旣用其功於德。皆可曰明。其明而未親者。莊周陳摶之類也。其明且親而未止至善者。周程朱陸薛王之儔也。何也。吾道有三盛。君臣於堯舜。父子於文周。師弟於孔孟。堯舜之治。卽其學也。敎也。其精一執中。一二人祕受而已。百官所奉行。天下所被澤者。如其命九官十二牧所爲耳。禹之治水。非禹一身盡治天下之水。必天下士長於水學者分治之。而禹總其成。伯夷之司禮。非伯夷一身盡治天下之禮。必天下士長於禮學者分司之。而伯夷掌其成。推於九官羣牧咸若是。是以能平地成天也。文周之治。亦卽其學也。敎也。其陰陽天人之旨。寄之於易而已。百官所奉行。天下所被澤者。如其治岐之政。制禮作樂耳。其進秀民而敎之者。六德六行六藝。仍本唐虞敷敎典樂之法。未之有改。是以太和宇宙也。孔孟之學敎。卽其治也。孔子一貫性道之微。傳之顏曾端木而已。其當身之學與敎。及門士以待後人私淑者。庸言庸德。兵農禮樂耳。仍本諸唐虞成周之法。未有改。故不惟朞月三年五年七年。胸藏其具。而且小試於魯。三月大治。暫師於滕。四方歸之。單父武城。亦見分體。是以萬世永遵也。秦漢以降。則著述講論之功多。而實學實敎之力少。宋儒惟胡子立經義治事齋。雖分析已差。而其事頗實矣。張子敎人以禮。而期行井田。雖未舉用。而其志可尚矣。至於周子得二程而敎之。二程得楊謝游尹諸人而敎之。朱子得蔡黃陳徐諸人而敎之。以主敬致知爲宗旨。以靜坐讀書爲工夫。以講論性命天人爲授受。以釋經註傳纂集書史爲事業。嗣之者若眞西山許魯齋薛敬軒高梁溪。性地各有靜功。皆能著書立言。爲一世宗信。乎爲儒者。煌煌大觀。三代後所難得者矣。而問其學。其敎如命九官十二牧之所爲者乎。如周禮敎民之禮明樂備者乎。如身敎三千。今日習禮。明日習射。敎人必以規矩。引而不發。不爲拙工改廢繩墨者乎。此所以自謂得孔子眞傳。天下後世亦皆以眞傳歸之。而卒不能服陸王之心者。原以表裏精粗全體大用誠不能無歉也。陸子分析義利。聽者垂泣。先立其大。通體宇宙。見者無不竦動。王子以致良知爲宗旨。以爲善去惡爲格物。無事則閉目靜坐。遇事則知行合一。嗣之者若王心齋羅念庵鹿太常。皆自以爲接孟子之傳。而稱直捷頓悟。當時後世亦皆以孟子目之。信乎其爲儒中豪傑。三代後所罕見者矣。而問其學其敎。如命九官十二牧之所爲者乎。如周禮敎民之禮明樂備者乎。如身敎三千。今日習禮。明日習射。敎人必以規矩。引而不發。不爲拙工改廢繩墨者乎。此所以自謂得孟子之傳。與程朱之學並行中國。而卒不能服朱許薛高之心者。原以表裏精粗全體大用誠不能無歉也。他不具論。卽如朱陸兩先生。倘有一人守孔子下學之成法。而身習夫禮樂射御書數。以及兵農錢穀水火工虞之屬。而精之。凡弟子從遊者。則令某也學禮。某也學樂。某也兵農。某也水火。某也兼數藝。某也尤精幾藝。則及門皆通儒。進退周旋。無非性命也。聲音度數。無非涵養也。政事文學同歸也。人己事物一致也。所謂下學而上達也。合內外之道也。如此。不惟必有一人虛心以相下。而且君相必實得其用。天下必實被其澤。人才既興。王道次舉。異端可靖。太平可期。正書所謂府修事和。爲吾儒致中和之實地位育之功。出處皆得致者也。是謂明親一理。大學之道也。以此言學。則與異端判若天淵。而不可混。曲學望洋浩歎。而不敢擬。淸談之士。不得假魚目之珠。文字之流。不得逞春華之豔。惟其不得於此。故既卑漢唐之訓詁。而復事訓詁。斥佛老之虛無。而終蹈虛無。以致紙上之性天愈透。而學陸者進支離之譏。非譏也。誠支離也。心頭之覺悟愈捷。而宗朱者供近禪之誚。非誚也。誠近禪也。或曰。諸儒勿論。陽明破賊建功。可謂體用兼全。又何弊乎。余曰。不但陽明。朱門不有蔡氏言樂乎。朱子常平倉制。與在朝風度。不皆有可觀乎。但是天資高。隨事就功。非全副力量。如周公孔子專以是學。專以是敎。專以是治也。或曰。新建當日韜略。何以知其不以爲學敎者。余曰。孔子嘗言二三子有志於禮者。其於赤乎學之。如某可治賦。某可爲宰。某達某藝。弟子身通六藝者七十二人。王門無此。且其擒宸濠。破桶岡。所共事者。皆當時官吏偏將參謀。弟子皆不與焉。其全書所載。皆其門人旁觀贊服之筆。則可知其非素以是立學敎也。是以感孫徵君知統錄說。有陸王效諍論於紫陽之語。而敢出狂愚。少抑後二千年周程朱陸薛王諸先生之學。而伸前二千年堯舜禹湯文武周孔孟諸先聖之道。亦竊附效諍論之義。而願持道統者。其深思熟計。而決復孔孟以前之成法。勿執平生已成之見解。而不肯舍。勿拘平日已高之門面。而不肯降。以誤天下後世可也。

李塨　清蠡縣人。字剛主。號恕谷。康熙舉人。學於顏元。又從毛奇齡論樂律。其學恪守顏氏。以堅苦耐勞應世實用為主。解釋經義。多與宋儒不同。卒年七十五。有大學辨業。聖經學規。小學稽業。瘳忘編。習齋年譜。恕谷後集等種。又有恕谷年譜記其一生言行之大略。則為其門人所纂者也。

與許酉山先生書

塨嘗問道於博陵顏習齋先生。今遇有道。所見多合。故不敢不盡其愚。以求指示。後儒之學所依據者。曰尊德性。曰道問學。德性。中庸自註之矣。曰智仁勇。易言君子四德。周禮六德。皐陶言九德。洪範三德。孟子以仁義禮知統之。直指曰形色天性也。惟聖人然後可以踐形。踐形者。踐其肅乂哲謀聖。以全形色之天。形色全則性全矣。故孔子詔為仁也。曰非禮勿視聽言動。曰居處恭執事敬與人忠。論崇德也。曰主忠信徙義。要使躬行日用。事事自強不息。念念參前倚衡。是之謂先立其大。未嘗有所謂靜坐觀空。致思於無極太極生天生人之始。以為尊德性也。即用力久。上達如孔子五十知天命。亦聽其自致耳。而其始固立焉學焉。不之躐也。故曰下學而上達。其教人也。罕言命仁性天。不可得聞。孟子雖不得已與亂性者辨。而皆就才情言。非專以言性立教也。乃後儒或以頓悟為宗。或教人以性為先。閉目靜坐息念觀空。帝王孔孟何嘗有此。誠先生所謂戴儒巾之禪和子也。是後儒之尊德性。不可即謂古聖賢之尊德性也。大戴禮保傅篇曰。古者年八歲出就外舍。履小節。學小藝。束髮就大學。履大節。學大藝。故內則臚列為學次第。自能食食以及四十出仕。皆修己治人之事。周官取士六德。繼以六行六藝。曰孝友睦婣任恤。禮樂射御書數。孔門傳習。由以兵。求以足民。赤以禮樂。未嘗有所謂先讀某書。後讀某書。訓詁輸墨也。即有時誦讀。則誦詩以習樂。觀書以知政耳。夫人精力有幾。乃不力禮樂兵農之學。水火工虞之業。而徒騖於讀覽著述。何為哉。孔子刪修。乃晚年不得用。恐與王既遠。聖道遂湮。故刪繁就簡。以詔及門。曰後世其效吾行而行耳。非謂皆效吾言而言也。且道猶路也。書所以指路也。天下羣欲為指路之人。而不為行路之人。將指之誰而行乎。況所指者更有非路而陷人於荊棘者乎。先生謂註經諸賢。不離曲學局面。則後儒之道問學。不可即謂古聖賢之道問學也。先生既灼見流弊。必宜力復古轍。以忠信篤敬為德。以詩書禮樂為學。使位天地育民物者。實有其事。則大學明親之道。實見今日。而塨亦得依門牆以有成矣。

上顏習齋先生書

宋儒學術之誤。實始周子。周子嘗與僧壽涯道士陳摶往來。其教二程。以尋孔顏樂處。雖依附儒說。而虛中玩弄。寔為二氏潛移而不之覺。二程承之。遂以其依稀恍惚者為窺見性天。為漢唐儒者所未及。不知漢唐儒者原任傳經。其視聖道固散寄於天下也。宋儒於訓詁之外。加以體認性天。遂直居傳道。而於聖道乃南轅而北轍矣。於是變舊章者有八。一太極。乃參同契水火匡廓三五至精二圖合之爲丹家修煉之用。道藏眞元品明載之。易經無此也。一僞傳河洛圖書上古圖書自周驪戎之難已失。而宋之陳摶乃出二圖以誤儒者。遂載大易之首。周易玩辭曰。姚小彭氏謂今所傳戴九履一之圖乃易乾鑿度九宮法。本朝劉牧長民以爲河圖。而又以鄭康成大衍註生數就成數依五方圖之爲洛書。僞關子明洞極經。又兩易之。宜世儒有夔魖罔象之譏也。一靜坐十三經未有其說。宋儒忽立課程半日靜坐則幾幾乎蒲團打坐之說矣。一教人以性爲先明與聖門不可得聞不可語上相反矣。一朱子言古者八歲入小學。教之灑埽應對進退之節。禮樂射御書數之文。十五入大學。教之以窮理正心修己治人之道。又曰小學學其事。大學明其理。此前無所承。憑臆創說者也。內則歷載學習六藝歲時。大戴禮賈誼皆言小學學小藝。大學學大藝。蓋禮樂六藝。正格致誠正修齊治平之事。非二端也。但年有少長。則習有小大耳。今舉其事盡歸之小學。至大學乃專以讀書明理爲務。則遍考三代教法未之見也。故自居道學。而於學字誤解以致數百年學術盡誤也。一曰致良知說命曰知之匪艱。行之維艱。宋儒則以眞知爲重。言人有眞知。所行自然無失。不能行。祇是不能知。至明王陽明遂專以爲心源澄澈。諸事可辨。創爲致良知之說而今之儒者亦羣譏其爲禪矣。一立道學名。子貢曰。賢者識大。不賢者識小。莫不有文武之道。蓋世無全局負荷之人。則分寄道者必不可少。自朱門立道學名。宋史遂專立道學一傳但取註經講性天者爲道學。而文學如韓歐。以爲浮華。言語如陸賈。以爲捷給。德行如陳寔司馬光。以爲木强。政事如蕭曹房杜。以爲粗淺。而道學中遂相率爲迂腐無用之學矣。一立書院。古大小學皆稱學。書院之名自宋始。是專以讀書爲學矣。

方苞　清桐城人。字靈皐。號望溪。康熙進士。累官禮部侍郎。以事落職者再。其學以宋儒爲宗。所釋經義。皆推衍程朱之說。尤致力於春秋三禮。文章師倣韓歐。嚴於義法。爲桐城派古文之初祖。卒年八十二。有望溪文集等種。

原人上

孔子曰。天地之性人爲貴。董子曰。人受命於天。固超然異於羣生。非於聖人賢人徵之。於塗之人徵之也。非於塗之人徵之。於至愚極惡之人徵之也。何以謂聖人賢人爲人子而能盡其道於親也。爲人臣而能盡其道於君也。而比俗之人。徇妻子則能竭其力。縱嗜欲則能致其身。此塗之人能爲堯舜之驗也。婦人之淫。男子之方竊。非失其本心者。莫肯爲也。而有或訐之。則怍於色。怒於言。故禽獸之一其性。有人所不及者矣。而偏且塞者不移也。人之失其性。有禽獸之不若者矣。而正且通者具在也。宋元兇劭之誅也。謂臧質曰。覆載所不容。丈人何爲見哭。唐柳燦臨刑自詈曰。負國賊死其宜矣。由是觀之。劭之爲子。燦之爲臣。未嘗不明於父子君臣之道也。惟知之而動於惡。故人之罪視禽獸爲有加。惟動於惡而猶知之。故人之性視禽獸爲可反。孟子曰。人之所以異於禽獸者幾希。痛哉言乎。非明於天性。豈能自反於人道哉。

原人下

自黃帝堯舜至周之中葉。僅二千年。其民繁祉老壽。恆數百年不見兵革。雖更姓易代。而禍不延於民。降及春秋。天下大亂。尙賴先王之遺澤。以相維持會盟討伐徵辭執禮。且其時戰必以車。而長兵不過弓矢。所謂敗績。師徒奔潰而已。其俘獲至千百人。則傳必特書以爲大酷焉。自戰國至元明。亦二千年。無數十年而無小變。百年二百年而不馴至於大亂者。兵禍之連。動數十百年。殺人之多。每數十百萬。歷稽前史所載。民數或十而遺其四三焉。或十而遺其一二焉。何天之甚愛前古之民。而不念後世之民也。傳曰。人之於天也。以道受命。不若於道者。天絕之也。三代以前。教化行而民生厚。舍刑戮放流之民。皆不遠於人道者也。是天地之心之所以寄。五行之秀之所鍾。而可多殺哉。人道之失。自戰國始。當其時。篡弒之人。列爲侯王。暴詐之徒。比肩將相。而民之耳目心志移焉。所尙者機變。所急者嗜慾。薄人紀。悖理義。安之若固然。人之道既無以自別於禽獸。而爲天所絕。故不復以人道待之。草薙禽獮。而莫之憫痛也。秦漢以還。中更衰亂。或有數十百年之安。則其時政事必少修明焉。人風必少淳實焉。而大亂之興。必在政法與禮俗盡失之後。蓋人之道幾無以自立。非芟夷蕩滌。不可以更新。至於禍亂之成。則無罪而死者。亦不知其幾矣。然其間得自脫於瘡痍之餘。剝盡而復生者。必於人道未盡失者也。嗚呼。古之人日夜勞來其民。大懼其失所受於天耳。失所受而不自知。任其失而不爲之所。其積也。遂足干天禍而幾盡其類。此三王之德所以侔於天地也歟。

李剛主墓志銘

李塨字剛主。直隸蠡縣人。其父孝慤先生。與博野顏習齋爲執友。剛主自束髮。卽從之遊。習齋之學。其本在忍嗜欲。苦筋力以勤家而養親。而以其餘習六藝。講世務。以備天下國家之用。以是爲孔子之學。而自別於程朱。其徒皆篤信之。予嘗謂剛主。程朱之學。未嘗不有事於此。但凡此乃道之法迹耳。使不由敬靜以探其根源。則於性命之理。知之不眞。而發於身心。施於天下國家者。不能曲得其次序。剛主色變。爲默然者久之。吾友王源崑繩。恢奇人也。所慕惟漢諸葛武侯。明王文成。而目程朱爲迂闊。見剛主而大悅。因與共師事習齋。時年將六十矣。余詰之曰。衆謂我目空並世人。非也。果有人。敢自侈大乎。剛主嘗爲其友治劇邑。期年。政敎大行。用此名動公卿間。諸王延經師。主閫外者。爭欲致之。堅不就。康熙庚午。嘗舉乙科。晚歲授通州學正。浹月。以母老告歸。長官不能奪也。崑繩慨不快意。既葬二親。遂漫遊。將求名山大壑而隱身焉。雖妻子不知其所之。予與剛主。每蹙然長懷而無從迹之。數年。忽至予家曰。吾求天下士四十年。得子與剛主。而子篤信程朱之學。恨終不能化子。爲是以來留兼旬盡發程朱之所以失。習齋之所以得者。予未嘗與之爭。將行。憮然曰。子終守迷。吾從此逝矣。使百世以下。聰明傑魁之士。沈溺於無用之學而不返。是卽程朱之罪也。予作而言曰。子之言盡矣。吾可以言乎。子毋視程朱爲氣息奄奄人。觀朱子上孝宗書。雖晚明楊左之直節。無以過也。其備荒浙東。安撫荆湖。西漢趙張之吏治。無以過也。而世不以此稱者。以道德崇閎。稱此轉渺乎其小耳。吾姑以淺事喩子。非其義也。雖三公之貴。避之若浼。子之所能信於程朱也。今中朝如某某子夙所賤惡。儻一旦揚子於朝。以學士或御史中丞徵子。將亡命山海。而義不反顧乎。抑猶躊躇不能自決也。吾願子歸視妻孥。流行坎止。歸潔其身而已矣。崑繩自是終其身。口未嘗非程朱。其後予出刑部獄。剛主來唁。以語崑繩者語之。剛主立起自責。取不滿程朱語載經說中已鐫版者。削之過半。因舉習齋存治存學二編未愜予心者告之。隨更定。曰。吾師始教。卽以改過爲大。子之言然。吾敢留之爲口實哉。習齋無子。剛主中歲遷博野。爲葺祠堂。以收召學者。博野去京師三百里。剛主自來唁後。復三至予家。一問吾母之疾。再弔喪。終則自計衰疲。恐不能更出。而就別。予驅柴車。長子習仁御。往返芻秣。皆載車中。知予時窶且艱也。嗚呼。卽是而剛主之勤於身。式於家。施於人。而措注於事物者。居可知矣。剛主言溫溫然。終日危坐。肅敬而安和。近之者不覺自斂抑。以崑繩之氣。旣老而爲剛主屈。以剛主之篤信師學。以予一言而翻然改其志。之不欺。與勇於從善。皆可爲學者法。故備詳之。而餘行則不具焉。銘曰。

習齋矢言。檢身不力。口非程朱。難免鬼責。信斯言也。趨本無歧。各從所務。安用詆娸。君承師學。固守樊垣。老而大覺。異流同源。不師成心。乃見大原。改過爲大。前聞是尊。瑑瑕葆瑜。有耀師門。九原相見。宜無間言。

李紱　清臨川人。字巨來。號穆堂。康熙進士。官至直隸總督工部侍郎。爲田文鏡所陷。幾死不屈。人歎爲鐵漢。其學推本象山陽明。博聞强識。下筆千言。論者謂其能集江西諸先正之長。卒年七十八。有陸子學譜朱子晚年全論陽明學錄穆堂類稿等書。

原敎

敎之說何昉乎。中庸言修道之謂敎。道惡在。君臣父子夫婦昆弟朋友是也。道在於是。則敎在於是矣。敎莫古於唐虞。其使契爲司徒。敬敷五敎也。亦曰父子有親。君臣有義。夫婦有別。長幼有序。朋友有信而已。孟子敍述三代之敎。謂設爲庠序學校以敎之。皆所以明人倫也。人倫明於上。小民親於下。然則舍五達道。弃人倫。無所謂敎也。魯論稱子以四敎。文行忠信。文者。修五倫之禮節也。行者。踐五倫之實事也。忠信者。以親義序別信之實心。而修其禮踐其事也。周禮大司徒以鄉三物敎萬民而賓興之。一曰六德。智仁聖義中和。卽中庸之知仁勇。所以行此五達道者也。二曰六行。孝友睦婣任卹。孝卽父子。友卽兄弟。睦者兄弟之推。婣者夫婦之黨。任卹者朋友之交。其教之而興之者君。而承其教而升焉者皆臣也。三曰六藝。禮樂射御書數皆五倫之所有事所以相治相養而遂其親義序別信之心者也。聖人繼作。其教遞詳。教之以佃以漁焉。教之以耒耨焉。教之以懋遷交易焉。教之以衣冠焉。教之以舟楫焉。服牛乘馬焉。斷木為杵掘地為臼焉。教之以重門擊柝以待暴客。弧矢之利以威天下焉。教之以上棟下宇焉。教之以葬以封以樹喪期有數焉。教之以書契百官治萬民察焉。其為教甚繁。而總其藝之概。則曰禮樂射御書數。皆五倫之所有事而已。其人之等雖有君卿大夫士庶人之分。其人之業雖有士農工商賈之別。而總其人之類則曰君臣父子夫婦昆弟朋友皆五倫之所綴屬而已。是故天下無倫外之道。卽無道外之人。天下無道外之人。卽無人外之教。自二帝三王以來莫之或易也。沿及後世。乃獨目聖人之教為儒。而又有異端邪說與儒者之道分行。畸立而多為教之名者。何也。曰二帝三王之時。教主於上。作之師者。卽作之君者也。至周文武而下。道在周公。則移而之臣矣。然猶行其道於朝廷之上也。至孔子而移於士矣。儒者士之別稱。不必皆能為聖人者也。故孔子謂子夏曰。汝為君子儒。無為小人儒。儒行出於漢。不必實為孔子之言。然哀公問儒服。而孔子猶不以儒自居。至戰國時。有楊墨之言。然後以學周公孔子之道者為儒。墨者夷之所稱儒者之道是也。而孟子亦曰。逃墨必歸於楊。逃楊必歸於儒。而儒之名於是乎乃立。楊氏為我。墨氏兼愛。未嘗遺棄五倫也。而推其流弊之所極。至於無父無君。孟子以其有害於人倫也。故辟而闢之。至後世。乃有所謂道與釋者出焉。而後天下乃有倫外之道。乃有道外之人。乃有人外之教。夫所謂倫外之道者。何也。人之一身。有理有神有氣有形。仁義禮智信者。理也。知覺運動者。神也。屈伸呼吸者。氣也。耳目口鼻四肢者。形也。以理宰神。以神運氣。以氣運形。施之身。措之世。而人倫出焉。所謂道也。若釋之道。則靜守其神而已。知有神不知有理。惟恐一物之擾吾神。故空諸所有。雖遺棄五倫之人而不顧也。極其靜之明。可以彰往察來。而動則昏。道之道專致其氣而已。知有氣不知有理。惟恐一事之損吾氣。故清淨無爲。雖遺棄五倫之事而不顧也。極其專之用。可以卻病延年。而勞則敗。是所謂倫外之道也。倫外之道。無與於家國天下。故曰道外之人。道外之人。無與於修齊治平。故曰人外之教。昌黎韓子欲塞而止之。則孟子放距之說也。歐陽子欲修其本以勝之。則孟子反經之說也。然吾謂不必塞而止之也。彼不塞而吾之教無不流也。彼不止而吾之教無不行也。亦不必修其本以勝之也。不修而吾本自在也。吾本在而無不可以勝之也。何也。吾儒之教。聖人之教也。聖人之教。修五達道之教也。聖人之教而有一日不流不行不修焉。則不足以爲聖。何也。無君臣焉。則彊淩弱。衆暴寡。而天下亂矣。無父子夫婦焉。則生人之道滅。而乾坤或幾乎息矣。有父子夫婦。自不能無兄弟而朋友則亦彼之所不能無也。是吾儒之道。固萬古流行於天地。何必取彼二氏者塞而止之。而後流且行哉。或謂聖人之教。後世未必能如二帝三王之修之也。本之不足。則從彼者衆。烏在其能必勝也。曰。本固未嘗不修也。後世之修之。雖實心實政。亦與時爲盛衰。然未有舍五倫之說。而可以治天下者也。是吾之本無日而不修也。本無日而不修。則儒者之教無人而不遵。而勝不勝。不足道矣。子疑二氏之衆。而守儒教者之少耶。儒不必冠章甫而衣逢掖也。凡南面而臨天下者。君也。卽儒者也。承流宣化於下者。公卿大夫士也。卽儒者也。趨走而在官者。府史胥徒也。卽儒者也。耕且斂者。農也。卽儒者也。懋遷有無。執藝事以食其力者。商也。工也。卽儒者也。何也。彼皆有君臣父子夫婦昆弟朋友之道者。卽皆聖人之教也。彼遺棄五達道。而爲道與釋者。特養神養氣之一術。蓋千萬人而一二人者也。千萬人而一二。亦焉能爲有無。而又何勝不勝之足言乎。吾故曰。天下無倫外之道。卽無道外之人。天下無道外之人。卽無人外之教也。

原學上

學字古文作斈。其爲字從爻。今學字中亦從爻。易傳謂爻也者。效此者也。故朱子釋論語。謂學之爲言效。確不可易。而效之義則未全也。詩稱天生蒸民。有物有則。弟子職謂先生施教。弟子是則。惟有則是以可效。惟能則乃謂之學。此學之所由以名也。效天生之則。則孟子所謂凡有四端。擴而充之者是也。效先生之教。則顏子所謂步亦步。趨亦趨是也。效有二義。故

曰效之義未全。朱子之訓。得其一而遺其一者也。學主於效法。就行言。不就知言。蓋天生之
則。本於良知。孩提之童。無不知愛其親。及其長也。無不知敬其兄。惟患不行。不患不知。親親
敬長。達之天下。而天下可平。堯舜之道。孝弟而已矣。此學之大規也。至於效先生之教。亦非
導之以知。止於親書冊而勤討論也。孔子謂無行不與。又曰天何言哉。四時行焉。百物生焉。
皆不在語言之告教。書冊之咿唔。聖門好問者無若曾子。而夫子所告在於一貫。博學者無
若子貢。而多學而識。夫子非之。其教弟子也。以孝弟謹信親愛爲主。必餘力乃學文。其在成
人也。以志道據德依仁爲先。而遊藝則居末。故先以敏事愼言而後就正於有道。則以爲好
學。夫子拱而尙右。二三子亦尙右。則以爲嗜學。孔門弟子好學。夫子獨稱顏淵。其好學之實
則曰不遷怒。不貳過。行也。非知也。蓋古未有以學爲知之事者。至朱子始以學問思辨。俱屬
知。因以窮致事物之理爲格物。又以大學未詳言格致之事也。因疑其義亡而爲傳以補之。
於是古人爲學之法乃一變。尋章摘句之弊。流爲玩物喪志。斷斷於口耳之間。舉古人躬行
實踐之學。不得而見之矣。學記稱大學之教。時教必有正業。退息必有居學。（鄭注以學字連下句、誤）不
學操縵。不能安弦。不學博依。不能安詩。不學雜服。不能安禮。不興其藝。不能樂學。四者之中。
並無誦讀講論窮理格物之說。其論學之弊也。則曰今之教者。呻其佔畢。多其訊。又曰記問
之學。不足以爲人師。然則專務讀書講論博聞強記。以爲窮理格物之事者。皆大學之所戒

也。其始教也。時觀而弗語。幼者聽而弗問。弗語弗問。始教猶然。烏有學爲聖賢而專於講論。以爲窮理格物之事者哉。大學之法。禁於未發之謂豫。當其可之謂時。不陵節而施之謂孫。相觀而善之謂摩。四法之中。皆論行不及知。今之以窮致事物之理。極處無不到。爲格物致知之學者。自有大學以來。無此學也。然則大學所謂格物致知之說奈何。曰。古本在禮記註疏中。無庸辨也。致知即致其知先後之知。格物即格其有本末之物。知本即爲知至。如是而已矣。且朱子之以效釋學也。曰。後覺者必效先覺之所爲。乃可以明善而復其初。是先行而後知也。其補格致傳。則曰。大學始教。必使學者即凡天下之物。莫不因其已知之理而益窮之。以求至乎其極。是又先知而後行也。物理固不可窮。又一人所著。彼此互異。後學之士何所遵守。然則效吾心之天則。效先覺之遺則。恪遵訓效之解。而一力於躬行。雖違大學之章句。而合於論語之集註。學之義既不荒。其於朱子之說。亦可以無戾矣。

原學下

學訓效。其義雖有二。而以效吾心之天則爲本義。效先生之教。則餘力學文之事耳。蓋仁義禮智。我固有之。非由外鑠。察識而擴充之。則聖學無餘蘊矣。親師取友。特提撕而使吾察識。鞭策而使吾擴充焉耳。非有加於吾性之外也。自宋南渡以後。學者不務其所當務。而疑其所不必疑。不汲汲然患其知之而不行。而鰓鰓然患其行之而不知。溺其志於章句訓詁之煩。而駕其說於意見議論之末。置其身於日用彝常之外而勞其心於名物象數之中。未嘗一日躬行實踐。而詡詡然自以爲講學。吾不知其所講者何學也。試取孟子所謂本心良心者一體察焉。有不茫然思惕然懼者。必非人矣。楊龜山謂學者所以學爲人也。烏乎學爲人。孟子曰仁也者人也。學爲仁所以學爲人也。烏乎學爲人。孟子曰仁人心也。又曰學問之道無他。求其放心而已。吾一日之間。自昧旦而起至寢息而止。吾心發一念。卽自加審察。爲理耶。卽奮然直前。爲欲耶。卽毅然斷絕。由是推之行事。必求一於理而無欲。而心之理得矣。心之理得而全乎其爲人矣。此夫婦之愚不肖。可以與知可以能行。而人皆可以爲堯舜也。反是則謂之放其良心。反之則謂之失其本心。放其良心。失其本心。則孟子所謂近於禽獸而非人矣。至於所行之是非。則吾心自有良知。且餘力以學文。亦既知其大端矣。其措注則必臨事而後見其細微曲折。則必行之而後知。非事未至而揣度想像者所能得之也。卽如事親。孩提知愛。本心自具此良知。常守此本心良心。卽大舜終身之慕矣。其所以盡孝之道。則戴記所云。有深愛者必有愉色。有愉色者必有婉容。以至於視無形。聽無聲。莫不本此深愛之心。是故昏而愛親則必思定。晨而愛親則必思省。冬而愛親則必思溫。夏而愛親則必思淸。推之事長事上使衆。無不皆然。豈有舍固有之良心而求之書冊。求之講論。以爲外鑠之學者哉。若謂事上使衆天下國家之事。繁重難知。必須豫爲講習。不知家國天下無異理也。

昔魯哀公問政。孔子對以文武之政。布在方策。言不待問也。一朝之興。各有會典。當官之職。各有掌故。時至事起。虛心延訪。實意推尋。未有不能知者。大學謂心誠求之。不中不遠。未有學養子而後嫁者。如必豫爲講習。是學養子而後嫁也。至於常變經權。其理皆一。不過以此心權度之而已。昔顧東橋疑經事可以理推。變事非精義不能。恐須平時講解。因舉舜不告而娶。周公大義滅親二事爲問。陽明先生答以舜周公亦止臨時以心度其輕重。並非平時預爲講習。見古人有不告而娶。大義滅親者。而因而效法之也。蓋心之爲用。萬物皆備。苟能治心。無施不可。中庸論治國平天下。不過曰絜矩。曾子答一貫。不過曰忠恕。己欲立而立人。己欲達而達人。能近取譬。而仁不待外求矣。伊川程子論學。謂學也者。使人求於內也。不求於內而求於外。非聖人之學也。以文爲主者。是也。學也者。使人求於本也。不求於本而求於末。非聖人之學也。考詳略。採異同者。是也。是二者皆無益於吾身。君子弗學。若明道程子則明言不可將窮理作知之事。又曰。存久自明。何待窮索。朱子教人。乃云窮理以致其知。固異於明道之說。其爲格致補傳。謂大學始教。必使學者。卽凡天下之物。莫不因其已知之理而益窮之。以求至乎其極。夫卽物窮理。豈非伊川所謂求之於外。求之於末者乎。以是爲竊取程子之意。正恐程子不受。蓋自大學改格致傳補。而孔孟之學乃失傳矣。雖然。朱子晚年固已盡覺其誤。余嘗輯朱子晚年全論三百七十餘條。並以尊德性求放心爲主。而元明陋儒專取其中年未定之書。用以取士。明初附益之。編爲大全。科舉之學。因陋就簡。朱子全書未嘗寓目。遂以講章訓詁之學。爲足以師承朱子。此亦朱子所不欲受也。

劉大櫆 清桐城人。字才甫。號海峯。副貢生。晚官黟縣教授。喜讀莊周韓愈之書。工古文辭。方苞許爲國士。卒年八十三。有海峯詩文集。

息爭

昔者孔子之弟子。有德行。有政事。有言語文學。其鄙有樊遲。其狂有曾點。孔子之師有老聃。有郯子。有萇弘師襄。其故人有原壤。而相知有子桑伯子。仲弓問子桑伯子。而孔子許其爲簡。及仲弓疑其太簡。然後以雍言爲然。是故南郭惠子問於子貢曰。夫子之門。何其雜也。嗚呼。此其所以爲孔子歟。至於孟子。乃爲之言曰。今天下不之楊則之墨。楊墨之言不息。孔子之道不著。能言距楊墨者。聖人之徒。當時因以孟子爲好辯。雖非其實。而好辯之端。由是啟矣。唐之韓愈。攘斥佛老。學者稱之。下逮有宋。有洛蜀之黨。有朱陸之同異。爲洛之徒者。以排擊蘇氏爲事。爲朱之學者。以詆娸陸子爲能。吾以爲天地之氣化。萬變不窮。則天下之理。亦不可以一端盡。昔者曾子之一以貫之。自力行而入。子貢之一以貫之。自多學而得。以後世觀之。子貢是則曾子非矣。然而孔子未嘗區別於其間。其道固有以包容之也。夫所惡楊墨者。爲其無父無君也。斥老佛者。亦曰棄君臣。絕父子。不爲昆弟夫婦。以求其清淨寂滅。如其不至於是。而吾獨何爲訾謷之。大盜至胠篋探囊。則荷戈戟以隨之。服吾之服而誦吾之言。吾將畏敬親愛之不暇。今也操室中之戈而爲門內之鬭。是亦不可以已乎。夫未嘗深究其言之是非。見有稍異於己者。則衆起而排之。此不足以論人也。人貌之不齊。稍有巨細長短之異。遂斥之以爲非人。豈不過哉。北宮黝孟施舍其去聖人之勇蓋遠甚。而孟子以爲似曾子似子夏。然則諸子之迹雖不同。以爲似曾子似子貢可也。居高以臨下。不至於爭爲其不足與我角也。至於才力之均敵。而惟恐其不能相勝。於是紛紜之辯以生。是故知道者。視天下之歧趨異說。皆未嘗出於吾道之外。故其心恢然有餘。夫恢然有餘。而於物無所不包。此孔子之所以大而無外也。

附錄　朱琦辨學中

或曰。子之言學而惡夫近利。似矣。其曰學不病其雜者。得毋惑於卑近之說。而不繇其統乎。曰非謂是也。夫雜者乃所以爲一者也。孔子曰。天下同歸而殊途。一致而百慮。傳曰。窮鄉多異。曲學多辯。不知而不疑。異於己而不非。公焉而求衆善者也。今夫京師。衣冠之所會也。中國政教之所出也。遠方百賈之所觀赴也。天下輻輳而至者。有二塗焉。一自東。一自西。二者皆大道也。苟循其塗。雖以萬里之遠。山徂水涯。車轝舟輓而可以至焉。是故均之至京師也。出於東與出於西。無以異也。此不待智者而決也。今使東道者。必與西道者爭。曰。彼所由之塗非也。西者亦復之曰。彼所由之塗非也。可乎不可乎。夫道猶京師也。學者所從入之塗。或義理。或考訂。猶塗有東西之分。其可以適於京師一也。今之人不知從入之有殊塗也。執其所先入者而爭之。是東西交鬨之類也。且今之爭者吾異焉。彼義理考訂。猶其顯殊者也。程朱陸王。同一義理。同師孔孟。奚不相悅。如是爲朱之徒者。未必偏首讀陸之書也。而日與陸之徒爭。爲陸之徒者。未必徧讀朱之書也。而日與朱之徒爭。夫不考其實。但惡其異己。而與之爭。使他塗者得以抵巇。非第交鬨之爲患也。又如遠適者。未涉其塗。但執日程指曰。某至某所若千里而已。某地所經某山某水。其間形狀險夷弗之悉也。其有歧路。弗之知也。而況京都宮闕之壯。百官之富。覩所繪之圖而遙揣焉。其庸有當乎。古人有言。義雖相反。猶並置之。黨同門妒道眞。最學者大患。又曰。道一而已。自其異者觀之。不獨傳記殊也。卽書有伏生歐陽大小夏侯。易有施孟梁丘。詩則齊魯韓毛鄭。皆各爲說。而唐宋以後之箋注者。悉數不能終也。自其同者觀之。則義理考訂。卽識大識小之謂。程朱陸王。與分道接軫而至都邑者何異哉。朱子亦言某與彼常集其長。非判然立異者也。是故善學者不獨陸王可合。漢宋可合。卽世所謂旁徑曲說。如申商老莊之說。其書多傳古初遺制。聖人復起。必不盡取其籍而廢之也。故曰無病其雜也。然則學將安從。曰。予固已言之矣。以聖人之道爲歸而已。然此又非始學所能知也。此又向者塗人交鬨者之所笑也。

袁枚　清錢塘人。字子才。號簡齋。乾隆進士。出宰江寧。少年棄官。佚宕不羈。築隨園於江寧城西。吟詠著作爲樂。其文章好出新意。不屑爲拘謹因襲之說。亦頗有名言。卒年八十二。有隨園全集數十種。

代潘學士答雷翠庭祭酒書

前以一家言求教。書來如發蒙。且云由周公而上。道統在上。由孔孟以至程朱。道統在下。漢唐君臣無與焉。是說也。蒙不謂然。夫道無統也。若大路然。堯舜禹湯孔子終身由之者也。漢唐君臣履乎其中而時軼乎其外者也。其餘則偶一至焉者也。天不厭漢唐而享其郊祀。孔子不厭漢唐而受其烝嘗。亦曰彼合乎道。則以道歸之。彼不合乎道。則自棄乎道耳。道固自在而未嘗絕也。後儒沾沾於道外增一統字。以爲今日在上。明日在下。交付若有形。收藏若有物。道甚公而忽私之。道甚廣而忽狹之。陋矣。三代之時。道統在上。而未必不在下。三代以後。道統在下。而未必不在上。合乎道。則人人可以得之。離乎道。則人人可以失之。昔者秦燒詩書。漢談黃老。非有施讎伏生申公瑕邱之徒。負經而藏。則經不傳。非有鄭元趙岐杜子春之屬。瑣瑣箋釋。則經雖傳不甚明。千百年後。雖有程朱奚能爲。程朱生宋代。賴諸儒說經都有成迹。才能參己見成集解。安得一切抹摋。而謂孔孟之道。直接程朱也。夫人之所得者大。其所收者廣。所得者狹。其所棄者多。以孔子視天下。才如登泰山。察邱陵耳。然於子產晏嬰甯武子等。無不稱許。至孟子於管晏。則薄之已甚。此孟子之不如孔子也。孟子雖學孔子。然於伯夷伊尹柳下惠均稱爲聖。至朱子則詆三代下無完人。此朱子之不如孟子也。王通稱孔明能興禮樂。邵伯溫作論駁之。康節怒曰。爾烏知孔明之不能興禮樂乎。此伯溫之不如邵子也。夫堯舜禹湯周孔之道。所以可貴者。正以易知易行。不可須臾離故也。必如修眞煉藥之說。以爲丹不易得。訣不易傳。鍾離而後。惟有呂祖。愈珍祕愈矜嚴。則道愈病。我皇上文集中不遠稱堯舜。而屢舉漢文帝唐太宗者。亦以言漢唐則年代近而政事易於核實。言唐虞則年代遠而空言難以引據。先生來書尊皇上爲堯舜。堯舜之言。先生又不以爲然。何也。書中斥陸王爲異端。亦似太過。周易曰。仁者見之謂之仁。智者見之謂之智。子曰。仁者樂山。智者樂水。夫道一而已。何以因所見而異。因所樂而異哉。然仁者之樂山。固不指智者之樂水爲異端也。顏淵問仁。曰克復。仲弓問仁。曰敬恕。樊遲問仁。曰愛人。隨其人各爲導引。使生後世。則仲弓必以顏淵爲異端。顏淵又必以仲弓爲異端矣。大抵古之人以行勝。後之人以言勝。以行勝者。未之能行。惟恐有聞。不暇爭也。以言勝者。矜矜栩栩。守一先生之言。無所不爭也。聖人知其如此。故諄諄戒之曰。先行其言。曰訥於言。敏於行。曰君子無所爭。宋儒之語錄。皆言也。所駁辨。皆爭也。非聖人意也。士幸生宋儒爭定之後。宜集長戒短。各抒心得。不必助一家。攻一家。今有赴長安者。或曰舟行。或曰騎行。其主人之心。不過皆欲至長安耳。蒼頭僕夫各尊其主。遂至戟手嚷詈。及問其路之曲折。而皆不知也。今之排陸王者皆此類也。願先生勿似之也。

戴震 清休寧人。字東原。乾隆舉人。四庫館開。紀昀裘曰修薦之於朝。充纂修官。其學長於考證。尤精小學。晚年著孟子字義疏證原善復暢言性命理欲之故。以攻宋儒之說。爲失經傳本誼。自謂乃平生著述之最大者。卒年五十五。有戴氏遺書若干種。

答問性 孟子字義疏證下二篇同

問論語言性相近。孟子言性善。自程子朱子始別之。以爲截然各言一性。朱子於論語引程子云、此言氣質之性、非言性之本也、若言其本、則性即是理、理無不善、孟子之言性善是也、何相近之有哉、反取告子生之謂性之說。爲合於孔子。程子云、性一也、何以言相近、此止是言氣質之性、如俗言性急性緩之類、性安有緩急、此言性者生之謂性也、又云、凡言性處、須看立意如何、且如言人性善、性之本也、生之謂性、論其所稟也、孔子言性相近、若論其本、豈可言相近、止論其所稟也、告子所云固是、爲孟子問他、他說便不是也、創立名目。曰氣質之性。以理當孟子所謂善者。爲生物之本。程子云、孟子言性當隨文看、不以告子生之爲性爲不然者、此亦性也、被命受生之後、謂之性耳、故不同、繼之曰、犬之性猶牛之性、牛之性猶人之性與、然不害爲一、若乃孟子之言善者、乃極本窮源之性、人與禽獸得之也同。程子所謂不害爲一、朱子於中庸天命之謂性、釋之曰、命猶令也、性即理也、天以陰陽五行化生萬物、氣以成形、而理亦賦焉、猶命令也、於是人物之生、因各得其所賦之理、以爲健順五常之德、所謂性也、而致疑於孟子。朱子云、孟子言人所以異於禽獸者幾希、不知人何故與禽獸異、又言犬之性猶牛之性、牛之性猶人之性與、不知人何故與牛犬異、此兩處似欠中間一轉語、須著說是形氣不同、故性亦少異、始得、恐孟子見得人性同處自是分曉直截、卻於這些子未甚察、是謂性即理。於孟子且不可通矣。其不能通於易論語固宜。孟子聞告子言生之謂性。則致詰之程朱之說。不幾助告子而議孟子歟。曰程子朱子其初所講求者。老莊釋氏也。老莊釋氏自貴其神而外形體。顯背聖人。毀訾仁義。告子未嘗有神與形之別。故言食色性也。而亦尙其自然。故言性無善無不善。雖未嘗毀訾仁義。而以桮棬喻義。則是災杞柳始爲桮棬。其指歸與老莊釋氏不異也。凡血氣之屬皆知懷生畏死。因而趨利避害。雖明暗不同。不出乎懷生畏死者同也。人之異於禽獸不在是。禽獸知母而不知父。限於知覺也。然愛其生之者及愛其所生。與雌雄牝牡之相愛。同類之不相噬。習處之不相齧。進乎懷生畏死矣。一私於身。一及於身之所親。皆仁之屬也。私於身者。仁其身也。及於身之所親者。仁其所親也。心知之發乎自然有如是。人之異於禽獸亦不在是。告子以自然爲性使之然。以義爲非自然。轉制其自然。使之强而相從。故言仁內也。非外也。義外也。非內也。立說之指歸。保其生而已矣。陸子靜云。善能害心。此言實老莊告子釋氏之宗指。貴其自然以保其生。誠見窮人欲而流於惡者。適足害生。卽慕仁義爲善。勞於問學。殫思竭慮。亦於生耗損。於此見定而心不動。其生之謂性之說如是也。豈得合於孔子哉。易論語孟子之書。其言性也。咸就其分於陰陽五行以成性爲言。成則人與百物偏全厚薄淸濁昏明限於所分者各殊。徒曰生而已矣。適同人於犬牛而不察其殊。朱子釋孟子有曰。告子不知性之爲理。而以所爲氣者當之。蓋徒知知覺運動之蠢然者。人與物同。而不知仁義禮智之粹然者。人與物異。

也。如其說。孟子但舉人物詰之可矣。又何分牛之性犬之性乎。犬與牛之異。非有仁義禮智粹然者。不得謂孟子以仁義禮智詰告子明矣。在告子既以知覺運動爲性。使知覺運動之蠢然者。人與物同。告子何不可直應之曰然。斯以見知覺運動之不可槪人物。而目爲蠢然同也。凡有生。卽不隔於天地之氣化。陰陽五行之運而不已。天地之氣化也。人物之生生本乎是。由其分而有之不齊。是以成性各殊。知覺運動者。統乎生之全言之也。由其成性各殊。是以本之以生。見乎知覺運動也亦殊。氣之自然潛運。飛潛動植皆同。此生生之機肖乎天地者也。而其本受之氣。與所資以養者之氣則不同。所資以養者之氣。雖由外而入。大致以本受之氣召之。五行有生克。遇其克之者則傷。甚則死。此可知性之各殊矣。本受之氣及所資以養者之氣。必相得而不相逆。斯外內爲一。其分於天地之氣化以生。本相得不相逆也。氣運而形不動。卉木是也。凡有血氣者。皆形能動者也。由其成性各殊。故形質各殊。則其形質之動而爲百體之用者。利用不利用亦殊。知覺云者。如寐而寤曰覺。心之所通曰知。百體皆能覺。而心之知覺爲大。凡相忘於習則不覺。見異焉乃覺。魚相忘於水。其非生於水者不能相忘於水也。則覺不覺亦有殊致矣。聞蟲鳥以爲候。聞鷄鳴以爲辰。彼之感而覺。覺而聲應之。又覺之殊致有然矣。無非性使然也。若夫烏之反哺。雎鳩之有別。蜂蟻之知君臣。豺之祭獸。獺之祭魚。合於人之所謂仁義者矣。而各由性成。人則能擴充其知至於神明。仁義禮智無不全也。仁義禮智非他。心之明之所止也。知之極其量也。知覺運動者。人物之生知覺運動之所以異者。人物之殊其性。孟子曰。心之所同然者。謂理也。義也。聖人先得我心之所同然耳。於義外之說。必致其辨。言理義之爲性。非言民之爲理。性者。血氣心知本乎陰陽五行。人物莫不區以別焉。是也。而理義者。人之心知有思輒通。能不惑乎所行也。孟子道性善。言必稱堯舜。非謂盡人生而堯舜也。自堯舜而下。其等差凡幾。則其氣稟固不齊。豈得謂非性有不同。然人之心知。於人倫日用。隨在而知惻隱。知羞惡。知恭敬辭讓。知是非。端緒可舉。此之謂性善。於其知惻隱。則擴而充之。仁無不盡。於其知羞惡。則擴而充之。義無不盡。於其知恭敬辭讓。則擴而充之。禮無不盡。於其知是非。則擴而充之。智無不盡。仁義禮智。懿德之目也。孟子言今人乍見孺子將入井。皆有怵惕惻隱之心。然則所謂惻隱。所謂仁者。非心知之外。別有如物焉藏於心也。己知懷生而畏死。故怵惕於孺子之危。惻隱於孺子之死。使無懷生畏死之心。又焉有怵惕惻隱之心。推之羞惡辭讓是非亦然。使飲食男女與夫感於物而動者。脫然無之。以歸於靜。歸於一。又焉有羞惡。有辭讓。有是非。此可以明仁義禮智非他。不過懷生畏死。飲食男女。與夫感於物而動者之皆不可脫然無之。以歸於靜。歸於一。而恃人之心知異於禽獸。能不惑乎所行。卽爲懿德耳。古賢聖所謂仁義禮智。不求於所謂欲之外。不離乎血氣心知。而後儒以爲別如有物湊泊附著以爲性。由雜乎老莊釋氏之言。終昧於六經孔孟之言故也。孟子言人無有不善。以人之心知異於禽獸。能不惑乎所行之爲善。且其所謂善也。初非無等差之善。卽孔子所云相近。孟子所謂苟得其養無物不長。苟失其養。無物不消。所謂求則得之。舍則失之。或相倍蓰而無算者。不能盡其才者也。卽孔子所云習至於相遠。不能盡其才。言不擴充其心知而長惡遂非也。彼悖乎禮義者。亦自知其失也。是人無有不善。以長惡遂非。故性雖善。不乏小人。孟子所謂梏之反覆。違禽獸不遠。卽孔子所云下愚之不移。後儒未審其文義。遂彼此扞格。孟子曰。如使口之於味也。其性與人殊。若犬馬之與我不同類也。則天下何耆皆從易牙之於味也。又言動心忍性。是孟子矢口言之。無非血氣心知之性。孟子言性。曷嘗自歧爲二哉。二之者。宋儒也。

答問理欲之辨

問宋以來之言理也。其說爲不出於理。則出於欲。不出於欲。則出於理。故辨乎理欲之界。以爲君子小人於此焉分。今以情之不爽失爲理。是理者存乎欲者也。然則無欲亦非歟。曰。孟子言養心莫善於寡欲。明乎欲不可無也。寡之而已。人之生也。莫病於無以遂其生。欲遂其生。亦遂人之生。仁也。欲遂其生。至於戕人之生而不顧者。不仁也。不仁實始於欲遂其生之心。使其無此欲。必無不仁矣。然使其無此欲。則於天下之人生道窮促。亦將漠然視之。己不必遂其生。而遂人之生。無是情也。然則謂不出於正則出於邪。不出於邪則出於正。可也。謂不出於理。則出於欲。不出於欲。則出於理。不可也。欲其物理其則也。不出於邪而出於正。猶往往有意見之偏。未能得理。而宋以來之言理欲也。徒以爲正邪之辨而已矣。不出於邪而出於正。則謂以理應事矣。理與事分爲二而與意見合爲一。是以害事。夫事至而應者心也。心有所蔽。則於事情未之能得。又安能得理乎。自老氏貴於抱一。貴於無欲。莊周書則曰。聖人之靜也。非曰靜也善。故靜也。萬物無足以撓心者。故靜也。水靜猶明。而況精神。聖人之心靜乎。夫虛靜恬淡寂寞無爲者。天地之平而道德之至。周子通書曰。聖可學乎。曰。可。有要乎。曰。有。請問焉。曰。一爲要。一者無欲也。無欲則靜虛動直。靜虛則明。明則通。動直則公。公則溥。明通公溥。庶矣哉。此卽老莊釋氏之說。朱子亦屢言人欲所蔽。皆以爲無欲則無蔽。非中庸雖愚必明之道也。有生而愚者。雖無欲亦愚也。凡出於欲。無非以生以養之事。欲之失爲私。不爲蔽。自以爲得理。而所執之實謬。乃蔽而不明。天下古今之人。其大患私與蔽二端而已。私生於欲之失。蔽生於知之失。欲生於血氣。知生於心。因私而咎欲。因欲而咎血氣。因蔽而咎知。因知而咎心。老氏所以言常使民無知無欲。彼自外其形骸。貴其眞宰。後之釋氏。其論說似異而實同。宋儒出入於老釋。程叔子撰明道先生行狀云、自十五六時、聞周茂叔論道、遂厭科擧之業、慨然有求道之志、泛濫於諸家、出入於老釋者幾十年、返求諸六經、然後得之、呂與叔撰橫渠先生行狀云、范文正公勸讀中庸、先生讀其書、雖愛之、猶以爲未足、又訪諸釋老之書、累年盡究其說、知無所得、返而求之六經、朱子語類廖德明錄癸巳所聞、先生言二三年前見得此事尚鶻突、爲他佛說得相似、近年來方看得分曉、考朱子慕禪學在十五六時、年二十四見李愿中、教以看聖賢言語、而其後復入於釋氏、至癸巳年四十四矣、故雜乎老釋之言以爲言。詩曰。民之質矣。日用飲食。記曰。飲食男女。人之大欲存焉。聖人治天下。體民之情。遂民之欲。而王道備。人知老莊釋氏異於聖人。聞其無欲之說。猶未之信也。於宋儒則信以爲同於聖人。理欲之分。人人能言之。故今之治人者。視古賢聖體民之情。遂民之欲。多出於鄙細隱曲。不措諸意。不足爲怪。而及其責以理也。不難舉曠世之高節。著於義而罪之。尊者以理責卑。長者以理責幼。貴者以理責賤。雖失。謂之順。卑者幼者賤者以理爭之。雖得。謂之逆。於是下之人不能以天下之同情天下所同欲達之於上。上以理責其下。而在下之罪。人人不勝指數。人死於法。猶有憐之者。死於理。其誰憐之。嗚呼。雜乎老釋之言以爲言。其禍甚於申韓如是也。六經孔孟之書。豈嘗以理爲如有物焉。外乎人之性之發爲情欲者。而强制之也哉。孟子告齊梁之君。曰與民同樂。曰省刑罰。薄稅斂。曰必使仰足以事父母。俯足以畜妻子。曰居者有積倉。行者有裹囊。曰內無怨女。外無曠夫。仁政如是。王道如是而已矣。

答問闢宋儒之言

問孟子闢楊墨。韓退之闢老釋。今子於宋以來儒書之言。多辭而闢之。何也。曰。言之深入人心者。其禍於人也大。而莫之能覺也。苟莫之能覺也。吾不知民受其禍之所終極。彼楊墨者。當孟子之時。以爲聖人賢人者也。老釋者。世以爲聖人所不及者也。論其人。彼各行所知。卓乎同於躬行君子。是以天下尊而信之。而孟子韓子不能已於與辨。爲其言入人心深。禍於人大也。豈尋常一名一物之訛舛比哉。孟子答公孫丑問知言曰。詖辭知其所蔽。淫辭知其所陷。邪辭知其所離。遁辭知其所窮。生於其心。害於其政。發於其政。害於其事。聖人復起。必從吾言矣。答公都子問外人皆稱夫子好辯曰。邪說者不得作。作於其心。害於其事。作於其事。害於其政。聖人復起。不易吾言矣。孟子兩言聖人復起。誠見夫詖辭邪說之深入人心。必害於事。害於政。天下被其禍。而莫之能覺也。使不然。則楊墨告子其人。彼各行所知。固卓乎同於躬行君子。天下尊而信之。孟子胡以惡之哉。楊朱哭衢途。彼且悲求諸外者歧而又歧。墨翟之歎染絲。彼且悲人之受染。失其本性。老釋之學。則皆貴於抱一。貴於無欲。宋以來儒者。蓋以理之說其辨乎理欲。猶之執中無權。舉凡飢寒愁怨飲食男女常情隱曲之感。則名之曰人欲。故終其身見欲之難制。其所謂存理。空有理之名。究不過絕情欲之感耳。何以能絕。曰主一無適。此卽老氏之抱一無欲。故周子以一爲學聖之要。且明之曰。一者無欲也。天下必無舍生養之道而得存者。凡事爲皆有於欲。無欲則無爲矣。有欲而後有爲。有爲而歸於至當不可易之謂理。無欲無爲。又焉有理。老莊釋氏主於無欲無爲。故不言理。聖人務在有欲有爲之咸得理。是故君子亦無私而已矣。不貴無欲。君子使欲出於正。不出於邪。不必無飢寒愁怨飲食男女常情隱曲之感。於是讒說誣辭。反得刻議君子而罪之。此理欲之辨。

使君子無完行者。爲禍如是也。以無欲然後君子。而小人之爲小人也。依然行其貪邪。獨執此以爲君子者。謂不出於理則出於欲。不出於欲則出於理。其言理也。如有物焉得於天而具於心。於是未有不以意見爲理之君子。且自信不出於欲。則曰心無愧怍。夫古人所謂不愧不怍者。豈此之謂乎。不寤意見多偏之不可以理名。而持之必堅。意見所非。則謂其人自絕於理。此理欲之辨。適成忍而殘殺之具。爲禍又如是也。夫堯舜之憂四海困窮。文王之視民如傷。何一非爲民謀其人欲之事。惟順而導之。使歸於善。今既截然分理欲爲二。治己以不出於欲爲理。治人亦必以不出於欲爲理。舉凡民之飢寒愁怨飲食男女常情隱曲之感。咸視爲人欲之甚輕者矣。輕其所輕。乃吾重天理也。公義也。言雖美。而用之治人。則禍其人。至於下以欺僞應乎上。則曰人之不善。胡弗思聖人體民之情。遂民之欲。不待告以天理公義。而人易免於罪戾者之有道也。孟子於民之放僻邪侈無不爲。以陷於罪。猶曰是罔民也。又曰救死而恐不贍。奚暇治禮義。古之言理也。就人之情欲求之。使之無疵之爲理。今之言理也。離人之情欲求之。使之忍而不顧之爲理。此理欲之辨。適以窮天下之人。盡轉移爲欺僞之人。爲禍何可勝言也哉。其所謂欲。乃帝王之所盡心於民。其所謂理。非古聖賢之所謂理。蓋雜乎老釋之言以爲言。是以弊必至此也。然宋以來儒者。皆力破老釋。不自知雜襲其言。而一一傅合於經。遂曰六經孔孟之言。其惑人也易而破之也難。數百年於茲矣。人心所知皆彼之言。不復知其異於六經孔孟之言矣。世又以躬行實踐之儒。信焉不疑。夫楊墨老釋皆躬行實踐。勸善懲惡。救人心贊治化。天下尊而信之。帝王因尊而信之者也。孟子韓子闢之於前。聞孟子韓子之說。人始知其與聖人異。而究不知其所以異。至宋以來儒書之言。人咸曰是與聖人同也。辯之是欲立異也。此如嬰兒中路失其父母。他人子之而爲其父母。既長不復能知他人之非其父母。雖告以親父母而決爲非也。而怒其告者。故曰破之也難。嗚呼。使非害於事害於政。以禍人。方將敬其爲人而又何惡也。惡之者爲人心懼也。

陸燿　清吳江人。字朗夫。一字青來。乾隆間累官湖南巡撫。清勤自勵。所至有聲。輯切問齋文鈔。多經世之文。道光以來賀長齡等先後輯經世文編及續編三編。大抵取法於其書。所著有切問齋文集。

復戴東原書

來教舉近儒理欲之說。而謂其以有蔽之心。發爲意見。自以爲得理。而所執之理實謬。所謂切中俗儒之病。乃原其病之所起。則鶩名之一念實爲之。蓋自宋儒言理而歷代推尊以爲直接孔孟者。程朱數大家而已。未可以虛而附也。夫理懸於虛。事徵於實。虛者易冒。實者難欺。惟言理而著之於事。證之以跡。空虛無實之談。庶不得而妄託。西山大學衍義。此其宗乎。至於朱陸朱王之辨。近世尤多聚訟。其所訟者。皆在毫釐影響之間。若盡舉朱子之創社倉。行荒政。難進易退。知無不言。與象山之孝友於家。化行於民。陽明之經濟事功。彪炳史冊。以爲。理學眞儒之左契。則矍相之圃僅有存者矣。顧以此求之。詎易多得。而擇其言之切於今者。莫如顧崑山行己有恥田簣山利之一字蝕人最深二語。爲醫疾膏肓之藥石。能用力於此。庶幾於風俗之盛衰。吏治之得失。民生之疾苦。在在與民同好惡而不私。於閣下之敎得毋近之。而不止以其名乎。近日從事文鈔一編。大指如此。惟是所見不多。網羅難盡。淺人易眩。決擇未精。其中不無遺憾。是以未敢郵正。今大敎諄諄。似欲匡其所不逮者。又可不獻其醜拙耶。

洪榜　清歙人。字汝登。一字初堂。乾隆舉人。粹於經學。江藩漢學師承記曰。戴震著孟子字義疏證。當時讀者莫能盡其義。惟洪榜好焉。榜爲震行狀。載與彭尺木書。朱珪見之。謂可不載。戴氏所傳不在此。榜遺書力爭。不得。震子中立。卒將此書刪去。案戴氏性理之說。與顏李二子之學。皆於宋明理學外。別爲一派。其說自有可觀。而不能廢置。惟當時儒者篤於尊古。故多非之。而輓近時勢大殊。學風一變。凡事無不惟新異是尙。故顏李戴三子之說。喜稱道之者。轉盛。要之。三子之說。與宋明諸儒之書。俱在。其異同之旨。長短之故。學者貴虛心察之。自加判斷。愼不可人云亦云。如盲人之道黑白也。

上朱笥河書

洪榜頓首。笥河先生閣下。前者具狀。戴先生行實。俾其遺孤中立。稽首閣下之門。求志其墓石。頃承面諭。以狀中所載答彭進士書。可不必載。性與天道不可得聞。何圖更於程朱之外復有論說乎。戴氏所可傳者不在此。榜聞命唯唯。惟惕於尊重。不敢有辭。退念閣下今爲學者宗。非漫云爾者。其指大略有三。其一謂程朱大賢立身制行卓絕。其所立說不得復有異同。疑於緣隙奮筆。加以醜嘲。奪彼與此。其一謂經生貴有家法。漢學自漢。宋學自宋。今既詳度數。精訓故。乃不可復涉及性命之旨。反述所短。以揜所長。其一或謂儒生可勉而爲聖賢不可學而至。以彼矻矻稽古守殘。謂是淵淵聞道。知德曾無溢美。必有通辭。蓋閣下之旨出是三者。仰見閣下論學之嚴。制辭之愼。然恐閣下尚未盡察戴氏所以論述之心。與榜所以表章戴氏之意。使榜且得罪。不可以終無辭。夫戴氏與彭進士書。非難程朱也。正陸王之失耳。非正陸王也。闢老釋之邪說耳。非闢老釋也。闢夫後之學者實爲老釋而陽爲儒書。援周孔之言。入老釋之教。以老釋之似。亂周孔之眞。而皆附於程朱之學。閣下謂程朱大賢立身制行卓絕。豈獨程朱大賢立身制行卓絕。陸王亦大賢立身制行卓絕。卽老釋亦大賢立身制行卓絕也。唯其如是。使後儒小生閉口不敢道。寧疑周孔。不敢疑程朱。而其才智少過人者。則又附援程朱以入老釋。彼老釋者。幸漢唐之儒抵而排之矣。今論者乃謂先儒所抵排者。特老釋之粗。而其精者雖周孔之微旨不是過也。誠使老釋之精者雖周孔不是過也。何以生於其心。發於其事。繆戾如彼哉。況周孔之書具在。苟得其解。皆不可以強通使程朱而聞後學者之言如此。知必急急然正之也。然則戴氏之書。非故爲異同。非緣隙醜嘲。非欲奪彼與此。昭昭甚明矣。至謂治經之士。宜有家法。非爲宋學。卽爲漢學。心性之說。賈馬服鄭所不詳。今爲賈馬服鄭之學者。亦不得詳。夫言性言心。亦不自宋以後興也。周末諸子及秦漢間著書立說者。多及之。其辭雖殊。其意究無大異。凡以勸學立教而已。惟老聃莊周之書。乃有沖虛之說。眞宰之名。不寄於事。不由於學。謂之返其性情而復其初。魏晉之間。此學盛興。而諸佛書流入中土。亦適於此時爲盛。其書本淺妄無足道。譯者雜以老莊之旨。緣飾其說。大暢元風。唐傅奕嘗言其事矣。然而未敢以入儒書也。至乎昌黎韓氏。力闢佛老。作爲原道等書。使學者昭然知二氏之非。而其時佛氏之說入人既深。則又有柳子厚之徒。謂韓氏所罪者其迹也。忽其外而遺其中。譬之知石而不知韞玉。彼其不可斥者。往往與易論語合。不與孔子異道也。此說一出。後之學者往往執是說以求之易論語。而所謂易論語者。則又專用魏王氏之注與何氏之集解。其人本深於老釋。其說亦雜於二家。此則宜其有合也。歷唐之末。逮宋之初。此論紛紜。固結而不可解。於是讀易論語書者。或往往先從事於二氏。因卽以其有得於二氏之精者。以說易論語之書。是以眉山蘇氏作六一居士集序曰。新學以佛老之似。亂周孔之眞。識者憂之也。宋熙寧以後。此弊日深。至於姚江王氏之學行。則直以佛書釋論孟矣。彼賈馬服鄭當時蓋無是弊。而今學者束髮受書。言理言道言心言性。所謂理道心性之云。則皆六經孔孟之辭。而其所以爲理道心性之說者。往往雜乎老釋之旨。使其說之果是。則將從而發明之矣。如其說之果非。則治經者果不可以默爾已也。如使賈馬服鄭生於是時。則亦不可以默爾已也。前之二說。閣下苟詳察之。亦知戴氏之非私於其學。而榜之非私於戴氏矣。至於聞道之名不可輕以許人。猶聖賢之不可學而至。如閣下以此爲慮。此其猶存乎後儒之見也。孟子謂聖人人倫之至。首陽之義。孔子稱曰古之賢人。夫聖賢不可至。蓋在是矣。雖然。安可以自棄乎哉。若夫高談深遠者。謂之知道。不言而躬行者。謂之未聞道。及夫治經訓者。謂之儒林。明性道者。謂之道學。此固戴氏所不道。而榜所望於閣下表揚之者。亦不在是也。夫戴氏論性道。莫備於其論孟子之書。而所以名其書者。曰孟子字義疏證焉耳。然則非言性命之旨也。訓故而已矣。度數而已矣。要之戴氏之學。其有功於六經孔孟之言甚大。使後之學者。無馳心於高妙。而明察於人倫庶物之間。必自戴氏始也。惟閣下裁察焉。

宋史　元托克托等撰。托克托一作脫脫。蒙古人。字大用。順宗時賢相。時詔修宋遼金元諸史。托克托爲都總裁官。

案自來正史敍錄學者。除自有列傳者外。多立儒林傳以類收之。惟元托克托等作宋史。因欲特示表章性理之學。遂於儒林傳外。復爲道學傳。一說此傳之作。實本於朱子所作伊洛淵源錄。而稍加修補。故雖理學如陸九淵亦在所擯。蓋純爲程朱一派之學術也。其後元明二史。皆不之從。仍還自來正史之例。其識較爲卓越。今存其序第。以識後世道學門戶之爭之所由起耳。

道學傳序

道學之名。古無是也。三代盛時。天子以是道爲政教。大臣百官有司以是道爲職業。黨庠術序師弟子以是道爲講習。四方百姓日用是道而不知。是故盈覆載之間。無一民一物不被是道之澤。以遂其性。於斯時也。道學之名。何自而立哉。文王周公既沒。孔子有德無位。既不能使是道之用。漸被斯世。退而與其徒定禮樂。明憲章。刪詩。修春秋。讚易象。討論墳典。期使三五聖人之道。昭明於無窮。故曰夫子賢於堯舜遠矣。孔子沒。曾子獨得其傳。傳之子思。以及孟子。孟子沒而無傳。兩漢以下。儒者之論大道。察焉而弗精。語焉而弗詳。異端邪說起而乘之。幾至大壞。千有餘載。至宋中葉。周敦頤出於舂陵。乃得聖賢不傳之學。作太極圖說通書。推明陰陽五行之理。命於天而性諸人者。瞭若指掌。張載作西銘。又極言理一分殊之情。然後道之大原出於天者。灼然而無疑焉。仁宗明道初年。程顥及弟頤寔生。及長。受業周氏。已乃擴大其所聞。表章大學中庸二篇。與語孟並行。於是上自帝王傳心之奧。下至初學入德之門。融會貫通。無復餘蘊。迄宋南渡。新安朱熹得程氏正傳。其學加親切焉。大抵以格物致知爲先。明善誠身爲要。凡詩書六藝之文。與夫孔孟之遺言。顛錯於秦火。支離於漢儒。幽沈於魏晉六朝者。至是皆煥然而大明。秩然而各得其所。此宋儒之學所以度越諸子。而上接孟氏者歟。其於世代之汙隆。氣化之榮悴。有所關係也甚大。道學盛於宋。宋弗究於用。甚至有厲禁焉。後之時君世主。欲復天德王道之治。必來此取法矣。邵雍高明英悟。程氏實推重之。舊史列之隱逸。未當。今置張載後。張栻之學。亦出程氏。既見朱熹。相與博約。又大進焉。其他程朱門人。考其源委。各以類從。作道學傳。按道學傳所錄、共二十三人、其姓名如下、周敦頤、程顥、程頤、張載、（弟戩附）邵雍、劉絢、李籲、謝良佐、游酢、張繹、蘇昞、尹焞、楊時、羅從彥、李侗、（以上十八人、皆程氏門人）朱熹、張栻、黃榦、李燔、張洽、陳淳、李方子、黃灝、（以上六人、皆朱氏門人）

宋元學案　清黃宗羲原本全祖望修定宗羲里字見前祖望鄞人字紹衣一字謝山雍正舉人其學推本程朱博覽無方。而尤以網羅文獻表章忠義為事。著有經史答問鮚埼亭集。是編之作。大抵取材於宋元兩代諸家之文集語錄。而別為體例。每家之中。先述其人之事略。次舉其重要之著作。而加以評語。又於各家前冠以其人之師友弟子表。用明夫學術授受之本末。剪裁有法。論述詳盡。凡二百卷。學者皆稱便焉。

宋元儒學案序錄

王梓材謹案、學案序錄刊本、得之慈谿鄭氏二老閣、茲檢盧氏所藏原底、間有異同詳略、特與馮君雲濠附識於各條之後、

祖望謹案。宋世學術之盛。安定泰山為之先河。程朱二先生皆以為然。安定沈潛。泰山高明。安定篤實。泰山剛健。各得其性稟之所近。要其力肩斯道之傳。則一也。安定似較泰山為更醇。小程子入太學。安定方居師席。一見異之。講堂之所得。不已盛哉。述安定學案。（第一卷）泰山之與安定同學十年。而所造各有不同。安定冬日之日也。泰山夏日之日也。故如徐仲車宛有安定風格。而泰山高弟為石守道。以振頑懦。則巖巖氣象。倍有力焉。抑又可以見二

家淵源之不紊也。述泰山學案。卷第二

晦翁推原學術。安定泰山而外。高平范魏公其一也。高平一生。粹然無疵。而導橫渠以入聖人之室。尤爲有功。孝宗嘗以朝臣之請。將與歐陽兗公並入澤宮。已而不果。今卒舉行之。公是爲不泯矣。述高平學案。卷第三

楊文靖公有言。佛入中國千餘年。祇韓歐二公立得定耳。說者謂其因文見道。夫見道之文。非聖人之徒亦不能也。兗公之沖和安靜。蓋天資近道。稍加以學。遂有所得。使得遇聖人而師之。豈可量哉。述廬陵學案。卷第四

梓材謹案、高平行輩不後於安定泰山、而廬陵亦當時斯道之疏附也、謝山以梨州編次學案、託始於安定泰山者、其意遠有端緒、故以高平廬陵次之、

安定泰山並起之時。閩中四先生亦講學海上。其所得雖未能底於粹深。然而略見大體矣。是固安定泰山之流亞也。宋人溯導源之功。獨不及四先生。似有闕焉。或曰陳烈亦嘗師安定。未知所據。述古靈四先生學案。卷第五

慶曆之際。學統四起。齊魯則有士建中。劉顏夾輔泰山而興。浙東則有明州楊杜五子。永嘉之儒志經行二子。浙西則有杭之吳存仁。皆與安定湖學相應。閩中又有章望之。黃晞。亦古靈一輩人也。關中之申侯二子。實開橫渠之先。蜀有宇文止止。實開范正獻公之先。篳路藍縷。用啟山林。皆序錄者所不當遺。述士劉諸儒學案。卷第六

雲濠謹案、序錄底本、古靈一輩句下、有江楚則有李覯六字、而定本無之者、蓋以盱江學派併入高平故也、

小程子謂閱人多矣。不雜者司馬邵張三人耳。故朱子有六先生之目。然於涑水微嫌其格物之未精。於百源微嫌其持敬之有歉。伊洛淵源錄中遂祧之。今本補入康節、非朱子原本也、草廬因是謂涑水尚在不著不察之列。有是哉其妄也。述涑水學案。第七第八卷

康節之學別爲一家。或謂皇極經世祇是京焦末流。然康節之可以列聖門者正不在此。亦猶溫公之造九分者不在潛虛也。述百源學案。第九第十卷

濂溪之門二程子少嘗遊焉。其後伊洛所得實不由於濂溪。是在高弟滎陽呂公已明言之。其孫紫微又申言之。汪玉山亦云然。今觀二程子終身不甚推濂溪。並未得與馬邵之列。可以見二呂之言不誣也。晦翁南軒始確然以爲二程子所自出。自是後世宗之。而疑者亦踵相接焉。然雖疑之而皆未嘗考及二呂之言以爲證。則終無據。予謂濂溪誠入聖人之室。而二程子未嘗傳其學。則必欲溝而合之。良無庸矣。述濂溪學案。第十一第十二卷

梓材謹案、涑水與二程同行輩、百原在程氏父子之間、若濂溪則二程父執也、視安定稍後、而與高平爲講友、宜在高平、廬陵之次、而謝山序錄與二程相比、反在馬邵後者、殆以序論爲次、不盡拘其先後輩爾、

大程子之學。先儒謂其近於顏子。蓋天生之完器。然哉然哉。故世有疑小程子之言若傷我者。而獨無所加於大程子。述明道學案。第十三第十四卷

雲豪謹案、底本然哉句上、有伊川則先儒謂其近於曾子十一字、

大程子早卒。向微小程子。則洛學之統且中衰矣。蕺山先生嘗曰。小程子大而未化。然發明有過於其兄者。信哉。述伊川學案。第十五第十六卷

雲豪謹案、底本是條作祖望謹案、伊川於六先生爲晚出、亦最後死、不特明道弟子大半成就於伊川之手、即橫渠康節之徒、亦多歸之者、其功大矣、與此異、

橫渠先生勇於造道。其門戶雖微。有殊於伊洛。而大本則一也。其言天人之故。間有未當者。梨洲稍疏證焉。亦橫渠之忠臣哉。述橫渠學案。第十七第十八卷

梓材謹案、朱子有司馬邵張之稱、橫渠當次於馬邵之後、且爲二程表叔、亦宜在二程之前、謝山亦以序論次之、

慶歷以後。尙有諸魁儒焉。於學統或未豫。而未嘗不於學術有功者。范蜀公呂申公韓持國一輩也。呂汲公王彥霖又一輩也。豐相之李君行又一輩也。尙論者其敢忽諸。述范呂諸儒學案。第十九卷

雲豪謹案、底本是條中數語、作范蜀公呂申公之於涑水、韓持國王彥霖之於明道、呂汲公之於橫渠、皆有切磋之功、以至李公擇李君行之徒、皆學者也、

涑水弟子不傳者多。其著者劉忠定公得其剛健。范正獻公得其純粹。景迂得其數學。而劉范尤爲眉目。忠定之語錄譚錄道護錄。今皆無完本。然大略可考見矣。述元城學案。第二十卷

范正獻公之師涑水。其本集可據也。其師程氏。則出自鮮于綽之譌。伊洛淵源錄既疑之。而又仍之。誤矣。陳默堂答范益謙曰。向所聞於龜山。乃知先給事之學與洛學同。則其非弟子

明矣。述華陽學案。第二十一卷

涑水嘗令景迂續成潛虛。景迂謝不敢。然易玄星紀之譜。足以紹師門矣。景迂又私淑康節。惜其晚年之好佛也。然元城亦不免此。呂成公曰。景迂雖駁。其學有不可廢者。述景迂學案。第二十二卷

滎陽少年不名一師。初學於焦千之。廬陵之再傳也。已而學於安定。學於泰山。學於康節。亦嘗學於王介甫。而歸宿於程氏。集益之功至廣且大。然晚年又學佛。則申公家學未醇之害也。要之滎陽之可以爲後世師者。終得力於儒。述滎陽學案。第二十三卷

雲濠謹案、是條底本然字以下、作然其晚年之差、亦有甚於諸公者、東發言之詳矣、梓材謹案、滎陽之於小程子、在師友之間、故宜在程門諸子之前、猶西山蔡氏之先於朱門也、

洛學之魁。皆推上蔡。晦翁謂其英特過於楊游。蓋上蔡之才高也。然其墮入葱嶺處。決裂亦過於楊游。或曰是江民表之書誤入上蔡語錄中。述上蔡學案。第二十四卷

明道喜龜山。伊川喜上蔡。蓋其氣象相似也。龜山獨邀耆壽。遂爲南渡洛學大宗。晦翁南軒東萊皆其所自出。五峯紫微皆嘗學於龜山之門。然龜山之夾雜異學。亦不下於上蔡。述龜山學案。第二十五卷

廌山游肅公在程門鼎足謝楊。而遺書獨不傳。以弟子亦不振。五峯有曰。定夫爲程門罪人。何其晚謬一至斯歟。予從諸書稍搜得其粹言之一二。述廌山學案。第二十六卷

和靖尹肅公於洛學最爲晚出。而守其師說最醇。五峯以爲程氏後起之龍象。東發以爲不失其師傳者。良非過矣。述和靖學案。第二十七卷

兼山以將家子知慕程門。卒死王事。白雲高蹈。終身和靖所記。黨錮後事。恐未然也。郭門之學雖孤行。然自謝艮齋至黎立武。綿綿不絕。述兼山學案。第二十八卷

洛學之入秦也。以三呂。其入楚也。以上蔡司教荊南。其入蜀也。以謝湜馬涓。其入浙也。以永嘉周劉許鮑數君。而其入吳也。以王信伯。信伯極爲龜山所許。而晦翁最貶之。其後陽明又最稱之。予讀信伯集。頗啟象山之萌芽。其貶之者以此。其稱之者亦以此。象山之學。本無所承。東發以爲遙出於上蔡。予以謂兼出於信伯。蓋程門已有此一種矣。述震澤學案。第二十九卷

梓材謹案、震澤以楊門而入程門、故次於程門諸子專學案之末。

程子弟子最著者。劉李諸公以早卒。故其源流未廣。晉陵周氏兄弟亦爲和靖所許。其後馬伸吳給以大節見。亦有不稱其薪傳者。如邵溥之委蛇僞命。李處廉之以墨敗。至於邢恕則古公伯寮之倫也。與述劉李諸儒學案。第三十卷

關學之盛。不下洛學。而再傳何其寥寥也。亦由完顏之亂。儒術並爲之中絕乎。伊洛淵源錄略於關學。三呂之與蘇氏。以其曾及程門而進之。餘皆亡矣。予自范侍郎育而外。於宋史得游師雄种師道。於胡文定公語錄得潘拯。於樓宣獻公集得李復。於童蒙訓得田腴。於閩書

得邵清。及讀晁景迂集。又得張舜民。又於伊洛淵源錄注中得薛昌朝。稍爲關學補亡。述呂范諸儒學案。第三十一卷

世知永嘉諸子之傳洛學。不知其兼傳關學。考所謂九先生者。其六人及程門。其三則私淑也。而周浮沚沈彬老又嘗從藍田呂氏遊。非橫渠之再傳乎。鮑敬亭輩七人。其五人及程門。晦翁作伊洛淵源錄。累書與止齋求事蹟。當無遺矣。而許橫塘之忠茂。竟不列其人何也。予故謂爲晦翁未成之書。今合爲一卷。以志吾浙學之盛。實始於此。而林竹軒者。橫塘之高弟也。其學亦頗啟象山一派。述周許諸儒學案。第三十二卷

梓材謹案、呂范諸儒兼承張程之學、而周許諸儒、有以橫渠再傳而及程門者、故又次之、

百源弟子承密授者曰王豫曰張㟭。皆早死。故不傳。伯溫雖授辟咡負劍之教。然所得似淺。東發謂漁樵問答乃伯溫作。其中亦有名言。所惜者聞見錄之溺於輪迴也。予又爲旁搜得楊周等數人。述王張諸儒學案。第三十三卷

雲濠謹案、底本是條末云、且趙豐公從子文遊、卒能成中興昌明正學之功、則源流有不可沒者、

私淑洛學而大成者。胡文定公其人也。文定從謝楊游三先生以求學統。而其言曰。三先生義兼師友。然吾之自得於遺書者爲多。然則後儒因朱子之言。竟以文定列謝氏門下者誤矣。今溝而出之。南渡昌明洛學之功。文定幾侔於龜山。蓋晦翁南軒東萊皆其再傳也。朱呂皆嘗

從籍溪、述武夷學案。第三十四卷

私淑洛學而未純者。陳了齋鄒道鄉也。唐充之關止叔又其次也。了齋兼私淑涑水康節學徒最盛。建炎後多歸龜山。述陳鄒諸儒學案。第三十五卷

大東萊先生爲滎陽冢嫡。其不名一師。亦家風也。自元祐後諸名宿如元城龜山廌山了翁和靖。以及王信伯之徒。皆嘗從遊。多識前言往行。以畜其德。而溺於禪。則又家門之流弊乎。述紫微學案。第三十六卷

上蔡之門。漢上朱文定公最著。三易象數之說。未嘗見於上蔡之口。而漢上獨詳之。尹和靖胡文定范元長。以洛學見用於中興。漢上實連茹而出。顧世之傳其學者稍寡焉。述漢上學案。第三十七卷

梓材謹案、全本原底無漢上學案序錄、

龜山弟子偏天下。默堂以愛壻爲首座。其力排王氏之學。不愧於師門矣。惜其早侍了齋。禪學深入之。而龜山亦未能免於此也。所以不得不輸正統於豫章。述默堂學案。第三十八卷

豫章之在楊門。所學雖醇。而所得實淺。當在善人有恆之間。一傳爲延平。則邃矣。再傳爲晦翁。則大矣。豫章遂爲別子。甚矣弟子之有光於師也。述豫章學案。第三十九卷

梓材謹案、默堂豫章並及伊川之門、與震澤同、第震澤先事龜山、而卒業於伊川、默堂豫章則及事伊川、而卒業於龜山、故列於此、

龜山弟子以風節光顯者。無如橫浦。而駁學亦以橫浦爲最。晦翁斥其書比之洪水猛獸之災。其可畏哉。然橫浦之羽翼聖門者。正未可泯也。述橫浦學案。（第四十卷）

武夷諸子。致堂五峯最著。而其學又分爲二。五峯不滿其兄之學。故致堂之傳不廣。然當洛學陷入異端之日。致堂獨皭然不染。亦已賢哉。故朱子亦多取焉。述衡麓學案。（第四十一卷）

紹興諸儒所造。莫出五峯之上。其所作知言。東萊以爲過於正蒙。卒開湖湘之學統。今豫章以晦翁故。祀澤宮。而五峯闕焉。非公論也。述五峯學案。（第四十二卷）

白水籍溪屏山三先生。晦翁所嘗師事也。白水師元城。兼師龜山。籍溪師武夷。又與白水同師譙天授。獨屏山不知所師。三家之學略同。然似皆不能不雜於禪。故五峯所以規籍溪者甚詳。其時閩中又有支離先生陸祐者。亦於三先生爲學侶焉。述劉胡諸儒學案。（第四十三卷）

中興二相。豐國趙公。嘗從邵子文遊。魏國張公。嘗從譙天授遊。豐公所得淺。而魏公則惑於禪宗。然伊洛之學。從此得昌。魏公以嘗用陳公輔得謗。或遂疑其阻塞伊洛之學。與豐公有異同。未必然也。陳公良翰芮公煜之徒。亦吾道之疏附也。述趙張諸儒學案。（第四十四卷）

（雲濠謹案，底本豐公所得淺四句，作二公所得並疏，雖不足以望元祐之馬呂，而尹胡朱范之得以同升者，則其功也，）

伊洛既出。諸儒各有所承。范香溪生婺中。獨爲崛起。其言無不與伊洛合。晦翁取之。又有襄陵許吏部。得中原之文獻。別爲一家。蕭三顧則嘗學於伊洛。而不肯卒業。日以其所學孤行。

亦狷者邪。述范許諸儒學案。第四十五卷（梓材謹案、原底無范許諸儒學案序錄、）

玉山汪文定公少受知於湍石。其本師爲橫浦。又嘗從紫微。然橫浦紫微並佞佛。而玉山粹然一出於正。斯其爲幹蠱之弟子也。述玉山學案。第四十六卷

和靖高弟如呂如王如祁。皆無門人可見。鹽官陸氏獨能傳之艾軒。於是紅泉雙井之間。學派興焉。然愚讀艾軒之書。似兼有得於王信伯。蓋陸氏亦嘗從信伯遊也。且艾軒宗旨本於和靖者反少。而本於信伯者反多。實先槐堂之三陸而起。特槐堂貶及伊川。而艾軒則否。故晦翁於艾軒無貶詞。終宋之世。艾軒之學別爲源流。述艾軒學案。第四十七卷（雲濠謹案、底本槐堂之三陸作二陸、）

楊文靖公四傳而得朱子。致廣大。盡精微。綜羅八代矣。江西之學。浙東永嘉之學。非不岸然。而終不能諱其偏。然善讀朱子之書者。正當偏求諸家。以收去短集長之益。若墨守而屏棄一切焉。則非朱子之學也。述晦翁學案。第四十八第四十九卷（梓材謹案、自楊而羅而李而朱、僅得三傳、其云四傳者、統言之也、）

南軒似明道。晦翁似伊川。向使南軒得永其年。所造更不知如何也。北溪諸子必欲謂南軒從晦翁轉手。是猶謂橫渠之學於程氏者。欲尊其師。而反誣之。斯之謂矣。述南軒學案。第五十卷

小東萊之學平心易氣。不欲逞口舌。以與諸公角。大約在陶鑄同類。以漸化其偏。宰相之量也。惜其早卒。晦翁遂日與人苦爭。並詆及婺學。而宋史之陋。遂抑之於儒林。然後世之君子終不以爲然也。述東萊學案。第五十一卷

永嘉之學統遠矣。其以程門袁氏之傳爲別派者。自艮齋薛文憲公始。艮齋之父學於武夷。而艮齋又自成一家。亦人門之盛也。其學主禮樂制度。以求見諸事功。然觀艮齋以參前倚衡言持敬。則大本未嘗不整然。述艮齋學案。第五十二卷

梓材謹案。艮齋爲伊川再傳弟子。其行輩不後於朱張。而次於朱張呂之後者。蓋永嘉之學別起一端爾。

永嘉諸子。皆在艮齋師友之間。其學從之出。而各有不同。止齋最稱醇恪。觀其所得。似較艮齋更平實。占得地步也。述止齋學案。第五十三卷

水心較止齋又稍晚出。其學始同而終異。永嘉功利之說。至水心始一洗之。然水心天資高。放言砭古人多過情。其自曾子子思而下皆不免。不僅如象山之詆伊川也。要亦有卓然不經人道者。未可以方隅之見棄之。乾淳諸老既歿。學術之會。總爲朱陸二派。而水心斷斷其間。遂稱鼎足。然水心工文。故弟子多流於辭章。述水心學案。第五十四卷 第五十五卷

永嘉以經制言事功。皆推原以爲得統於程氏。永康則專言事功而無所承。其學更粗莽掄魁。晚節尤有慚德。述龍川學案。第五十六卷

梓材謹案，永嘉之學，以鄭景望爲大宗，止齋水心皆鄭氏門人，鄭本私淑周浮沚以追程氏者也，而龍川亦嘗及鄭門，宜次陳葉之後，

三陸子之學梭山啟之復齋昌之象山成之。梭山是一樸實頭地人其言皆切近有補於實用。復齋且嘗從襄陵許氏入手喜爲討論之學。宋史但言復齋與象山和而不同考之包恢之言則梭山亦然。今不盡得其可惜也。述梭山復齋學案。第五十七卷

象山之學先立乎其大者。本乎孟子足以砭末俗口耳支離之學。但象山天分高出語驚人。或失於偏而不自知。是則其病也。程門自謝上蔡以後王信伯林竹軒張無垢至於林艾軒。皆其前茅及象山而大成而其宗傳亦最廣。或因其偏而更甚之若世之耳食雷同自以爲能羽翼紫陽者。竟詆象山爲異學則吾未之敢信。述象山學案。第五十八卷

朱張呂三先生講學時最同調者清江劉氏兄弟也。敦篤和平其生徒亦偏東南。近有妄以子澄爲朱門弟子者。謬矣。述清江學案。第五十九卷

永嘉諸先生講學時最同調者說齋唐氏也。而不甚與永嘉相往復不可解也。或謂永嘉之學說齋實倡之。則恐未然。述說齋學案。第六十卷

三陸先生講學時最同調者平陽徐先生子宜青田陳先生叔向也。陸氏之譜竟引平陽爲弟子。則又謬矣。述徐陳諸儒學案。第六十一卷

西山蔡文節公領袖朱門。然其律呂象數之學。蓋得之其家庭之傳。惜夫翁季錄之不存也。

述西山蔡氏學案。第六十二卷
嘉定而後足以光其師傳爲有體有用之儒者。勉齋黃文肅公其人與。玉峯東發論道統。三
先生之後。勉齋一人而已。述勉齋學案。第六十三卷
慶源輔氏亦滄洲之最也。遺書散佚世所葺語溪宗輔錄者。特其糟粕。述潛庵學案。第六十四卷
雲濠謹案、是條序錄底本云、勉齋之外、慶源輔氏其庶幾乎、故再傳而得黃東發韓恂齋、有以綿其緒焉、
永嘉爲朱子之學者自葉文修公與潛室始。文修之書不可考。木鐘集猶有存焉自是而永
嘉學者漸祧艮齋一派矣。述木鐘學案。第六十五卷
南湖杜氏兄弟之在滄洲。亦其良也。再傳而有立齋。爲嘉定以後宰輔之最。聲望幾侔於涑
水矣。其學傳之車氏。是時天台學者皆襲貧窗荆溪之文統。車氏能正之。述南湖學案。第六十六卷
蔡氏父子兄弟祖孫皆爲朱學干城。而文正之皇極。又自爲一家。述九峯學案。第六十七卷
雲濠謹案、底本作文正之象數、則西山之嫡傳也、
滄洲諸子以北溪陳文安公爲晚出。其衞師門甚力。多所發明。然亦有操異同之見而失之
過者。述北溪學案。第六十八卷
朱門授受徧於南方。李敬子張元德廖槎溪李果齋皆宿老也。其餘亦多下中之士。存之以

附青雲耳李張諸子於書。吾不得而見之矣。述滄洲諸儒學案。第六十九卷
雲濠謹案、是條底本附青雲句下云、續伊洛淵源錄者、牽合諸儒門下盡歸之朱子、可爲軒渠、今皆釐而正之、

宣公身後。湖湘弟子有從止齋岷隱游者。然如彭忠肅公之節概。吳文定公之勛名。二游文清莊簡公之德器。以至胡盤谷輩。嶽麓之巨子也。再傳而得漫塘實齋。誰謂張氏之後弱於朱乎。述嶽麓諸儒學案。第七十一卷
雲濠謹案、底本胡盤谷上有項平甫三字、

宣公居長沙之二水。而蜀中反疏然。自宇文挺臣范文叔陳平甫傳之入蜀。二江之講舍不下長沙。黃兼山楊浩齋程滄洲砥柱岷峨。蜀學之盛。終出於宣公之緒。述二江諸儒學案。第七十二卷

明招學者。自成公下世。忠公繼之。由是遞傳不替。其與嶽麓之澤並稱克世。長沙之陷。嶽麓諸生荷戈登陣。死者十九。惜乎姓名多無考。而明招諸生歷元至明未絕。四百年文獻之所寄也。述麗澤諸儒學案。第七十三卷
雲濠謹案、底本有云、宋之公相家講學以永其世者、莫如呂氏、

象山之門。必以甬上四先生爲首。蓋本乾淳諸老一輩也。而壞其教者實慈湖。然慈湖之言不可盡從。而行則可師。黃勉齋曰。楊敬仲集皆德人之言也。而未聞道。予因采其最粹且平

易者。以志去短集長之意。則固有質之聖人而不謬者。述慈湖學案。第七十四卷

慈湖之與絜齋。不可連類而語。慈湖泛濫夾雜。而絜齋之言有繩矩。東發先我言之矣。述絜齋學案。雲濠謹案、是條底本有再傳而有蒙齋六字、

楊袁之年輩。後於舒沈。而其傳反盛。豈以舒沈之名位下之與。噫。是亦有之。然舒沈之平實。又過於楊袁也。四先生中。沈先生師復齋。宋史混而列之。述廣平定川學案。第七十六卷梓材謹案、四先生定川最先卒、後八年而廣平卒、又二十五年而絜齋卒、又二年而慈湖卒、其生年則定川僅長慈湖二年、謂楊袁之年輩後於舒沈、尚未的實、其先舒後沈者、以楊袁舒皆象山門人、以類相比、非有軒輊也、

槐堂之學。莫盛於吾甬上。而西江反不逮。如曾潭。如琴山。以及黃鄧之徒。今其緒言渺矣。甬上之西。尚有嚴陵。亦一大支也。述槐堂諸儒學案。第七十七卷

康節之學。不得其傳。牛氏父子自謂有所授受。世弗敢信也。張行成疏通其紕繆。遂成一家。玉山汪文定公雅重之。其後如祝子涇又稍不同。至於廖應淮之徒。則益誕矣。康節本出於希夷。其後卒流而爲應淮。所謂必復其始者與。述張祝諸儒學案。第七十八卷梓材謹案、張觀物亦譙天授之徒、且與玉山同時、則是卷當在趙張玉山之間、

自淳熙至嘉定。疏附先後諸家者。有若邱忠定公。劉文節公。樓宣獻公之徒。雖不入諸先生

之學派。然皆能用先聖之道。而柴獻肅公尤醇。述邱劉諸儒學案。第七十九卷（梓材謹案、原底無張祝諸儒邱劉諸儒二學案序錄、）

嘉定而後私淑朱張之學者。惟鶴山魏文靖公。兼有永嘉經制之粹。而去其駁。世之稱之者以並之西山。有如溫公蜀公。不敢軒輊。梨洲則曰。鶴山之卓犖。非西山之依門旁戶所能及。予以爲知言。述鶴山學案。第八十卷

西山之望。直繼晦翁。然晚節何其委蛇也。東發於朱學最尊信。而不滿於西山。理度兩朝政要言之詳矣。宋史亦有微辭。述西山眞氏學案。第八十一卷

勉齋之傳。得金華而益昌。說者謂北山絕似和靖。魯齋絕似上蔡。而金文安公尤爲明體達用之儒。浙學之中興也。述北山四先生學案。第八十二卷

雙峯亦勉齋之一支也。累傳而得草廬。說者謂雙峯晚年多不同於朱子。以此詆之。予謂是未足以少雙峯也。獨惜其書之不傳。述雙峯學案。第八十三卷

鄱陽湯氏三先生。導源於南溪。傳宗於西山。而晦靜由朱而入陸。傳之東澗。晦靜又傳之徑畈。楊袁之後。陸學之一盛也。（方回以爲東澗晚年始宗陸、誤也、）述存齋晦靜息庵學案。第八十四卷（梓材謹案、是卷序錄原底所無、而二老閣刊本有之、但其作息庵晦靜存齋學案、息庵與存齋互譌、今特爲正之、而具其辯說於本卷、）

四明之學多陸氏。深寧之父亦師史獨善以接陸學。而深寧紹其家訓。又從王子文以接朱

氏。從樓迂齋以接呂氏。又嘗與湯東澗游。東澗亦兼治朱呂陸之學者也。和齊斟酌。不名一師。宋史但夸其辭業之盛。予之微嫌於深寧者。正以其辭科習氣未盡耳。若區區以其玉海之少作。爲足盡其底蘊。陋矣。述深寧學案。第八十五卷

四明之專宗朱氏者。東發爲最。日鈔百卷。躬行自得之言也。淵源出於輔氏。晦翁生平不喜浙學。而端平以後。閩中江右諸弟子。支離舛戾固陋。無不有之。其能中振之者。北山師弟爲一支。東發爲一支。皆浙產也。其亦足以報先正惓惓浙學之意也夫。述東發學案。第八十六卷

四明史氏皆陸學。至靜清始改而宗朱。淵源出於蓮蕩曼氏。然嘗聞深寧不喜靜清之說易。以其嗜奇也。則似乎未必盡同於朱。其所傳爲程畏齋兄弟。則純於朱者。述靜清學案。第八十七卷

巽齋之宗晦翁。不知所自。考之滄洲弟子。廬陵有歐陽謙之。實嘗從游。巽齋其後人邪。其遺書宗旨不可考見。然巽齋之門有文山。徑畈之門有疊山。可以見宋儒講學之無負於國矣。述巽齋學案。第八十八卷

雲濠謹案、是錄底本云、講學至殘宋、朱陸兩家其流弊皆甚矣、所謂愈失其眞者也、歐陽巽齋之爲朱學、不知所出、而所得甚醇、其弟子之最著者曰文山、徐徑畈之爲陸學、不知所出、而其節甚高、其弟子之最著者曰疊山、兩家其有光於先師者乎、世多推巽齋而詆徑畈、予特合之、述歐徐二先生學案、及定刊本、專爲巽齋學案、蓋徑畈疊山別見存齋晦靜息庵學案中矣、

（梓材謹案、巽齋與江古心同時蓋亦晦翁再傳也、當次於介軒、而前於三湯、）

勉齋之傳。尚有自鄱陽流入新安者董介軒一派也。鄱陽之學。始於程蒙齋董盤澗王拙齋。而多卒業於董氏。然自許山屋外。漸流爲訓詁之學矣。述介軒學案。第八十九卷

（梓材謹案、介軒爲晦翁再傳、與雙峯同爲勉齋之傳、當次於雙峯、）

河北之學。傳自江漢先生。曰姚樞。曰竇默。曰郝經。而魯齋其大宗也。元時實賴之。述魯齋學案。第九十卷

（雲濠謹案、底本於魯齋云、當元之時、至與二程橫渠南軒並加公爵、從祀廟庭、則似少過焉、）

靜修先生亦出江漢之傳。又別爲一派。蕺山先生嘗曰。靜修頗近乎康節。述靜修學案。第九十一卷

草廬出於雙峯。固朱學也。其後亦兼主陸學。蓋草廬又師程氏紹開。程氏常築道一書院。思和會兩家。然草廬之著書。則終近乎朱。述草廬學案。第九十二卷

徑畈歿而陸學衰。石塘胡氏雖由朱而入陸。未能振也。中興之者。江西有靜明。浙東有寶峯。述靜明寶峯學案。第九十三卷

繼草廬而和會朱陸之學者。鄭師山也。草廬多右陸。而師山則右朱。斯其所以不同。述師山學案。第九十四卷

有元立國。無可稱者。惟學術尙未替。上雖賤之。下自趨之。是則洛閩之沾漑者宏也。如蕭勤齋同渠庵輩。其亦許劉之徒乎。述蕭同諸儒學案。第九十五卷梓材謹案。原底無蕭同學案序錄。又案勤齋渠庵與許魯齋同行輩。而殿於有元諸儒者。以所附諸儒不一。故統載於此耳。

元祐之學。二蔡二惇禁之。中興而豐國趙公弛之。和議起。秦檜又禁之。紹興之末又弛之。鄭丙陳賈忌晦翁。又啟之。而一變爲慶元之錮籍矣。此兩宋治亂存亡之所關。嘉定而後。陽崇之而陰摧之。而儒術亦漸衰矣。其事蹟已散見諸公傳。又放大事表之意。述元祐慶元黨案。大略用道命錄爲底本、以至晚宋。如周密之徒。凡詆詈諸儒者皆附之。第九十六九十七卷梓材謹案、自元祐慶元黨案以下、原底並失序錄、茲所錄者、鄭氏刊本也

荆公淮南雜說初出。見者以爲孟子。老泉文初出。見者以爲荀子。已而聚訟大起。三經新義累數十年而始廢。而蜀學亦遂爲敵國。上下學案者。不可不窮其本末也。且荆公欲明聖學而雜於禪。蘇氏出於縱橫之學。而亦雜於禪。甚矣西竺之能張其軍也。述荆公新學及蜀學略。第九十八九十九卷

關洛陷於完顏。百年不聞學統。其亦可嘆也。李屏山之雄文。而溺於異端。敢爲無忌憚之言。盡取涑水以來大儒之書。恣其狂舌。可爲齒冷。然亦不必辯也。略舉其大旨。使後世學者見而嗤之。其時河北之正學且起。不有狂風怪霧。無以見皎日之光明也。述屏山鳴道集說略。

第一百卷

明儒學案　清黃宗羲撰。凡六十二卷。是編體例。除無表外。餘與宋元學案相同。其書皆匯合數百年各家之學說。提要鉤玄。披覽粲然。不愧稱爲吾國學術史之創作。道光時唐鑑作國朝學案小識。以續黃書。唐乃恪守程朱之學。以攻陸王者。甄別敍錄。失之過隘。然其書於當時之爲程朱之學者。網羅頗富。亦未可竟廢也。

明儒學案序錄

康齋倡道小陂。一稟宋人成說。言心則以知覺而與理爲二。言工夫則靜時存養。動時省察。故必敬義夾持。明誠兩進。而後爲學問之全功。其相傳一派。雖一齋莊渠稍爲轉手。終不敢離此矩矱也。白沙出其門。然自敍所得。不關聘君。當爲別派。於戲。椎輪爲大輅之始。增冰爲積水所成。微康齋。焉得有後時之盛哉。崇仁學案

有明之學。至白沙始入精微。其喫緊工夫。全在涵養喜怒未發。而非空。萬感交集而不動。至陽明而後大。兩先生之學。最爲相近。不知陽明後來從不說起。其故何也。薛中離。陽明之高第弟子也。於正德十四年上疏。請白沙從祀孔廟。是必有以知師門之學同矣。羅一峰曰。白沙觀天人之微。究聖賢之蘊。充道以富。崇德以貴。天下之物。可愛可求。漠然無動於其中。信斯言也。故出其門者。多清苦自立。不以富貴爲意。其高風之激遠矣。白沙學案

河東之學。悃愊無華。恪守宋人矩矱。故數傳之後。其議論設施。不問而可知其出於河東也。

若陽明門下親炙弟子。已往往背其師說。亦以其言之過高也。然河東有未見性之譏。所謂此心始覺性天通者。爲非欺人語。可見無事乎張皇耳。河東學案

關學大概宗薛氏。三原又其別派也。其門下多以氣節著。風土之厚。而又加之學問者也。三原學案

有明學術。白沙開其端。至姚江而始大明。蓋從前習熟先儒之成說。未嘗反身理會。推見至隱。所謂此亦一述朱耳。彼亦一述朱耳。高忠憲云。薛文清呂涇野語錄中。皆無甚透悟。亦爲是也。自姚江指點出良知人人現在。一反觀而自得。便人人有個作聖之路。故無姚江。則古來之學脈絕矣。然致良知一語。發自晚年。未及與學者深究其旨。後來門下各以意見攙和。說玄說妙。幾同射覆。非復立言之本意矣。先生之格物。謂致吾心良知之天理於事事物物。則事事物物皆得其理。以聖人教人只是一個行。如博學審問愼思明辨皆自行也。篤行之者。行此數者不已是也。先生致之於事物。致字卽是行字。以救空空窮理。只在知上討個分曉之非。乃後之學者測度想像。求見本體。只在知識上立家儅。以爲良知。則先生何不仍窮理格物之訓。先知後行。而必欲自爲一說邪。天泉問答。無善無惡者心之體。有善有惡者意之動。知善知惡是良知。爲善去惡是格物。今之解者曰。心體無善無惡是性。由是而發之爲有善有惡之意。由是而有分別其善惡之知。由是而有爲善去惡之格物。層層自內而之外。

一切皆是粗機。則良知已落後著。非不慮之本然。故鄧定宇以爲權論也。其實無善無惡者。無善念惡念耳。非謂性無善無惡也。下句意之有善有惡。亦是有善念惡念耳。兩句只完得動靜二字。他日語薛侃曰。無善無惡者理之靜。有善有惡者氣之動。卽此兩句也。所謂知善知惡者。非意動於善惡。從而分別之爲知。知亦只是誠意中之好惡。好必於善。惡必於惡。無是無非。而不容已者。虛靈不昧之性體也。爲善去惡。只是率性而行。自然無善惡之夾雜。先生所謂致吾心之良知於事事物物也。四句本是無病。學者錯會。反致彼以無善無惡言性者。謂無善無惡斯爲至善。善一也。而有有善之善。有無善之善。無乃斷滅性種乎。彼在發用處求良知者。認已發作未發。教人在致知上著力。是指月者不指天上之月。而求地下之光。愈求愈遠矣。得羲說而存之。而後知先生之無弊也。姚江學案

姚江之教。自近而遠。其最初學者。不過郡邑之士耳。龍場而後。四方弟子始益進焉。郡邑之以學鳴者。亦僅僅緒山龍溪。此外則椎輪積水耳。然一時之盛。吾欲尚講誦習禮樂絃歌之音不絕。其儒者不能一二數。若山陰范瓘字廷潤。號栗齋。初師王司輿許半圭。其後卒業於陽明。博考羣經。恍然自悟。以爲孔孟的傳。惟周程得之。朱陸而下。皆弗及也。家貧不以關懷。曰。天下有至寶。得而玩之。可以忘貧。作古詩二十章。歷叙道統及太極之說。其奧義未易測也。餘姚管州字子行。號石屏。官兵部司務。每當入直。諷詠抑揚。司馬怪之。邊警至。司馬章皇。

石屏曰。古人度德量力。公自料才力有限。何不引退。以空賢路。司馬謏爲好語謝之。以京察歸。大洲有宿四祖山詩。四子堂堂特地來。謂蔡白石沈右林龍溪石屏也。范引年號半野。講學於青田。從游者頗衆。夏淳字惟初。號復吾。以鄉舉卒官思明府同知。魏莊渠主天根天機之說。復吾曰。指其靜爲天根。動爲天機。則可。若以靜養天根。動察天機。是歧動靜而二之。非所以語性也。柴鳳字後愚。主教天眞書院。衢嚴之士多從之。孫應奎字文卿。號蒙泉。歷官右副都御史。以傳習錄爲規範。董天眞之役。聞人銓字邦正。號北汀。與緒山定文錄。刻之行世。卽以寒宗而論。黃驥字德良。尤西川紀其言。陽明事。黃文煥號吳南。開州學正。陽明使其子受業。有東閣私鈔。記其所聞。黃嘉愛字懋仁。號鶴溪。正德戊辰進士。官至欽州守。黃元釜號丁山。黃夔字子韶。號後川。皆篤實光明。墨守師說。以此推之。當時好修一世湮沒者。可勝道哉。浙中王門學案

姚江之學。惟江右爲得其傳。東廓念菴兩峯雙江其選也。再傳而爲塘南思默。皆能推原陽明未盡之意。是時越中流弊錯出。挾師說以杜學者之口。而江右獨能破之。陽明之道。賴以不墜。蓋陽明一生精神。俱在江右。亦其感應之理宜也。江右王門學案

南中之名王氏學者。陽明在時。王心齋黃五岳朱得之戚南元周道通馮南江其著也。陽明歿後。緒山龍谿所在講學。於是涇縣有水西會。寧國有同善會。江陰有君山會。貴池有光岳

會。太平有九龍會。廣德有復初會。江北有南譙精舍。新安有程氏世廟會。泰州有復心齋講堂。幾乎比戶可封矣。而又東廓南野善山先後官留都。興起者甚衆。略載其論學於後。其無語錄可考見者附此。戚賢字秀夫。號南元。江北之全椒人。嘉靖丙戌進士。仕至刑科都給事中。以薦龍谿失貴溪指。謫官致仕。陽明在滁州。南元以諸生旅見。未知信向。其後爲歸安令。讀論學諸書。始契於心。遂通書受學。爲會於安定書院。論學者千聖之學。不外於心。惟梏於意見。蔽於嗜欲。始有所失。一念自反。卽得本心。在京師會中。有談二氏者。卽正色阻之。龍谿偶舉黃葉止兒啼公案。南元勃然曰。君是吾黨宗盟。一言假借。便爲害不淺。龍谿爲之愧謝。南元談學。不離良知。而意氣激昂。足以發之。馮恩字子仁。號南江。華亭人。嘉靖丙辰進士。陽明征思田。南江以行人使其軍。因束修爲弟子。擢爲南道御史。劾都御史汪鋐。大學士張孚敬。下詔獄。會審。鋐執筆。南江立而庭辯。論死。其後減戍。赦歸。貢安國字元略。號受軒。宣州人。師南野龍谿。主水西同善之會。緒山與之書曰。昔人言鴛鴦繡出從君看。莫把金鍼度與人。吾黨金鍼是前人所傳。實未繡得鴛鴦。卽嘵嘵然空持金鍼。欲以度人。人不見鴛鴦而見金鍼。非徒使之不信。併願繡鴛鴦之心亦阻之矣。後官山東州守。講學於志學書院。查鐸字子警。號毅齋。涇縣人。嘉靖乙丑進士。爲刑科給事中。不悅於新鄭。外轉至廣西副使。學於龍谿緒山。謂良知簡易直截。其他宗旨無出於是。不執於見卽曰虛。不染於欲卽曰寂。不累於物即曰樂。無有無。無始終。無階級。俛焉日有孳孳。終其身而已。沈寵字思畏。號古林。宣城人。登嘉靖丁酉鄉書。官至廣西參議。師事受軒。受軒學於南野龍谿而返。謂古林曰。王門之學在南畿。盍往從之。於是古林又師南野龍谿。在閩建養正書院。在蘄黃建崇正書院。近溪立開元之會於宣州。古林與梅宛溪主其席。疾革。有問其胸次如何。曰已無物矣。宛溪名守德。字純甫。官至雲南左參政。其守紹興時。重修陽明講堂。以龍谿主之。式祕圖楊珂之閭。非俗吏也。蕭彥號念渠。戶部侍郎。謚定肅。涇縣人。師事緒山。蕭良幹字以寧。號拙齋。仕至陝西布政使。師緒山龍谿。水西講會之盛。蕭氏之力也。戚袞字補之。號竹坡。宣城人。項城知縣。初及東廓南野之門。已受業龍谿。龍谿語之曰。所謂志者。以其不可奪也。至於意氣。則有時而衰。良知者。不學不慮。自然之明覺。無欲之體也。吾人不能純於無欲。故有致知之功。學也者。復其不學之體也。慮也者。復其不慮之體也。故學雖博而守則約。慮雖百而致則一。非有假於外也。若見聞測識之知。從外而入。非良知之本然矣。吾人謹於步趨。循守方圓。謂之典要。致知之學。變通周流。惟變所適。蓋規矩在我。而方圓自不可勝用。此實毫釐之辨也。竹坡往來出入。就正於師友者。凡七八年。於是始知意氣不可以爲志。聞識不可以爲知。格式不可以爲守。志益定。業益精。其及人益廣也。張棨字士儀。號本靜。涇縣人。五歲口授諸書。即能了了。夜聞雞聲。呼其母曰。小學云。事父母。雞初鳴。咸盥漱。今雞鳴矣。何不起。母笑曰。汝纔讀書便曉其義耶。曰便當爲之。豈徒曉焉而已。南野爲司成。因往從之。累年不歸。繼從東廓緒山龍谿。歸而聚徒講學。以收斂精神爲切要。以對景磨瑩爲實切。以萬物一體爲志願。意氣眉睫之間。能轉移人心。章時鸞。號孟泉。青陽人。河南副使。學於東廓。程大賓。字汝見。號心泉。歙人。貴州參政。受學緒山。緒山謂之曰。古人學問不離七情中用。而病痛亦多由七情中作。程默。字子木。休寧人。廣州府同知。負笈千里。從學陽明。疾革。指六經謂其子曰。當從此中尋我。莫視爲陳言也。陳燭。字景明。歙人。河間府判。及東廓之門。人見其衣冠質樸。以爲率眞者。曰率眞未易言。先須識眞耳。姚汝循。字敍卿。號鳳麓。南京人。嘉靖丙辰進士。官終嘉定知州。近溪嘗論明德之學。鳳麓舉日說云。德猶鑑也。匪翳弗昏。匪磨弗明。近溪笑曰。明德無體。非喩所及。且公一人耳。爲鑑爲翳。復爲磨者。可乎。聞之遂有省。浸浸悟入。有妄子以陽明爲訴病。鳳麓曰。何病。曰。惡其良知之說也。曰。世以聖人爲天授。不可學久矣。自良知之說出。乃知人人固有之。卽庸夫小童皆可反求以入道。此萬世功也。子曷病。殷邁。字時訓。號秋溟。留守衞人。歷官禮部侍郎。與何善山游。與聞緒言。所著有懲忿窒慾編。姜寶。字廷善。丹陽人。歷官南禮部尙書。受業荊川之門。

南中王門學案

楚學之盛。惟耿天臺一派。自泰州流入。當陽明在時。其信從者尙少。道林闇齋劉觀時出自武陵。故武陵之及門。獨冠全楚。觀徐曰仁同游得山詩。王文明應奎胡珊鳴玉劉瓛德重楊

蔣介誠何鳳韶汝諧唐演汝淵龍起霄止之尙可考也。然道林實得陽明之傳。天臺之派雖盛。反多破壞良知學脈。惡可較哉。楚中王門學案

北方之爲王氏學者獨少。穆玄菴既無問答。而王道字純甫者。受業陽明之門。陽明言其自以爲是。無求益之心。其後趨向果異。不必列之王門。非二孟嗣響。卽有賢者。亦不過跡象聞見之學。而自得者鮮矣。北方王門學案

嶺海之士。學於文成者。自方西樵始。及文成開府贛州。從學者甚衆。文成言潮在南海之涯。一郡耳。一郡之中。有薛氏之兄弟子姪。既足盛矣。而又有楊氏之昆季。其餘聰明特達。毅然任道之器。以十數。乃今之著者。唯薛氏學耳。西樵名獻夫。字叔賢。弱冠舉進士。爲吏部主事。遷員外郞。陽明起自謫所。爲主事。官階並於西樵。一日與語。西樵有當於心。卽進拜稱弟子。未幾引疾歸。將十餘年。而大禮議起。西樵自家上疏。請追崇興獻帝后。召入。擢侍講學士。至禮部尙書。加太子太保。復引疾歸。越年。兼武英殿大學士。未幾請歸。歸十餘年卒。贈太保。諡文襄。薛尙賢以學行著於鄉。中離自虔歸。述其所聞於陽明者。尙賢說之。遂稟學焉。後官國子助教。楊驥字仕德。初從甘泉遊。卒業於陽明。陽明方征橫水。謂之曰。破山中賊易。破心中賊難。未幾卒。甘泉謂其是內非外。失本體之自然。爲文哀之。（皇明書言誌墓非也）楊仕鳴與兄同學。初錄所聞。備載陽明之語。陽明以爲不得其意。其後直書己意所得。反印可之。仕鳴言日用講

求功夫。只是各依自家良知所及。自去其障。擴充以盡其本體。不可遷就氣習。以趨時好。又謂東廓曰。公往治舉子業。竭其才否。東廓曰。然。曰。今致良知。亦竭其才否。東廓曰。未能也。曰。徵竭才。曷由見卓爾。竭才二字。希賢之的也。東廓每舉斯語以告學者。亦未幾卒。梁焯字日孚。南海人。登進士第。官至職方主事。以諫南巡被杖。武宗畜外國人爲駕下人。日孚以法繩之不少貸。日孚嘗過贛。從陽明學。辨問居敬窮理。悚然有悟。同門冀闇齋死詔獄。日孚棺斂之。鄭一初。字朝朔。揭陽人。宏治乙丑進士。居紫陌山閉門習靜。召爲御史。陽明在吏部。因陳世傑。請受學。聞其說。以爲昔多歧而今大道也。時朝朔已病。人勸其緩學。曰。夕死可矣。卒於浙。閩中自子莘以外無著者。馬明衡字子莘。莆人也。父思聰死寧濠之亂。子莘立志勇猛。與鄭善夫爲古文。陽明曰。草木之花千葉者無實。其花繁者其實鮮。嘉靖三年。以御史諫上隆興國而薄昭聖。爲非禮。下獄削籍歸。粵閩王門學案

見羅從學於鄒東廓。固亦王門以下一人也。而別立宗旨。不得不別爲一案。今講止修之學者。興起未艾。其以救良知之弊。則亦王門之孝子也。止修學案

陽明先生之學。有泰州龍溪而風行天下。亦因泰州龍溪而漸失其傳。泰州龍溪時時不滿其師說。益啟瞿曇之祕而歸之師。蓋躋陽明而爲禪矣。然龍溪之後。力量無過於龍溪者。又得江右爲之救正。故不至十分決裂。泰州之後。其人多能赤手以搏龍蛇。傳至顏山農何心

隱一派。遂復非名教之所能羈絡矣。顧端文曰。心隱輩坐在利欲膠漆盆中。所以能鼓動得人。只緣他一種聰明亦自有不可到處。羲以爲非其聰明。正其學術也。所謂祖師禪者以作用見性。諸公掀翻天地。前不見有古人。後不見有來者。釋氏一棒一喝。當機橫行。放下拄杖。便如愚人一般。諸公赤身擔當。無有放下時節。故其害如是。今之言諸公者。大概本弇州之國朝叢記。弇州蓋因當時爰書節略之。豈可爲信。羲考其派下之著者。列於下方。顏鈞字山農。吉安人也。嘗師事劉師泉。無所得。乃從徐波石學。得泰州之傳。其學以人心妙萬物而不測者也。性如明珠。原無塵染。有何覩聞。著何戒懼。平時只是率性所行。純任自然。便謂之道。及時有放逸。然後戒愼恐懼以修之。凡儒先見聞。道理格式。皆足以障道。此大旨也。嘗曰。吾門人中。與羅汝芳言從性。與陳一泉言從心。餘子所言。只從情耳。山農遊俠。好急人之難。趙大洲赴貶所。山農偕之行。大洲感之次骨。徐波石戰沒元江府。山農尋其骸骨歸葬。頗欲有爲於世。以寄民胞物與之志。嘗寄周恭節詩云。濛濛烟雨鎖江垓。江上漁人爭釣臺。夜靜得魚呼酒肆。湍流和月掇將來。若得春風遍九垓。世間那有三歸臺。君仁臣義民安堵。雉兔芻蕘去復來。然世人見其張皇。無賢不肖皆惡之。以他事繫南京獄。必欲殺之。近溪爲之營救。不赴廷對者六年。近溪謂周恭節曰。山農與相處三十餘年。其心體精微。決難詐飾。不肖敢謂其學直接孔孟。俟諸後聖。斷斷不惑。不肖菲劣。已蒙門下知遇。又敢竊謂門下雖知百近溪。不如今日一祭山農子也。山農以戍出。年八十餘。梁汝元字夫山。其後改姓名爲何心隱。吉州永豐人。少補諸生。從學於山農。與聞心齋立本之旨。時吉州三四大老。方以學顯。心隱恃其知見。輒狎侮之。謂大學先齊家。乃構萃和堂以合族。身理一族之政。冠婚喪祭賦役。一切通其有無。行之有成。會邑令有賦外之征。心隱貽書以誚之。令怒。誣之當道。下獄中。孝感程後臺在胡總制幕府。檄江撫出之。總制得心隱。語人曰。斯人無所用。在左右能令人神王耳。已同後臺入京師。與羅近溪耿天臺遊。一日遇江陵於僧舍。江陵時爲司業。心隱率爾曰。公居太學。知大學道乎。江陵爲勿聞也者。目攝之曰。爾意時時欲飛。卻飛不起也。江陵去。心隱嗒然若喪。曰。夫夫也。異日必當國。異日必殺我。心隱在京師。闢各門會館。招來四方之士。方技雜流。無不從之。是時政由嚴氏。忠臣坐死者相望。卒莫能動。有藍道行者。以乩術幸上。心隱授以密計。偵知嵩有揭帖。乩神降語。今日當有一奸臣言事。上方遲之。而嵩揭至。上由此疑嵩。御史鄒應龍因論嵩敗之。然上猶不忘嵩。尋死道行於獄。心隱踉蹌南過金陵。謁何司寇。司寇者。故爲江撫。脫心隱於獄者也。然而嚴黨遂爲嚴氏仇心隱。心隱逸去。從此蹤跡不常。所游半天下。江陵當國。御史傅應禎劉台連疏攻之。皆吉安人也。江陵因仇吉安人。而心隱故嘗以術去宰相。江陵不能無心動。心隱方在孝感聚徒講學。遂令楚撫陳瑞捕之。未獲而瑞去。王之垣代之。卒致之。心隱曰。公安敢殺我。亦安能殺我。殺我者張居正耳。遂死獄中。心隱之學。不墜影響。有是理則實有是事。無聲無臭事藏於理。有象有形理顯於事。故曰無極者。流於無君父者也。必皇建其有極。乃有君而有父也。必會極必歸極。乃有敬敬以君君也。乃有親親以父父也。又必易有太極。乃不墮於弒君弒父。乃不流於無君無父。乃乾坤其君臣也。乃乾坤其父子也。又曰。孔孟之言無欲。非濂溪之言無欲也。欲惟寡則心存。而心不能以無欲也。欲魚欲熊掌。欲也。舍魚而取熊掌。欲之寡也。欲生欲義。欲也。舍生而取義。欲之寡也。欲仁非欲乎。得仁而不貪。非寡欲乎。從心所欲。非欲乎。欲不踰矩。非寡欲乎。此即釋氏所謂妙有也。蓋一變而爲儀秦之學矣。鄧豁渠初名鶴。號太湖。蜀之內江人。爲諸生時。不說。學。趙大洲爲諸生談聖學於東壁。渠爲諸生講舉業於西序。朝夕聲相聞。未嘗過而問焉。已漸有入。卒摳衣爲弟子。一旦棄家出遊。遍訪知學者。以爲性命甚重。非拖泥帶水可以成就。遂落髮爲僧。訪李中溪元陽於大理。訪鄒東廓劉師泉於江右。訪王東崖於泰州。訪蔣道林於武陵。訪耿楚倥於黃安。與大洲不相聞者數十年。大洲起官過衛輝。渠適在焉。出迎郊外。大洲望見驚異。下車執手。徒行十數里。彼此潸然流涕。大洲曰。誤子者余也。往余言學過高。致子於此。吾罪業重矣。向以子爲死。罪惡莫贖。今尚在。亟歸廬而父墓側。終身可也。吾割田租百石贍子。因書券給之。時有來大洲問學者。大洲乃令渠答之。大洲聽其議論。大恚曰。吾藉是以試子。近詣乃荒謬至此。大洲入京。渠復遊齊魯間。初無歸志。大洲入相。乃來京候謁。大洲拒不見。屬宦蜀者攜之歸。至涿州。死野寺中。渠自序爲學云。己亥禮師。聞良知之學。不解。入青城山參禪十年。至戊申入雞足山。悟人情事變外有個擬議不得妙理。當時不遇明師指點。不能豁然通曉。癸丑抵天池。禮月泉陳雞足所悟。泉曰。第二機卽第一機。渠遂認現前昭昭靈靈的百姓日用不知渠知之也。甲寅廬山禮性空。戊午居澧州八年。每覺無日新之益。入黃安居楚倥茅屋。始達父母未生前的先天地生的水窮山盡的百尺竿頭外的所謂不屬有無。不屬眞妄。不屬生滅。不屬言語。常住眞心。與後天事不相聯屬。向日雞足所參人情事變的豁然通曉。被月泉所誤。二十餘年。丙寅以後。渠之學日漸幽深玄遠。如今也沒有我。也沒有道。泛泛然如虛舟飄瓦。而無著落。脫胎換骨。實在於此。渠學之誤。只主見性不拘戒律。先天是先天。後天是後天。第一義是第一義。第二義是第二義。身之與性。截然分爲二事。言在世界外。行在世界內。人但議其縱情。不知其所謂先天第一義者。亦只得完一個無字而已。嗟乎。是豈渠一人之誤哉。方與時字湛一。黃陂人也。弱冠爲諸生。一旦棄而之太和山。習攝心術。靜久生明。又得黃白術於方外。乃去而從荊山遊。因得遇龍溪念菴。皆目之爲奇士。車轍所至。縉紳倒屣。老師上卿皆拜下風。然尙玄虛。侈談論。耿楚倥初出其門。久而知其僞。去之。一日謂念庵曰。吾儕方外學亦有祕訣。得人而傳。談聖學何容易耶。念庵然之。湛一卽迎至其里道明山中。短榻夜坐。久之無所得而返。後臺心隱大會礦山。車騎雍容。

湛一以兩僮舁一籃輿往。甫揖。心隱把臂謂曰。假我百金。湛一唯唯。即千金惟命。已入京師。欲挾術以干九重。江陵聞之曰。方生此鼓從此撾破矣。無何嚴世蕃聞其爐火而豔之。湛一避歸胡盧山。督楚學以其昔嘗詆念庵也。檄有司捕治。湛一乃跳而入新鄭之幕。新鄭敗走匿太和山病瘵死。程學顏字二蒲。號後臺。孝感人也。官至太僕寺丞。自以此學不進。背地號泣。其篤志如此。心隱死。其弟學博曰。梁先生以友為命。友中透於學者錢同文外。獨吾兄耳。同文字懷蘇。福之興化人。知祁門縣。入為刑部主事。累轉至郡守。與心隱友善。懷蘇嘗言學道人堆堆只在兄弟款中。未見有掙上父母款者。管志道字登之。號東溟。蘇之太倉人。隆慶辛未進士。除南京兵部主事。改刑部。江陵秉政。東溟上疏。條九事以譏切時政。無非欲奪其威福歸之人主。其中有憲綱一條。則言兩司與巡方抗禮。國初制也。今之所行非是。江陵即出之為廣東僉事。以難之。使之為法自斃也。果未幾。御史龔懋賢劾之。謫鹽課司提舉。明年外計。以老疾致仕。萬歷戊申卒。年七十三。東溟受業於耿天臺。著書數十萬言。大抵鳩合儒釋。浩汗而不可方物。謂乾元無首之旨。與華嚴性海。渾無差別。易道與天地準。故不期與佛老之祖合而自合。孔教與二教峙。故不期與佛老之徒爭而自爭。教理不得不圓。教體不得不方。以仲尼之圓。圓宋儒之方。而使儒不礙釋。釋不礙儒。以仲尼之方。方近儒之圓。而使儒不濫釋。釋不濫儒。唐宋以來。儒者不主孔奴釋。則崇釋卑孔。皆於乾元性海中。自起藩籬。故以乾元統天。一案兩破之也。其爲孔子闡幽十事。言孔子任文統。不任道統。一也。居臣道。不居師道。二也。刪述六經。從遊七十二子。非孔子定局。三也。與夷惠易地則爲夷惠。四也。孔子知天命。不傳以理兼通氣運。五也。一貫尙屬悟門。實之必以行門。六也。敎化通於性海川流通於行海。七也。孔子曾師老聃。八也。孔子從先進。是黃帝以上。九也。孔子得位必用桓文做法。十也。按東溟所言。亦只是三敎膚廓之論。平生尤喜談鬼神夢寐。其學不見道可知。泰州張皇見龍。東溟闢之。然決儒釋之波瀾。終是其派下人也。泰州學案

王湛兩家各立宗旨。湛氏門人雖不及王氏之盛。然當時學於湛者。或卒業於王。學於王者。或卒業於湛。亦猶朱陸之門下遞相出入也。其後源遠流長。王氏之外。名湛氏學者至今不絕。卽未必仍其宗旨。而淵源不可沒也。甘泉學案

諸儒學案者。或無所師承。得之於遺經者。或朋友夾持之力。不令放倒。而又不可系之朋友之下者。或當時有所興起。而後之學者無傳者。俱列於此。上卷則國初爲多。宋人規範猶在。中卷則皆驟聞陽明之學而駭之。有此辨難。愈足以發明陽明之學。所謂他山之石可以攻玉也。下卷多同時之人。半歸忠義。所以證明此學也。否則爲僞而已。諸儒學案

今天下之言東林者。以其黨禍與國運終始。小人既資爲口實。以爲亡國由於東林。稱之爲兩黨。卽有知之者。亦言東林非不爲君子。然不無過激。且倚附者之不純爲君子也。終是東

漢黨錮中人物。嗟乎此寐語也。東林講學者不過數人耳。其爲講院。亦不過一郡之內耳。昔緒山二溪鼓動流俗。江浙南畿所在設教。可謂之標榜矣。東林無是也。京師首善之會主之爲南皐少墟。於東林無與。乃言國本者謂之東林。爭科場者謂之東林。攻逆閹者謂之東林。以至言奪情奸相討賊。凡一議之正。一人之不隨流俗者。無不謂之東林。若是乎東林標榜遍於域中。延於數世。東林何不幸而有是也。東林何幸而有是也。然則東林豈眞有名目哉。亦小人者加之名目而已矣。論者以東林爲淸議所宗。禍之招也。子言之。君子之道辟則坊與。淸議者天下之坊也。夫子之議臧氏之竊位。議季氏之旅泰山。獨非淸議乎。淸議熄而後有美新之上言。媚閹之紅本。故小人之惡淸議。猶黃河之礙砥柱也。熹宗之時。龜鼎將移。其以血肉撐拒。沒虞淵而取墜日者。東林也。毅宗之變。攀龍髯而蓐螻蟻者。屬之東林乎。屬之攻東林者乎。數十年來。勇者燔妻子。弱者埋土室。忠義之盛。度越前代。猶是東林之流風餘韻也。一堂師友。冷風熱血。洗滌乾坤。無知之徒。竊竊然從而議之。可悲也。夫東林學案

今日知學者大概以高劉二先生並稱爲大儒。可以無疑矣。然當高子遺書初出之時。羲侍先師於舟中。自禾水至省下。盡日翻閱。先師時摘其闌入釋氏者以示羲。後讀先師論學書。有答韓位者云。古之有朱子。今之有忠憲先生。皆半雜禪門。又讀忠憲三時記。謂釋典與聖人所爭毫髮。其精微處。吾儒俱有之。總不出無極二字。弊病處。先儒具言之。總不出無理二

字。其意似主於無。此釋氏之所以爲釋氏也。卽如忠憲正命之語。本無生死。亦是佛語。故先師救正之曰。先生心與道一。盡其道而生。盡其道而死。是謂無生死。非佛氏所謂無生死也。忠憲固非佛學。然不能不出入其間。所謂大醇而小疵者。若吾先師則醇乎其醇矣。後世必有能辨之者。戊申歲羲與惲日初同在越城半年。日初先師高第弟子。其時爲劉子節要。臨別拜於河滸。日初執手謂羲曰。知先師之學者。今無人矣。吾二人宗旨不可不同。但於先師言意所在。當稍渾融耳。羲蓋未之答也。及節要刻成。緘書寄羲曰。子知先師之學者。不可不序。嗟乎。羲豈能知先師之學哉。然觀日初高劉兩先生正學說云。忠憲得之悟。其畢生黽勉。祇重修持。是以乾知統攝坤能。先師得之修。其末後歸趣。亟稱解悟。是以坤能證入乾知。夫天氣之謂乾。地質之謂坤。氣不得不凝爲質。質不得不散爲氣。兩者同一物也。乾知而無坤能。則爲狂慧。坤能而無乾知。則爲盲修。豈有先後。彼徒見忠憲旅店之悟。以爲得之悟。此是禪門路徑。與聖學無當也。先師之愼獨。非性體分明。愼是愼箇恁麼。以此觀之。日初亦便未知先師之學也。使其知之。則於先師言意所在。迎刃而解矣。此羲不序節要之意也。惜當時不及細論。負此良友。今所錄一依原書次第。先師著述雖多。其大概具是。學者可以無未見之恨矣。

蕺山學案

中華經典套書—語文類

國學治要 第四編 理學治要

1912

作　　者／張文治　編
主　　編／劉郁君
美術編輯／中華書局編輯部

出 版 者／中華書局
發 行 人／張敏君
行銷經理／王新君
地　　址／11494 台北市內湖區舊宗路二段181巷8號5樓
客服專線／02-8797-8396　　傳　真／02-8797-8909
網　　址／www.chunghwabook.com.tw
匯款帳號／華南商業銀行　西湖分行
179-10-002693-1　中華書局股份有限公司

法律顧問／安侯法律事務所
製版印刷／維中科技有限公司　海瑞印刷品有限公司
出版日期／2015年11月三版一刷
版本備註／據1971年12月二版復刻重製
定　　價／NTD 410（平裝）

國家圖書館出版品預行編目（CIP）資料

國學治要：第四編 理學治要 / 張文治編. —
三版. — 臺北市 : 中華書局, 2015.11
冊 ; 公分. — (中華語文叢書)
ISBN 978-957-43-2889-5(第4冊 : 平裝)

1.漢學

030　　104020474

NO.H1004-4
ISBN 978-957-43-2889-5（平裝）